地域経済論入門
改訂版

松原　宏 編著

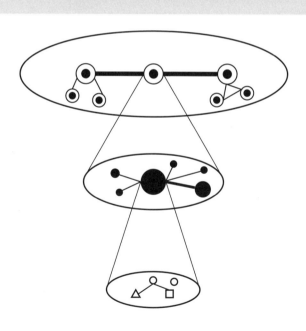

はしがき

　『地域経済論入門』が 2014 年に世に出てから，8 年が経とうとしている。幸い多くの読者を得て，版を重ねてきた。理論を中心とした『現代の立地論』（古今書院刊）と比べて，地域経済の実態を扱う本書の場合は「鮮度」が重要で，今回統計データの更新を行うとともに，記述も新たな実態や政策にあわせて加筆・修正し，改訂版として刊行することにした。

　地域経済は，我々の生活にとって身近で，取っ付きやすいように思われがちである。しかしながら，「地域経済とは何か」，「地域経済のしくみをどう考えたらよいか」等々，もう少し深く地域経済を理解して分析しようとすると，これはなかなか難しい。もちろん，これまでも地域経済に関するテキストは，何冊も刊行されている。ただし，それらの多くは，新古典派経済学の理論を中心とした地域経済学か，政治経済学を背景に地域経済の多様な動態を紹介した地域経済学のいずれかであった。私が専門とする経済地理学は，産業立地論と地域経済論を両輪とするが，地域経済論と銘打った入門書は数少ない。そうした中で，本書が特徴として重視したのは，①経済の論理の下で重層的に形成されるものとして，地域経済をとらえること，②地域経済循環に着目して，地域経済の分析を行うこと，③主体間関係のありように注目して，地域の政策的課題を検討すること，以上の 3 点である。

　本書は，3 部，15 の章から成っている。第 I 部の「地域経済の理論」では，まず第 1 章で，従来の地域経済のとらえ方とは異なる「経済地域」の概念を，地域経済の基礎理論として紹介する。第 2 章では，本書の基本的観点となる「地域経済循環」モデルをもとに，ヒト・モノ・カネ・情報・知識のフローについて解説を行う。

　第 II 部の「地域経済の実態」では，まず第 3 章で，マクロな視点から日本の地域構造の歴史的変遷と現代日本の地域構造の特徴について，既存研究と統計分析の結果を整理する。続く第 4 章から第 13 章までは，大きく 3 つの地域経済類型に分けられ，地域経済の内的構造が明らかにされる。第 1 は都市地域で，世界都

市東京（第 4 章）と地方中枢都市福岡（第 5 章）が事例として取り上げられている。第 2 は工業地域で，大都市圏の産業集積（第 6 章），地場産業地域（第 7 章），企業城下町（第 8 章），自動車工業都市（第 9 章），分工場経済（第 10 章），新興工業都市（第 11 章）といった異なるタイプの工業地域について，それぞれの特徴と課題が具体的な地域を題材に明らかにされている。第 3 は農山村地域で，農業地域（第 12 章）では群馬県嬬恋村が，過疎山村地域（第 13 章）では岐阜県飛騨市と高知県檮原町が，それぞれ取り上げられ，新たな動きも含め地域経済の変化が解説されている。

　第Ⅲ部の「地域経済の政策」では，まず第 14 章で地域経済政策の基礎理論が解説され，続く第 15 章では日本の国土政策と産業立地政策の変遷と今日的課題が整理されている。

　なお，本書では，各章の末尾に演習問題を 2 題，入門文献を 5 点あげている。レポートの作成，より進んだ学習等に活用していただければ幸いである。また，キーワードは本文中に太字で示し，本文中で引用した文献については，巻末に文献一覧の形でまとめてある。基本的には，平易な入門書をめざしたが，注を充実させ，高度な理論内容をも織り込む努力をした。とはいえ，未だ不十分な点や取り上げるべき点は多い。読者各位のご意見，ご批判を得て，さらに充実した内容にしていきたいと考えている。

　ところで，2014 年はまち・ひと・しごと創生本部が設けられ，地方創生施策が始められた年で，RESAS（地域経済分析システム）の専門委員として，毎年数カ所の自治体を訪ね，政策立案に関わるワークショップに出席している。人口減少，財政制約の下でも，知恵を出して，新たな地域経済・地域社会の活性化策に取り組もうとしている点が興味深く，毎回学ぶところが多い。本書が学生だけにとどまらず，自治体の政策担当者など，多くの方々にとって，地域経済についてじっくり考える機会を提供できたとすれば，幸いである。最後に，本書の出版を快くお引き受けいただくとともに，細かい編集作業までしていただいた古今書院の橋本寿資社長に心よりお礼を申し上げたい。

2022 年 2 月　白梅が咲き始めた駒場キャンパスにて

松原　宏

目　次

vi 目 次

2 米沢地域の概要 156
3 外来型開発から内発的発展へ 157
3.1 米沢地域の産業構造 157
3.2 地域産業構成の変化と現状 158
3.3 産業団地と主要企業の立地 161
3.4 有機 EL バレー構想と米沢モデル 162
4 地域経済の展望と課題 164

第11章 新興工業都市：長崎県諫早市 ————— 168
1 新興工業都市の特徴 168
2 事例地域の概要 169
3 新興工業都市の形成・変容と課題 169
3.1 新興工業都市としての発展・変化 169
3.2 中核工場「ソニー長崎 TEC」の動向 172
3.3 地域産業集積の特徴と課題 174
4 新興工業都市の課題と展望 176

第12章 農業地域 ————————————— 179
1 日本における農業地域 179
2 農産物の産地形成 181
3 農産物産地にみる地域経済の特徴－群馬県嬬恋村を事例として－ 184
4 農産物産地が直面する課題と今後の農業地域 190

第13章 過疎山村地域 ————————————— 194
1 過疎と山村 194
2 国土構造上の位置づけ 196
3 集落消滅への臨界点と地域存続 199
4 抵抗する過疎山村 201
4.1 内発的取り組みによりアグリパーク閉鎖を超える：岐阜県飛騨市山之村 201
4.2 エネルギー 100% 地域自給を目指す：高知県檮原町 203
5 過疎山村の課題と展望 206

第 III 部　地域経済の政策

第 I 部

地域経済の理論

第 1 章

地域経済の基礎理論

1　地域と地域経済論

　地域経済という言葉は，いろいろな場面で大変よく使われる。ただし，○○県の経済や○○市の産業のように，特定の県や市町村といった行政範囲の中での経済や産業の状況をさすことが多く，必ずしも十分な検討がなされずに使われてきたといえる。とりわけ，地域はすでに存在するもの，所与として考えられがちであった。ここではまず，地域とは何か，この点から考えてみたい。

　地域をどのようにとらえるか，空間や場所といった概念とどう異なるのか，地域概念は，地理学の長い議論の中で中心的なテーマであったといってよい[1]。抽象的な空間概念とは異なり，地域は個別具体的であり，地球表面の一定の範囲をさす。それらが切り取られる根拠としては，河川や山地などの自然的条件，民族や文化などの社会的・文化的条件，政治や行政などの政治的条件，歴史的条件などがあげられてきた[2]。

　筆者はかつて「人々や企業などの主体により領域化された空間が歴史の中で地域となり，その地域が企業立地の前提となる平面を形成し，さらに立地により変化した地域が新たな立地の前提となるという複雑な過程が繰り返される」（松原　宏，2006，p.iv）と述べたことがある。地域の形成過程については，パーシ（Paasi, A., 1991）が，①テリトリーが形成される段階，②地域名のような観念的シンボルがつくられ，住民の地域意識が鮮明となる段階，③地域制度が機能し，分業にもとづく地域の実質的成長がみられる段階，④制度が持続され，地域意識が再生産される段階，⑤地域的アイデンティティが形成される段階，といった 5 段階に区分している。

　地域区分の仕方についても，さまざまな議論がなされてきたが，大きくは形式

地域と実質地域とに分けることができる。形式地域とは，合衆国の州境などの行政区画，選挙区など，便宜的に設定された区画をさす。これに対し，地理的事象の実態に基づいて画定された地域は実質地域で，等質地域と結節地域とに分けられる。**等質地域**は，工業地帯，農業地域，商業地区，住宅地区など，土地利用や機能などの各種指標の同一性・類似性をもとに地域区分されたもので，**結節地域**は通勤圏，商圏など，ある中心を軸にヒトやモノ，カネや情報の流動をもとに地域区分されたものである。

　冒頭で述べた行政単位の範囲内の経済現象を扱う地域経済論は，便宜的に統計を得やすいといった形式地域に基づく見方といえるが，以下で述べるように，自治体を住民生活の拠点と位置づけ，実質地域としてとらえる見解もある。地域経済に関するアプローチは多様で多くの研究蓄積があるが[3)]，宮本憲一や中村剛治郎といった研究者たちの議論は，「共同体的地域経済論」として知られている。そこでの地域経済の概念は，市民自治の基本単位としての地域であり，資本の論理に対する住民の論理，中央に対する地方の論理，地域社会における生活の論理をベースにして組み立てられている。中村剛治郎（1990）によると，「地域経済は，諸地域経済の相互依存関係の上に成立する，自然的・経済的・文化的複合体としての人間的地域（歴史的・社会的存在としての地域）を支える経済単位である」（p.83），「地域経済は，地域のあり方や地域の運命に関わる意思決定権を地域にもつ経済であり，住民の地域に根ざした創意工夫と共同による内発的産業振興を基本的原動力として形成される」（p.84），「地域経済は『経済活動の容器』として地域を総合的・具体的に管理する自治体政府活動を不可欠とする経済である」（p.87）とされている。「地域経済学は地域から出発して経済を考える」（p.55）という中村の表現に表れているように，人間の共同的生活空間を地域としてとらえ，そうした地域を支える経済を地域経済とする考え方が地域経済論の中心をなしていたのである。

2　経済地域論

　ここでは，地域とはすでに与えられたもの，所与として考えるのではなく，経済現象を通して地域が形成される点に注目したい。地域を所与とした「地域

の経済」論と区別するために，本章では「**経済地域**」という用語を使い，「経済
の地域」論の内容について説明していくことにしたい。

　経済地理学の立場から「経済の地域的循環」説を提起した川島哲郎（1992）
によると，「国民経済内部の地域的構成部分を現す」地域経済は，「地域内部に
おけるある程度の経済上の機能的統一……つまり生産・流通にかんする核をも
ち，ある範囲の経済の地域的循環が独立して行われる場合に，はじめて……成
立しうる」（p.866）とされている。また，「経済循環の地域的完結は，あくまで
相対的なものにすぎない……資本主義経済のもとでは，この意味での地域的統一
や完結をほぼ完全に近い形で備えているのは，全体としての国民経済以外にはな
いからである」とも指摘されている。その上で，「国民経済内部における生産要
素の完全な地域間自由移動の欠如」や，その背後に存在する「1）空間輸送距離
の問題，2）生産の空間的集積にかんする限界の問題が，……そのときどきの技
術の発展水準に応じて，つねにある範囲内での生産の地域的拡散と，経済の地域
的循環を必至ならしめる」（p.867）というように，経済地域成立の根拠について
述べている。

　川島が指摘した経済地域の成立根拠をもとに議論を発展させると，2種類の経
済地域の形成過程を指摘できるように思われる。これを図 1-1 によって，説明す
ることにしよう。この図は，立地論者のレッシュ（Lösch, A., 1940）やグリーン
ハット（Greenhut, M.L., 1956）の議論を受けて，松原（2006, p.1）が「Y」字の
モデルとしたもので，横軸は空間的拡がりを，縦軸は費用および価格を示してい
る。ある商品の生産地点をそれぞれ A, B, C, 各生産地点での生産費用を a, b, c,
商品の輸送費の傾きを θ とする。生産と消費が同一地点でなされると仮定する経
済原論の世界と異なり，経済地理学の世界では生産と消費には空間的乖離があり，
それを克服するために輸送費が必要とされる。したがって各消費地点での市場価
格を示す送達線は，輸送費が加わることにより「Y」字をなし，送達線が交わる
ところが市場境界となり，A, B, C それぞれの市場圏が形成されることになる。
なお，ここでは生産地点から消費者に輸送費をかけて販売するケースを示してい
るが，傾き θ を A, B, C への交通費あるいは通信費としても構わない。いずれ
にせよ，空間克服上の摩擦の存在により，「空間的しきり」が形成され，それに
より経済地域が形成されるのである。これを「**圏域型**」と呼ぶことにする。

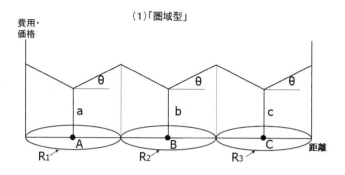

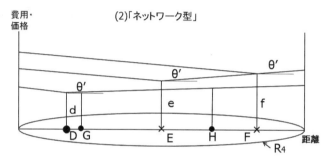

図 1-1　経済地域の成立根拠（松原作成）
注：a，b，c，d，e，f は生産地点 A 〜 F の生産費，θ，θ' は 輸送費，
R1，R2，R3，R4 は市場圏 を示す。

　これに対し，輸送費や交通費などの空間克服の困難性がほとんど問題にならない場合には，送達線はほとんど水平となり交わることがなく，「空間的しきり」ははっきりとは表れない。図 1-1 では，D と E と F の生産費の差がむしろ問題となり，E と F は淘汰され，D が集積を進めていくことを示している。それでは，生産拠点が 1 点に集積していくかといえば，そうはならない。川島が指摘した第2の点，集積の限界が存在するからである。集積の限界には，経済的な面での限界と自然制約による限界とがある。一般的には，外部経済の存在によって集積が進行していくが，過集積の段階に達すると，地価上昇や混雑現象等の外部不経済によって費用増加が発生し，分散が生じるとされている。一方で，土地・水・ごみなどのキャパシティの限界によって，集積が困難となり，分散が起きることも考えられる。いずれの場合も，ある産業が一点集積によって全市場を相手にするということは難しく，複数拠点から財やサービスが供給されることになる。ただ

し，そうした複数拠点がどのような場所に形成されるかは，立地主体の意思決定
や政策主体の分散政策などによって変わってくる。たとえば，特定の市場への指
向が強い工業部門の場合には，既存の集積地点に比較的近い地点への分散によっ
て解決しようとする傾向が強くなるのに対し（図 1-1 の G），政策主体が一極集
中ではなく多極分散をめざしている場合は，より離れた地点への分散が生じるで
あろう（図 1-1 の H）。いずれの場合も，圏域が形成されるのではなく，複数の集積，
多くの場合は単体の生産拠点というよりはむしろ都市や産業集積が形成され，そ
れらをノードとしてネットワークが形成される。これを「**ネットワーク型**」と呼
ぶことにする。

　表 1-1 は，これら経済地域形成の 2 類型について，比較検討したものである。「圏
域型」は，中心と面，生産拠点や流通拠点を中心に空間的にしきられた圏域から
なり，「ネットワーク型」は，点と線，都市や産業集積からなるノードとネット
ワークから構成される。地域的に流動するものとしては，ヒト・モノ・カネ・情
報などがあるが，ヒトやモノは，通勤圏や商圏に代表されるように，通常は中心
から周辺へと距離に従って順次伝達（近接拡散）され，面的に拡がり，また距離
減衰効果が支配的で，「空間的しきり」により「圏域型」を形成することが多い。
これに対し，カネや情報の場合は，世界都市から地方中枢都市，県庁所在都市と

表 1-1　経済地域の 2 類型（松原作成）

経済地域	「圏域型」	「ネットワーク型」
成立根拠	空間克服上の摩擦 （輸送費・交通費・通信費）	集積の不利益 （地代の上昇，混雑現象）
形態的特徴	生産・流通の中心と 圏構造	ノード（世界都市・産業集積）と ネットワーク
流動の種類	ヒト・モノ	カネ・情報
インフラ	鉄道・道路	コンピュータネットワーク
拡散の特徴	近接拡散	階層拡散
成長要因	域内市場	域外交易
学説的背景	大塚久雄 局地的市場圏論	カール・ポランニー 遠隔商人の研究

いうように，都市の階層性や産業集積の階層性に従って階層拡散し，「ネットワーク型」を形成する傾向が強い[4]。

　地域的流動を支えるインフラとしては，「圏域型」の場合は，鉄道や道路が中心になるのに対して，「ネットワーク型」の場合は，コンピュータネットワークが中心となる。経済地域の成長要因としては，「圏域型」の場合は，域内市場を確保し，圏域を拡げていくことが重要となる。そのためには生産者ができるだけ生産費を節約し，できるだけ安い輸送費で商品を供給していくことが求められてくる。これに対し，「ネットワーク型」の場合は，ノードとしての都市や産業集積の吸引力を増し，中世のイタリア商人やハンザ同盟都市の商人などのように，域外交易を活発にすること，ネットワークをどのように構築するかが重要となる。

3　経済地域の歴史と空間的拡がり

　経済地域の成立根拠に基づき，「圏域型」と「ネットワーク型」という異なる類型の存在を指摘したが，これらは経済地域の歴史的変遷をみていく上でも異なる軌跡を提供することになる。ここでは経済史の研究成果にふれながら，経済地域論を発展させていきたい。

　「圏域型」は通常，**市場圏**としてとらえられることが多い。市場圏の大きさは，財やサービスの種類が違えば，生産費用も輸送費曲線の傾きも異なってくるので，当然ながら異なってくる。クリスタラーの中心地理論やレッシュの経済地域論でみたように，財やサービスの到達範囲は，一般に高次な財やサービスほど広く，低次な財やサービスほど狭い（松原，2013，pp.38-53）。しかも，**階層規定財**のように，中心地の階層や規模，市場圏の拡がりを規定する「特別な商品」や「特別な機能」の存在を，経済史・市場史の研究成果から見いだすことが可能である。一般には，経済発展とともに，高次な財・サービスが登場し，市場圏は広域化する傾向にあるといえる。また，生産企業間の競争関係によっても，たとえば，ある企業が他の企業よりも生産費を安くする技術を手にいれた場合には，他の企業の市場を奪い，市場圏を拡大していくことができる。その結果，市場圏が拡大するとともに，企業間の淘汰が進んでいくことになる。さらに，同一の財やサービスの場合でも，「空間的しきり」は，交通・通信手段の発達により外側に拡大す

る傾向がある。

　こうした「圏域型」経済地域の歴史的変化を模式化したものが，図 1-2 である。
第 1 段階では，生産費用も輸送費曲線の傾きも大きく，各生産地点の狭域な市場
圏が多数並存していた。いわば，「局地的市場圏」が多数存在するようすを示し
ている。第 2 段階になると，技術進歩がみられ，生産費用の減少，輸送費曲線の
傾きの低下がもたらされ，より広域的な「地域的市場圏」が成立するようになる。

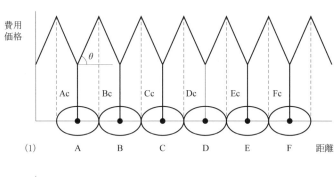

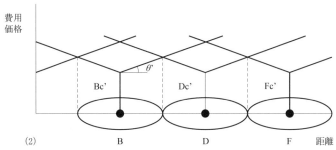

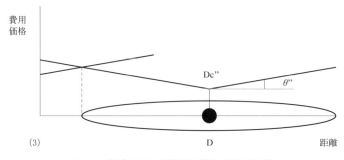

図 1-2　経済発展と市場圏の拡大（松原作成）

第 3 段階は，1 つの中心が一国市場をカバーする段階であり，国民経済の成立を示している。

　経済地域については，経済地理学だけではなく，経済史や世界経済論など，他の学問分野との接点をみることができる。図 1-3 は，経済地域の空間的拡がりの歴史的変化を示したものである。横軸は時間的変化を示し，縦軸は空間スケールの拡がりを示している。歴史的には「**局地的市場圏**」（L）から「地域的市場圏」（R）へ，「地域的市場圏」（R）から「国民経済」（N）へという下から上への経路が示されている。こうした経路は，大塚久雄に代表される西洋経済史学で，議論されてきたものである[5]。

　こうした「圏域型」を軸にした議論に対し，「ネットワーク型」を重視した見解がなかったわけではない。カール・ポランニー（Polanyi, 1957, 訳書 p.78）は，『大転換』の中で，市場取引の起源を外部的領域に求めている。「市場は経済の内部でではなく，もっぱらその外部で機能する制度なのである。市場は遠隔地取引の会合する場所である。本来の局地的市場はとるに足りぬ存在である。そのうえ，遠隔地市場も局地的市場も本質的に非競争的であり，それゆえいずれの場合も，全国的規模での取引，すなわちいわゆる国内市場あるいは全国市場を創出しようとする圧力はほとんど存在しない」，「真の出発点は遠隔地取引である。それは財の地理的偏在の結果であり，偏在によって生じる『分業』の結果である」とポランニーは述べ，財の地理的偏在に「ネットワーク型」の経済地域形成の根拠を求

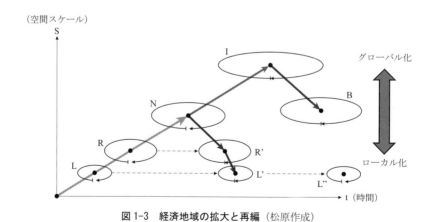

図 1-3　経済地域の拡大と再編（松原作成）

めたのである。

　ところで，経済史の世界とは異なり，経済地理学が注目してきた点は，資本主義経済の発展により国民経済が成立した後に，これまでの局地的市場圏や地域的市場圏をベースにしながらも，新たな圏域が資本の空間的運動の論理の下で形成されてくるという点である（図 1-3 の R'，L'）。その論理とは，前述の輸送費を中心とした空間的輸送の限界と，集積に伴う不利益の増大といった集積の限界の存在である。このように，国民経済内部に経済地域を形成していく主要な主体としては，寡占的大企業と国民国家をあげることができる。前者は，全国市場を販売圏域や営業圏域のようなテリトリーに区分していくし，後者は全国を管轄区域として省庁ごとに異なる論理で区分してきている。後者は行政圏域というべきもので，その形成・再編の論理は政治や行政の論理によるものと考えられるが，前者の経済圏域と後者の行政圏域とは無関係ではなく，両者の関係については注目すべき点が少なくない。

4　経済地域の重層性と地域社会

　図 1-3 で示した国民経済の下で経済地域が成立するという議論は，グローバリゼーションの下で修正を迫られている。グローバリゼーションをどのようにとらえるかについては，国民経済（N）の相互関係を重視するものから，資本主義世界経済（I）を基本的な分析単位とするウォラシュティン（Wallerstein, I., 1979）の**世界システム論**まで，さまざまな考え方が提示されている（Knox, P.L. and Agnew, J., 1998）。

　いずれにしても，資本と労働の国際的な流動の高まりに連れて，実体経済面では，一国経済（N）の枠組みを超え，世界経済（I）へと向かう方向で，圏域の一層の拡大が進行してきているのは確かである。しかも世界市場を掌握しようとする多国籍企業が登場し，グローバルな競争が激化する中で，それらの企業では資本運動の論理の下で，世界経済を上から 3 極ないし 4 極に分割し，新たなブロック経済（B）を作りだそうとしている。その場合の論理とは，輸送費や関税障壁，ブロック規模での市場規模の有利さ，地域統括会社の設立など，国民経済とは異なる論理が前面に出てきている。ここでの主要な主体は，多国籍企業とヘゲモニ

一争いを展開している大国を想定することができよう。

　こうしたグローバル化の一方で，**ローカリゼーション**も同時に進行している。シリコンバレーや「サードイタリー」など国際競争力のある経済地域は，国民経済を介することなく直接世界経済との関係を構築している。このような「新産業地域」の台頭は，寡占的大企業や多国籍企業により「上から」創り出される経済地域とは異なるものであり，これまでの経済地域の議論に大きな修正を迫るものといえる。これら「新産業地域」の形成主体は，ベンチャー企業や家族経営などからなる中小規模の企業群であり，これらに大学や研究機関，商工団体や自治体などの各種の組織が関わっている。

　以上，経済地域の空間的拡がりの歴史的変化についてみてきたが，現段階での経済地域の階層性に関しては，図1-4のようにまとめることで描くことができよう。この図で，地域経済の空間スケールは多様で，重層性をなしていることに，まず注意する必要がある。一番上に描かれているのが世界経済で，ロンドン，ニューヨーク，東京などの世界都市，グローバルシティの大都市圏と周辺都市圏とが結合したメガリージョンが描かれている[6]。

　中央に描かれているのが，東京大都市圏や北京大都市圏などの大都市圏地域あるいは九州や東北などの地方ブロック経済で，こうした経済地域が，圏域型とネットワーク型とに分けられる点は，上述の通りである。経済地域の把握においては，通勤圏や市場圏などの圏域設定の仕方にも関わって，外側の境界線をどのように引くかが問題にされてきた。グローバリゼーションやメガリージョンの動きは，こうした外側の境界をあいまいにするものということもできる。

　これに対し，経済地域の中心に焦点を当てる議論も提示されている。そこでは，中心地域内の企業や個人など，主体間関係が問題とされ，経済的側面だけではなく，地域社会のありように光が当てられている。従来の経済地域のとらえ方は，市場経済の空間的局面に光を当ててきたもので，いわば資本一般の空間的運動にもとづいた議論であった。これに対し，加藤和暢（1994，2018）は，「経済循環の空間的分岐」や「空間的組織化」に注目し，市場に対して組織によって地域社会が形成されてくる点に着目している。

　また，大塚史学とは異なる経済史の流れの中から，新たな地域経済のとらえ方が登場してきた。渡辺　尚（1996）は，「本来の経済地域」として「原経済圏」

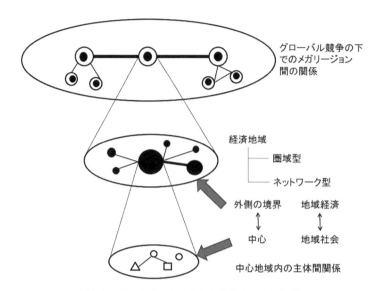

グローバル競争の下
でのメガリージョン
間の関係

経済地域
── 圏域型
── ネットワーク型

外側の境界　　地域経済
↕　　　　　　↕
中心　　　　地域社会

中心地域内の主体間関係

図1-4　経済地域の重層性ととらえ方（松原作成）

を提起し，それを「産業革命後の資本制経済の発展による企業構成と産業編成との絶えざる変動による部分的空間の生成，拡大，変形，消滅にもかかわらず，全体空間としての一体性を失うことなく，その規模と形態を維持するだけの空間的安定性と，経済政策主体としての最小限の公権力を支えるに足る基盤的強度を具えた経済空間」（pp.35-36）と定義している。

　こうした「原経済圏」論を受けて，黒澤隆文（2002）は，「外部からは明瞭に識別される個体性と自己再生産能力を持ち，資本制的な蓄積の基礎となるような『地域』に着目したい」（p.32）と述べ，「国民経済論や市場圏論という経済活動の境界あるいは外縁に重心をおいた空間規定ではなく，その中心性，中核性に重心を置いた空間規定」（p.32）に注目し，「経済的中核地域においては，経済活動の集積それ自体が，密度の高い市場の存在を意味し，新規の投資や更新投資を引き寄せる。さらに外部経済効果の相乗的な蓄積は，こうした中核地域の経済的魅力を高める。……こうした経済活動の蓄積自体が，一つの固有な経済的社会風土を生み出し，また逆に，こうした風土は，中核地域に集中する傾向を持つ金融機能と共に，企業家を育む土壌となる」（p.33）と述べている。そこでは資本一般

というよりも，個別具体的な経営主体に光が当てられ，それらが形成し，管理する空間が取り上げられている。これらは，共同体的な地域経済論，経済地域論とも区別される「第三の地域経済論」といえるかもしれない。

　かつてカール・ポランニーは，市場経済に対し地域社会を重視する見解を提示した。「新産業地域」の台頭は，改めて地域社会のありようを問題にしており，地域経済の国際競争力の源泉をつきつめていくと，地域社会にたどりつくといえなくもない。これまで地域経済と経済地域とを対向的にとらえ議論してきたが，地域社会を考慮した新しい地域経済についての検討が重要になってきているのである[7]。

（松原　宏）

注

1) 空間概念は，主として立地論や空間経済学といった抽象的な理論において取り上げられることが多い。相対空間と絶対空間の 2 つに大きく分けられ，相対空間とは位置や距離で把握されるもので，絶対空間とは企業や人々が活動する「容器」を意味する。

　地域が，より集団的で民族性や歴史性を有する概念であるのに対し，場所は地表面上の比較的狭い範囲をさし，意識的に個人の意味づけがなされたものととらえられる。したがって，「場所のポリティクス」として，場所をめぐる主体間の対抗関係が議論されることも多い。

　なお，マッシィ（Massey, D., 2005）は，これまでに代わる空間へのアプローチを主張し，「相互関係性の産物として」，また「多様性が存在する可能性の領域として」，そして「つねにプロセスの中にあり，決して閉じることのないシステムとして」，それぞれ空間をとらえる命題を詳しく検討している（訳書，pp.24-29）。

2) 地域概念については，木内信蔵（1968）が地域の本質に関して「地域個体説」と「地域便宜説」，景観との違いにふれながら論じるとともに，さまざまな地域概念，地域区分について詳しく説明を行っている。青木伸好（1985）は，構造主義や現象学などからの地域論を検討するとともに，都市・農村関係を軸に地域論を展開している。また森川　洋（2004）は，空間，場所とともに地域に関する英語圏，ドイツ語圏での最近の議論を幅広く取り上げ紹介している。

3) 地域経済に関する主要なアプローチとしては，①新古典派経済学の 1 分野としての地域経済学や都市経済学（山田浩之・徳岡一幸編，2007；マッカン（McCann, P.），2008 など），②マルクス経済学に依拠した地域的不均等発展論や地域の実態分析（宮本憲一・横田　茂・中村剛治郎編，1990；岡田知弘ほか，2007；中村剛治郎編，2008 など）がある。本書はこれらとは異なり，川島哲郎（1955），矢田俊文（1982）に続く経済地理学からのアプロー

チとして位置づけている。

4) 経済地域が「圏域型」をとるか「ネットワーク型」をとるかについては，ヒト・モノ・カネ等の移動速度に左右される。すなわち，移動速度の相対的に遅いヒトやモノの場合は，圏域を形成することが多いのに対して，コンピュータネットワークを光速流で移動する情報やマネーの場合は，圏域は形成されず，点と線を結ぶ「ネットワーク型」となることが多い。

　また，「圏域型」と「ネットワーク型」は，経済地域を空間スケールの異なるものさしでとらえた結果とみることもできる。たとえば，グローバルマネーフローによって形成されてきた国際金融センターをもとに，世界都市間の関係をみていくと，東京はロンドンやニューヨークと競争する「点」として把握できるが，そうした「点」をとらえる縮尺を大きくしてみると，郊外から東京都心へのヒトの通勤圏・「圏域型」としてとらえることができる。

5) 大塚久雄（1969）は，中世末期のイギリスにおける「封建制危機」の下で，農村地帯のあちらこちらに，農民と入り交じって各種の手工業者たちが定住し，その中心には市場が立ち，こうして大きくとも数カ村程度の規模で，多かれ少なかれ自給自足への傾向を示す一種の商品経済にもとづく独自の再生産圏が登場してきた点をとらえ，これを「局地的市場圏」と呼んだ。大塚は，中世都市における「前期的資本」（商人）の活動と，農村地域における農民・手工業者による「局地的市場圏」の形成を対比し，後者を資本主義発展の起点と位置づけ，そして 16 世紀の「地域的市場圏」を経て，18 世紀における「国民経済」の成立へと続く一国経済の内発的発展を強調したのである。

6) カナダトロント大学のフロリダ教授らは，人工衛星から見える連続した光源を取り上げ，光源の強さから地域の経済規模を推計し，それが 1,000 億ドルを超える地域を「メガリージョン」と呼んでいる（Florida, 2008）。

　世界中に 40 カ所のメガリージョンがあり，そのうち 12 カ所がアジアにあり，日本では広域東京圏，大阪・名古屋，九州北部，広域札幌圏が，中国では，広域北京圏，上海，香港・深圳があげられている。

7) スミス（Smith, H.L., 2013）は，戦略的経営論における「ステークホルダー」の考えを地域発展における主体間関係の説明に応用し，「地域的ステークホルダーアプローチ」を提起している。

演習課題
①地域経済のとらえ方については，いろいろな考え方があるが，それらを比較して整理してみよう。
②文献資料などをもとに，日本の地域区分の事例を探し，日本の白地図に境界線を入れ，色分けしてみよう。また，地域区分の理由や考察を余白に記しておこう。

入門文献

1　松原　宏編（2012）：『産業立地と地域経済』放送大学教育振興会.
2　中村剛治郎編（2008）：『基本ケースで学ぶ地域経済学』有斐閣.
3　岡田知弘・川瀬光義・鈴木　誠・富樫幸一（2016）：『国際化時代の地域経済学
　　第 4 版』有斐閣.
4　山田浩之・徳岡一幸編（2018）：『地域経済学入門　第 3 版』有斐閣.
5　木内信蔵（1968）：『地域概論』東京大学出版会.

　　1 は，産業立地と地域経済，地域政策の基礎的内容を 1 冊にまとめたものである。
2 と 3 は，地域経済の理論についての解説と具体的な地域経済の事例紹介がなされて
いる。4 は，新古典派経済学をベースにした地域経済学の教科書で，理論の解説
が主になされている。5 は，地域の概念や地域区分，地域の調査研究についてまと
めた古典的著作である。

第 2 章

地域経済循環と地域構造

1　地域経済循環と経済基盤説

　本書で地域経済をみていく際の基本的観点は，**地域経済循環**に着目して，それぞれの地域経済の成り立ちを明らかにし，地域経済の問題や政策的課題を検討するということにある。地域経済循環の分析は，地域内だけではなく，地域間の関係にも視点が置かれ，地域内・地域間のヒト・モノ・カネ・情報・知識の流動（フロー）の分析を通じて，地域経済成長や衰退のメカニズムに迫ろうとするものであり，地域経済循環のあり方を中心に政策的課題を考えていこうとするものである。とはいえ，地域経済循環に関する既存の調査研究は，あまり多くない[1]。その主な理由としては，地域経済循環を分析するデータが不足していること，地域経済循環を分析する方法論がほとんど検討されていない点があげられる。

　地域経済循環とは，どのようなものか，図をもとに明らかにしておこう（図2-1）。この図では，大都市の都心から郊外，地方都市，農村というように，都市・農村関係を縦軸にとり，ここで取り上げる地域経済を地方都市の位置に，太い円で示している。その上で，太い円で示したある地域経済の域内，域外におけるヒト・モノ・カネ・情報・知識のさまざまな流動を地域経済循環として示したものである[2]。

　地域経済を構成する産業部門は多様であるが，ここでは上から工業，商業・サービス業，建設業，農林水産業を示している。これらの産業は，大きく基盤産業と非基盤産業とに区分することができる。地域経済を支える産業は**基盤産業**と呼ばれ，これは域外へ生産物を移出し，域外から所得を得てくる産業をさす。こうした基盤産業は，当該地域に特化した農林水産業や工業，他地域からの観光客の流入により存立している観光業などからなっている。これに対し，域内での所得

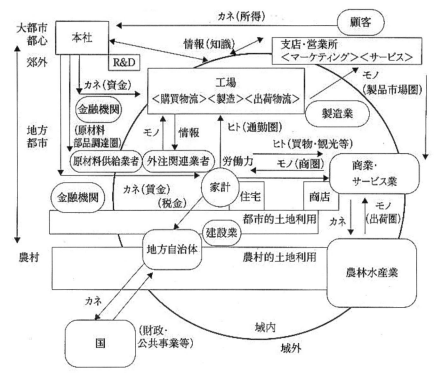

図 2-1　地域経済循環モデル（松原作成）

循環により成立している**非基盤産業**は，域内住民の消費によって成立している商業・サービス業が主となっている。地域経済の存立構造に関する基礎理論として知られる**経済基盤説**（移出ベース理論）は，こうした基盤産業と非基盤産業の連関の下で，地域経済が発展していくとするものである（図 2-2）[3]。

　そこでは，基盤産業による産業連関効果として関連産業の伸びが，また消費効果として基盤産業従事者の消費支出による小売・消費者サービス業の伸びが，それぞれ乗数効果を伴いつつ，全体として地域経済を成長させていくことが示されている。なお，地域経済を牽引する基盤産業のあり方をめぐっては，特定産業に特化すべきか（「マーシャル型」），それとも産業の多様化を進めていくべきか（「ジェイコブズ型」），といった議論もなされてきている[4]。

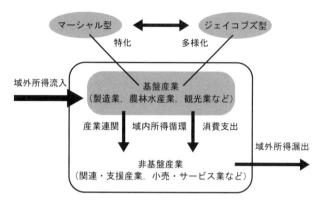

図 2-2　経済基盤説と基盤産業の類型 （松原作成）

2　ヒトとモノの地域的循環

　図 2-1 では，地域経済を構成する産業・企業・家計などの各種主体とともに，各種産業の物的施設（四角で囲んで表示）を示している。基盤産業の中心を成すある工業部門を想定すると，生産の物的施設である工場では，主な機能を，①原材料を受け入れる購買物流，②原材料を加工する製造，③製品を市場に出荷する出荷物流とに分けることができる。なかでも，製造ラインに直接携わるワーカーや間接部門に携わるスタッフなど，工場の従業員は，居住の場所である住宅と工場との間で，ヒトの流動を形成する（図の中央部分の家計から工場に向かう上向きの矢印）。これが**通勤圏**で，高速交通体系が発達してきたとはいえ，モノや情報の流れに比べ，生身の人間の移動範囲には肉体的にも時間的にも限界があり，通勤圏の範囲は域内に収まることが大半である[5]。また通勤圏は，買物や観光行動の圏域と重なって**生活圏**を成し，地域経済の基礎的な圏域を形成しているといえる。

　これに対し，工場で製造された製品は，マーケティングやサービスを展開する支店や営業所を経由し，顧客のいる市場へ輸送され，モノの流動・製品市場圏を形成する。前章でも経済史の議論として紹介したように，**市場圏**は経済地域の基礎を成すもので，交通手段の発達により，その範囲は大市場である大都市をはじめ，国内のみならず海外にまで拡がることがある。したがって，ヒトの流動が形

成する生活圏と資本が商品を行き渡らせようとする市場圏との空間的乖離は，一般に大きくなっていく傾向にある。

　もっとも，市場圏の大きさは，輸送費の大小や生産拠点間の競争状況，市場の分布状況などに左右され，産業によって異なってくる。たとえば，ビールの場合は，日本では寡占企業により市場が支配されており，各企業はビールの輸送費負担を少なくするために，地方ブロックの拠点都市に生産拠点を配置し，それぞれの生産拠点を中心に全国市場を**テリトリー**区分している。これに対し，鉄鋼製品やセメント，ガソリン，洗剤などでは，国内市場を東西に2分割もしくは東中西に3分割するケースが多く確認されている[6]。

　この他，工場の機能と関係したモノの流動としては，原材料供給業者や外注関連業者から工場に輸送され，製造ラインに廻される流れがある。これにより「**原材料・部品調達圏**」と呼ばれる圏域が形成されることになるが，その広狭も業種によってさまざまである。たとえば自動車産業では，定時・定量納入の**ジャスト・イン・タイム**（JIT）システムの下，完成車メーカーとサプライヤーは比較的狭い地域に集積し，さまざまな情報の流動を伴いながら，狭域的な調達圏域が形成されてきていた。もっとも近年では，購買戦略の変化により，市販部品の購入や国際的な調達等により，原材料・部品調達圏は広域化する傾向にある。その一方で，企業にとっての中核技術であるコア・テクノロジーの「**ブラックボックス化**」が重視される中で，外注比率を下げ，工場での内製比率を上げる傾向がみられ，中核企業を中心とした**サプライヤーシステム**が形成してきた域内経済循環が，危機的な状況にある産業集積地域も少なくない[7]。

　ところで，ヒトの地域的循環は，それをとらえる時間的ものさしによって異なってくる。1日24時間という時間間隔では，比較的狭域的な通勤圏をもとに**地域労働市場**が把握される。これに対し，新規就職や転職のように長期的時間間隔でみた場合，労働者の移動は長距離に及ぶことも多く，広域的な圏域が形成され，国境を越え国際的な労働移動を起こすこともある。**国際労働力移動**については，多国籍企業が紐帯となり，その進出先から母国の世界都市の底辺サービス業に外国人労働者が移動するメカニズムを説明したサッセン（Sassen, S., 1988）の研究や，シリコンバレーで勤務していた華人系やインド系の人々がそれぞれの本国に帰還してハイテク産業やIT産業を興していく**国際環流，エスニック・ネッ**

トワークを説明したサクセニアン（Saxenian, A., 2006）の研究が知られている[8]。なお，こうした地域労働市場については，国際的，越国家的，国家的，地方的，地域的スケールといった階層的にとらえる見解が示されている（Castree, N. *et.al.*, 2004）。

また，日本の地域労働市場については，都市地域と工業地域，農村地域とでは大きく異なり，農村地域においても西南日本と東北日本では異なっている点が指摘されてきた[9]。流出形態においても，西南日本では**挙家離村**のタイプが多く，東北日本では**出稼ぎ**のタイプが多いことが明らかにされている（斉藤晴造, 1976）。その要因については，土地所有や農家の経営規模，商品経済の浸透度合いなどの差異が指摘されている。このように，地域により労働力の流出先が異なり，労働力を通じた地域間の関係も地域的特色を示すのである[10]。

3　カネの地域的循環

地域経済の存立基盤として重要になるのは，製品の製造・販売によって得られる所得の流動である。通常，販売代金は本社に集められることになるが，本社と工場が同一地域にある場合には，カネの流れは，モノの流れと反対に当該地域に還流し，非基盤産業をはじめ，地域経済内でさらなる循環を形成することになる[11]。しかしながら，日本の場合には，企業規模が大きくなると，工場所在地とは別に東京や大阪といった大都市に本社を置くことが多くなる。その場合には，顧客からのカネの流れは，本社に集められ，内部留保等に差し引かれた上で，本社からの再配分の形で，工場の設備投資資金，雇用者への賃金へと枝分かれして，当該地域経済に流入してくることになる[12]。

このように，地域内で生み出された所得の還流もしくは再配分として移転された賃金部分は，今度は家計に入り，生活をしていく上でのさまざまな消費と貯蓄とに分けられていく。商業・サービス業の施設へのヒトの流動，すなわち買物や観光などの消費者行動とともに，カネが流れていく。商業の場合は，モノの移動が発生するが，サービス業の場合は一般にその場所で消費が行われる。商圏やサービス圏の範囲も，商業・サービス業の内容によって多様であるが，全体としてヒトの移動範囲が限られるため，商圏・サービス圏は，当該地域経済の範囲に収

まる傾向が強い。ただし，交通・通信体系の整備によって，それらの圏域も広域化する傾向にある。また，インターネットショッピングなど通信販売の普及により，ヒトは移動せず，情報が移動し，モノが家計に届けられるといった新しい流動の形態も普及してきている。こうした近年の交通体系の整備や情報化の影響を踏まえるとともに，地域内での中心地の移動や主体間の力関係の変化にも注目する必要がある。商業の業態が多様になるとともに，郊外のロードサイドの大型店やショッピングセンターが，商圏の中心をなし，旧来の中心商店街が衰退するケースは，全国各地で観察される事態である。これにより，従来は域内で大半が完結していた所得の消費部分が，スーパーなどの本部がある域外に流出する割合が高くなってきていることは確実である。

　この他，製造業や農林水産業，商業，家計，それぞれ相互の間で，モノ（工業製品や農産物など）とカネ（販売代金）の流動がみられるが，それらが地域内で完結することは，「**地産地消**」により農産物で増えているとはいえ，全体としては多くないように思われる。工業製品のみならず農林水産物でも，中央卸売市場のある大都市圏へ，またスーパーへの販売や産直などの市場外流通を通じて大都市圏へ出荷される割合が大きく，むしろ地方都市の市場へは「**転送**」という形で，大都市圏から戻ってくる農産物に依存する比率も増えている。

　図 2-1 の左下の部分には，家計などからの税金が地方自治体，国へ流れていく線と，国から地方自治体への**財政トランスファー**と公共事業等の流れを示している。自主財源に乏しい地域における地域経済は，これまでは地方交付税などの財政トランスファーによって支えられてきた。また公共工事によって，建設業が成立し，地域の重要な雇用源となっていた地域は少なくない。しかし，こうした地方交付税や公共工事に依存した地域経済のあり方は，財政改革の下で現在変更を余儀なくされている。地域経済循環の実態を正確に把握し，自律にむけた地域経済循環のあり方を考えていくことが求められているのである。

4　情報・知識の地域的循環

　企業間競争の激化は，工場での生産性の向上にとどまらず，マーケティングの強化や技術革新の進展を求めることになるが，これに応えるために本社，R & D

拠点, 工場, 支店・営業所間の情報の流動が重要となる[13]。情報の地理的流動については, 情報通信革命によって, コンピュータネットワークを介した情報の光速流が増大する一方で, **フェイス・トゥ・フェイス**によるヒトが運ぶ専門情報も依然として重要であるとの見解が多い（田村大樹, 2000）。しかも情報の量よりもむしろ情報の質が重視され, イノベーションを生み出していく**知識フロー**に最近では関心が集まっている。

　知識の問題を考えるにあたっては, 野中郁次郎や紺野　登らの知識経営の議論が参考になる（野中郁次郎・竹内弘高, 1996；紺野　登, 1998；野中郁次郎・紺野　登, 1999）。そこでは知識は, ヒト・モノ・カネ・情報に次ぐ「第5の成長の源泉」として位置づけられ, 情報と明確に区別されている。情報が, 数値やテキストなどの客観的媒体により表現され, 複写可能で, フローとしてとらえられるデータの集まりであるのに対して, 知識は, ストックとしてとらえられ, 「事象の変化を超えて人々や組織集団が共有する, 物事や事象の本質についての理解」, 「認識・行動するための道理にかなった秩序」と定義されている（紺野　登, 1998, pp.32-33）。

　また知識は, 通常の財やサービスと比べ, ユニークな特性をもっている。知識の一般的特性としては, ①資源の有限性に制約されない, 空間的制約をも超える（非有限的資源）, ②使用によって増え, 使用しなければ陳腐化してしまう, 加工・流通のプロセスによって利益を生み出す（収穫逓増資源）, ③生産と活用のプロセスが不可分（生産と使用の非分離）, ④分節によって価値次元が増加する（分節による価値創出）, といった4点が指摘されている。こうした知識の特性を踏まえ, 知識経営の議論では, マイケル・ポランニーの**「形式知」**（言語化された明示的な知識）と**「暗黙知」**（言語化しがたい経験や技能）との区分をもとに, 「形式知」と「暗黙知」の相互作用がくり返し起こるスパイラル・プロセスとして, 知識創造のプロセスをとらえている[14]。

　これに対し, **「地域イノベーションシステム」**の議論では, 知識のうちの「暗黙知」は, 「形式知」と異なり対面接触が重要であるため, 地域内でのフローが重視される傾向にある[15]。また地域内と地域外とをつなぐ議論としては, ローカル**バズ**（buzz）とグローバル**パイプライン**（pipeline）という概念を使った説明がなされている（Storper, M. and Venables, A.J., 2004；Bathelt, H. *et al.*, 2004）。

バズとは，地域の狭い範囲で既知の人々が交わすうわさ話などの会話であり，なにげない会話が企業間関係を新たに構築したり，イノベーションをもたらしたりする局面を重視したものといえる。これは，暗黙知よりもくだけたとらえ方であり，知識とは言えない種類のものも含むと考えられる。これに対し，パイプラインとは，クラスター内の企業と距離的に離れた知識生産中心との距離を置いた相互関係に使用されるコミュニケーションのチャネルで，重要な知識フローはネットワークパイプラインを通じて生み出される。企業にとって，ローカルバズとグローバルパイプラインを通じて得られる知識の両方へのアクセスが必要であり，両者の関係は企業の吸収能力に依拠している。こうしたローカルバズとパイプラインの結合によって地域のイノベーションが説明されているのである。

5　地域的分業と地域構造

　これまでみてきた地域経済循環モデルは，特定の1地域を取り上げ，ヒト・モノ・カネ・情報・知識の地理的流動の特性と相互の関係を明らかにするものであった。しかしながら，それぞれの地域は，相互に関係しあって，国民経済さらには世界経済を構成している。こうした地域間関係を解き明かそうとする研究が**地域的分業論**であり，国民経済の地域的分業体系の解明を通じて，地域問題発生のメカニズムを明らかにし，地域問題の解決をめざそうとしたものが**地域構造論**であった（矢田俊文，1973）。

　地域構造論は，産業配置論，地域経済論，国土利用論，地域政策論の4分野から構成されるが，地域経済論に関して矢田俊文は，「社会的分業の発展とともに，『特定の生産部門を一国の特定の地域にしばりつける地域的分業』も発展し，分業化された各地域は，一定の「**産業地域**」を形成」し，「産業立地にともなう財・サービス，所得・資金，労働力などの地域的循環が空間的なまとまりとしての重層的な**経済圏**をつくりあげる」と述べている[16]（矢田俊文，1982，p.42）。こうした「産業地域」と「経済圏」に，「都市・集積間ネットワーク」の観点を加えて，筆者は地域構造分析の3つの切り口としたい（図2-3）。

　国土空間における等質的な産業地域の連なりを指すものとして「産業地帯」と

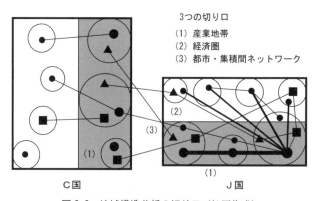

3つの切り口
(1) 産業地帯
(2) 経済圏
(3) 都市・集積間ネットワーク

C国　　　　　　　　J国

図 2-3　地域構造分析の切り口 （松原作成）
注：● ■ ▲はそれぞれ異なる都市・産業集積を示す。

いう用語を当てているが，これが第1の切り口で，農業地帯や工業地帯など，等
質的な土地利用を指標に，地表面を地帯区分したものである。日本の場合は，太
平洋岸に工業地帯が連なり，日本海側には農林水産業地帯が連なるという対照性
が指摘できよう。

　第2の切り口が経済圏で，ヒト・モノ・カネ・情報・知識の地理的流動を総
合的に捉えて，地域的循環の圏域を取り出したものである。とはいえ，実際に
経済圏を摘出する作業は，きわめて難しい。カネ・情報・知識の流動は不可視
的な部分がほとんどで，それらの流動を代替的に示すデータの把握も困難なこ
とが多い。これに対し，ヒトやモノの流動は可視的でデータも比較的入手しやす
いが，前述のように業種や製品などにより地理的流動のスケールは多様である。
大きさの異なる何重もの円を各種の流動の圏域として描き出すことは可能だが，
ここでは市場地域に関する理論的研究と各種の実証研究を念頭において圏域をま
とめあげると，図 2-4 のように人口規模や機能の異なる中心地（Tは東京，Fや
Sは地方中枢都市を想定）と，階層的かつ重層的な圏域（Lは日常生活の圏域と
しての都市圏，Rは地方ブロックなどの広域経済圏，Nは国民経済，Bはアジア
などの地域経済統合の範囲を想定）を示すことができるように思われる[17]。こ
のうちのRを，図 2-3 では経済圏として図示している。

　第3の切り口が都市・集積間ネットワークで，都市や産業集積の人口・産業の
集積規模や機能をノードとして，都市・集積間のつながりをリンクとしてそれぞ

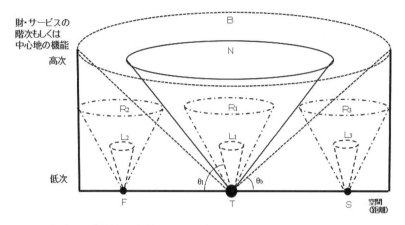

図 2-4　経済圏の階層性と重層性（松原作成）
注：θ_b と θ_l は，それぞれ圏域 B，L の形成に関わる輸送費や交通費などの空間的抵抗の大きさを示す。図中には示していないが，圏域 N．R に関わって，θ_n，θ_r をも想定することができる。

れ取り上げ，ノードとリンクを分析することにより都市・集積間関係の特徴や課題を検討しようとするものである。日本では，「東京一極集中」という言葉に代表されるように，札幌，仙台，広島，福岡といった地方中枢都市や県庁所在都市と東京との直接的なつながりが強く，地方都市間の関係が弱いという特徴がある。また，中核的企業の地方立地や海外立地，国や自治体の政策的働きかけによって，自動車産業や電気機械産業などの集積地域が，国内外で連携する動きもみられるようになってきている。なお，第 3 の切り口では「点」と「線」の関係を重視したものといえるが，「点」にあたる都市や産業集積は，空間的なスケールを切り替えると，第 1 の切り口で対象とした「面」としての「産業地域」に対応するものと考えられる。

　いずれにしても本書の第 II 部では，こうした 3 つの切り口をもとに，日本の地域構造の歴史的変遷と今日的特徴を明らかにするとともに，階層性や産業特性によって特徴づけられた地域経済を取り上げ，それぞれの内的構造と地域経済循環の特性を分析していくことにしたい。

（松原　宏）

注

1）地域経済循環に関する調査研究としては，九州経済調査協会（1954），竹内正巳（1966），木村琢郎（1983），松原　宏（1991 ; 2010），中村良平（2014）などがあげられる。九州経済調査協会（1954）では，マルクス経済学で使われる資本の循環範式の地域的組み合わせを図示することにより，「封鎖型循環構造」と本社所在地と工場所在地とが空間的に分離している場合の「循環構造」との差異が明らかにされている。

2）ここでの地域経済循環モデルをもとに，2003 年度に経済産業省では地域経済循環研究会（委員長：松原　宏）を設け，国内 10 地域（帯広，石巻，米沢，高山，富山，福知山，倉吉，津山，徳島，飯塚）の実態把握を行った（調査結果の概要は，経済産業省の『通商白書 2004 年版』pp.131-135 および松原　宏（2010）を参照）。

3）経済基盤説については，都市経済学や地域経済学の入門書に解説がある（マッカン，2008 など）。学説史も含めて比較的詳しく書かれたものとしては，国松久弥（1969）があげられる。松原　宏（2021）では，Boschma *et al.* (2017) など進化経済地理学者による「関連多様性」（related variety）と「非関連多様性」（unrelated variety）に関する議論や，工場閉鎖や市町村合併といった日本の地域産業の変動を踏まえ，経済基盤説の検討課題を指摘している。

4）Glaeser, E.L. *et.al.* (1992) や Henderson, V. *et.al.* (1995) など都市経済学の研究では，実際の都市産業の成長率データを使って，特定産業に特化した都市をマーシャルとアロー，ローマーの頭文字をとって「MAR 型」とし，多様な産業から成る「ジェイコブズ型」の都市との比較検討を行っている。対象とする国・地域や期間によって結果は異なると考えられるが，Glaeser らは「ジェイコブズ型」の都市の方が成長率が高かったと指摘している。

5）個々の雇用の場に向かう通勤流動をまとめあげて，通勤圏を設定することになるが，日本では「国勢調査」の通勤・通学データを用いて，これまでさまざまな都市圏設定がなされてきた。このうち，金本良嗣・徳岡一幸（2002）は，DID 人口が 1 万人以上の市町村を中心都市とし，中心都市への通勤率が 10％以上といった基準をはじめ，いくつかの基準をもとに，国内 269 の「都市雇用圏」を設定している。

6）市場圏の調査にあたっては，国土交通省の「全国貨物純流動調査」を使って，品目別に物資の発・着地を分析することができる（松原　宏，2010 参照）。また，企業へのヒアリングによって，テリトリー設定がどのようになされているかを調査することも重要である。日野正輝（1996）は，複写機メーカーのテリトリー区分を明らかにしている。

7）近藤章夫（2007）は，1990 年代における松下電器グループの購買戦略の変化を検討し，近接性を活かした「工程外注」の比率が低下し，市販部品の国際調達が増加している点を明らかにしている。

8）国際労働力移動に関連して，日系ブラジル人をはじめ外国人労働者に関する実証的な研究成果には膨大なものがある。生産現場やサービス業等に従事する移民労働者に対して，

IT 産業や研究開発部門等に従事する高度人材の国際的な流動に関する研究も活発になってきている（OECD, 2002）。また，日本の研究開発技術者の移動については，中澤高志（2008）が詳しい。

9) 日本の地域労働市場については，三井逸友（1988）が農村や工業地帯におけるこれまでの実態分析を整理するとともに，地域経済の階層性や差異，地域的共同性の違いといった空間的視点に注目した類型化を試みている。また中澤高志（2012）は，Peck, J. (1996)による労働市場の「社会的調整」の議論を参考にしながら，日本における労働市場の歴史的変化を，①高度成長期における学校を中心とした新規学卒労働市場の制度化，②安定成長期における農村工業化と「地域労働市場」，③低成長期における間接雇用の拡大，といった流れで説明している。

10) 1980 年代以降の人口移動の傾向をみてみると，東北日本から東京へ，西南日本から大阪へ，といった東西に分かれていた状況から，東京一極に集中する状況への変化が特徴的である。サービス経済化の下で東京の牽引力が増したことと，新幹線やジェット機などの高速交通体系の発達が要因として考えられる。なお高卒者の就業先を調べてみると，バブル期には九州各県から東京都への移動が多かったのに対し，バブル崩壊後は福岡県への移動が多くなり，九州ブロック内での移動が顕著になっていた。また，九州からは愛知県の自動車関係企業への就職者が多く，そのことが九州で自動車工場の新・増設が進展した要因になったとされる。

11) マネーフローの実態を調べるのは難しいが，都市別の預貸率は，雑誌『金融』にて調べることができる。それによると，ほとんどの地方都市の預貸率は 1 未満で，東京や地方中枢都市など限られた大都市のみで預貸率が 1 以上となっており，これらの大都市に地方都市からカネが流入してきていることがわかる。

12) 国民経済内部における所得・資金の地域的再配分機構については，矢田俊文（1975）が概念図を描いている。そこでは，①農林水産業地帯や地方工業地帯から独占的大企業の支配する大工業地帯への価値の一部移転，②本社の存在する巨大都市への利潤の集中，③地方で預金された資金の大都市への集中などが描かれている。その後金融の国際化が1980 年代に進み，こうした国民経済内部のマネーフローは相当程度グローバル化してきていると思われる。

13) 情報のフローも把握が難しい。電話の通話圏や新聞の購読圏などが従来は情報フローを示すデータとして使われ，全国スケールでは東京一極集中，地方ブロックスケールでは地方中枢都市集中，都道府県のスケールでは県庁所在都市への集中といった一極集中の三層構造が指摘されてきた。しかしながら，携帯電話とインターネットが普及する時代になり，情報流動の結節点の意味が希薄になってきている。

　　情報の地理的循環については，プレッド（Pred, 1977）の議論が注目に値する。プレッドは，情報を私的情報，公的情報，専門視覚情報の 3 つに分類し，専門情報循環の空間

的偏りに注目して都市間関係のダイナミズムを明らかにしている。

14) 野中郁次郎・竹内弘高により定式化された「SEKI モデル」として知られている。最初のプロセスが「共同化」で，直接的な経験を通じて暗黙知の共有がなされる過程である。これは，経験的知識資産の形成に関わる過程といえる。第2のプロセスが「表出化」で，暗黙知を形式知に置換，翻訳していく過程であり，知覚的知識資産の形成に対応するものといえる。第3のプロセスが「結合化」で，形式知の伝達や編集によって新たな知識を創造していく過程をさす。これは定型的知識資産の形成に関わるものである。第4のプロセスが「内面化」で，形式知を新たな暗黙知として理解・学習していく過程であり，制度的知識資産の形成と関係が深いといえる。

15) 欧米では，従来の知識区分とは異なり，統合的（synthetic），分析的（analytical），象徴的（symbolic）といった「知識ベース」の違いにもとづく地域イノベーションの議論が提起されている（Asheim, B. *et al.*, 2007 ; Gertler, M.S., 2008 ほか）。

16) 矢田俊文（1982）では，地域経済論について，①これら「産業地域」や「経済圏」に基づいて，国民経済を立体的に地域区分しようとする「地域区分論」，②産業地域間の対立ないし支配・従属関係や経済圏相互の関係，産業地域と経済圏との整合性の問題など，地域間の関係の解明，③地域内部の経済構造の解明，といった3つの研究課題を提示している。

17) レッシュ（Lösch, A., 1940）は，「販売圏はもはやそれぞれの財に合わせて作られるのではなく，それぞれの財は定まった組合せのなかから最適の大きさをとる」（訳書 p.141）と述べるとともに，第2編第2部「複雑な条件の下における経済地域」で，経済的な差異，自然的な相違，人的要因の相違，政治上の相違に着目するとともに，経済地域の主要な三類型として，単一の市場圏，地域的網状組織，地域体系（経済景域）をあげている。その上で，網状組織に関して，「網を重ねるに際して，すべての網が少なくとも1つの中心を共通するようにすることができる」（訳書 p.148）と述べている。

演習課題
①特定の都市を中心地として選び，『国勢調査報告』の「従業地・通学地データ」を用いて，通勤圏を地図に描いてみよう。
②身近な地域を取り上げ，地域経済循環モデルを参考にしながら，ヒトやモノなどの地理的流動がどのようになっているか，どの地域と関係が強いか，模式図を描いてみよう。

入門文献
1　竹内正巳（1966）:『地域経済の構造と政策』法律文化社.
2　高阪宏行（1984）:『地域経済分析』高文堂出版社.
3　McCann, P. (2001): *Urban and Regional Economics*. Oxford: Oxford University

Press.［マッカン，黒田達朗・徳永澄憲・中村良平訳（2008）：『都市・地域の経済学』日本評論社］.

4　矢田俊文（1982）：『産業配置と地域構造』大明堂.

5　中村剛治郎（2004）：『地域政治経済学』有斐閣.

　1は，地域経済循環の仕組みを明らかにしようとした先駆的な著作。2は，地域経済分析に関する理論と具体的な手法が，わかりやすく解説されている。3は都市・地域経済学の代表的な教科書の邦訳で，経済基盤説などの地域経済成長に関する最近の議論も紹介されている。4は，地域構造論について体系的に論じた書で，地域経済の方法論的な議論もなされている。5は，地域経済や地域政策に対する地域政治経済学的アプローチをまとめたもので，堺・泉北コンビナートや金沢の地域経済分析が詳しい。

第 II 部

地域経済の実態

第 3 章

日本の地域構造と地域経済

1　地域構造の歴史的変遷

　第 I 部では，経済地域，地域経済循環，地域構造といった本書において重要な
概念を中心に，地域経済の理論をみてきた。第 II 部では，地域経済の実態をみ
ていくことになるが，まず最初にマクロ的な観点から地域経済をとらえるために，
日本における地域構造の歴史的変遷を概観し，その上で現代日本の地域構造の特
徴と課題を検討することにしたい。

　まず，日本の地域構造の歴史的性格づけについては，川島哲郎（1963）が代
表的な見解といえよう。そこで川島は，アメリカ合衆国や旧西ドイツなど，他
の資本主義国と比較することにより，資本主義国に共通する**地域的分業**の特徴
にふれつつ，日本の特殊性を浮き彫りにするという考察方法をとっている[1]。そ
の結果，後進性と急進性といった後発資本主義国日本の特殊性を強調するとと
もに，日本工業の地域的構成の特徴として，①地域産業構成のアンバランスの
うえに，先進資本主義国なみの工業の局地的集積・集中と地域偏在（p.26），②
本来的には比較的バランスのとれた地域的分布をしめす機械工業の地理的分布
の偏倚性（p.29），③相互に独立した最終完成財間の横断的な分業にとぼしく，
迂回生産行程の各段階ごとの縦断的分業がみられる点（p.37），以上の 3 点を指
摘している。

　こうした川島説と関口尚史（1972）の議論を踏まえて，矢田俊文（1986）は，「イ
ギリスを典型とする先発資本主義国においては，繊維工業を主導とする近代的
工業は農村工業を核としその自生的成長のなかで形成されたものであり」，「『局
地的市場圏』から『地域的市場圏』，そして『統一的国内市場』への『諸地域の
水平的な経済統合』による『国民経済』への形成という歴史的道程は」，「相対

的に分散した比較的バランスのとれた配置をつくりあげる傾向を認めることができる」（p.22）とし，これに対し，「日本を典型とする後発資本主義国では，近代工業が農村工業の自生的成長をまたずに，これと切離された形で『上から』『一挙的・顛倒的』に創設されたがゆえに」，「『局地的市場圏』という地域的循環は，自生的・段階的に水平結合することなく，この循環とは別個に近代的大工業による『全国的循環』がつくりあげられ，両者が著しく不整合なかたちで連結」し，「『上から』の重層的な地域循環が強引につくりあげられていく」（pp.22-23）と述べている。地域構造の史的形成に関する国際比較については，イギリスの地域構造を「水平的な経済統合」ととらえることへの異論や大塚久雄（1969）による「局地的市場圏」論の再検討など，新たな研究成果の蓄積によって，研究自体の再構築が求められているように思われる[2]。こうした点に留意しつつ，以下では，①幕藩体制下の近代工業化以前，②第 2 次世界大戦前の近代工業化期，③戦後の高度経済成長期といった 3 期に分けて，日本における地域構造の歴史的変遷をみていくことにしたい。

1.1　近代工業化以前

　幕藩体制期の日本の地域構造は，政治の中心である江戸と，経済の中心である大坂の 2 大中心からなる「2 眼レフ構造」を特徴としていた[3]。しかも，地方経済は，各藩を基本単位とした**領国経済**からなり，地方市場では幕府貨幣とともに藩札も流通し，領主によって産業の育成などが行われていた。こうした領国経済に対し，**広域経済圏**も形成されており，なかでも大坂を中心とした畿内の経済循環と，江戸地廻り経済圏とが代表的なものといえる。これらは，面的な圏域が拡大するタイプの広域経済圏だが，北前船で結ばれていた日本海沿岸の都市ネットワークなど，ネットワーク型の広域経済圏も存在していた[4]。

　幕藩体制期そのものではないが，近代工業化以前の地域産業の分布状況を示唆する資料として，1874（明治 7）年の「府県物産表」がある[5]。醸造物や織物，食物類などの流通生産物の生産額をみると，第 1 位が京都（13,477 千円），第 2 位が熊谷（8,997），第 3 位が愛知（7,505），第 4 位が大阪（7,372），第 5 位が岐阜（6,784）の順であった。第 1 位の京都の対全国比が 7.5% であることからも，工業の分散傾向がうかがえる。当時の主要な工業製品としては，酒と織物があげ

られ,比較的大きな生産額を示す県は,これらの産業が盛んな地域であった。もっとも,愛知は酒と綿織物,熊谷は桐生を中心とした絹織物,新潟は酒と絹・麻織物というように,それぞれ地域的特徴を有していた。

こうした工業の局地分散性は,地方在来産業の成長によるところが大きい。幕末から大正期に至る時期の農村に広範に存在した織物業の展開過程の分析を行った日本経済史の谷本雅之(1998)は,「近代日本の問屋制家内工業は,問屋制経営と小農家族の双方の経営論理が結合したところに成立し,経営管理の深化と,それを支える地域社会との密着性を基盤に,そこで生じる摩擦を処理・克服することによって,展開していた」(pp.468-469)と述べ,これを**在来的経済発展**として評価している[6]。谷本は「『在来的経済発展』論は,『産業資本』『工業化』を帰着点とする」,「断絶説,連続説をともに貫いている問題設定の構図自体を相対化することを意図しているのであり,その意義は,日本の経済発展の条件,要因を探るとともに,『後進性』『停滞性』の指摘とは異なる角度から,日本経済の構造的な特色を論ずる手がかりをえることにある」(p.3)と述べている。

1.2 近代工業化期

第2次世界大戦前の地域経済構造の変化を,鉱工業部門の賃労働者数を指標として詳しく検討した石井寛治(1972)は,産業資本が確立した1909年段階を「ある程度の地方分散を伴う中央集中型」(p.357)と特徴づけた。その要因に関して,「産業資本確立過程が,一方では綿紡績業や重工業などにみられるように大都市の商人資本による機械制生産の『移植』というコースを基本線としつつも,同時に,地方では,綿織物業や製糸業をはじめ,さまざまな地方『在来』産業の資本制化を随伴しており,1909年段階においては,後者がとうてい無視しえない大きな比重を占めていたという事実に求められねばなるまい」(pp.357-358)と述べている。その上で,「今日的な意味での極端な中央集権的構造の原型は,満州事変以降の戦時経済体制下においてはじめて明確な形をとって現れた」(pp.363-364)としている。

日本工業の地域構造は,一挙的というよりも段階を踏みながら,しかも地域差を伴いながら,地方分散型から集中型に転換していった,とみることができる[7]。

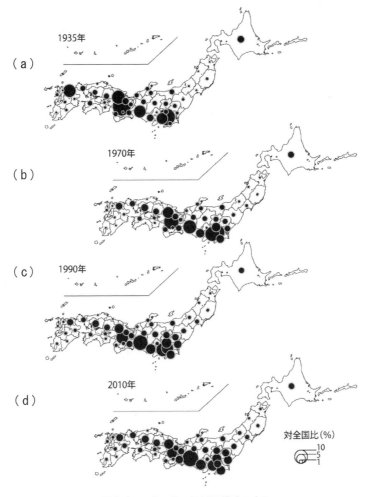

図 3-1　日本工業の地域的構成の変化

注：1935 年は『工場統計表』の生産額，1970 年以降は『工業統計表』の製造品
　　出荷額等の都道府県別対全国比を示した。

出典：『工場統計表』，『工業統計表』各年版より古川智史作成。

図 3-1（a）は，1935 年時点の府県別工業生産額を示したものだが，1874 年の「物
産表」でみられた分散的な工業分布から一変し，阪神地域に巨大な集積が形成さ
れている。当時の主導工業部門は，綿紡績を中心とした繊維工業であり，そうし

た近代的な繊維工業が，1883年開業の大阪紡績の工場に代表されるように，大阪を中心とした阪神地域に局地的に集積・集中する傾向をみせたのである。 阪神地域に一大集積が形成された理由としては，綿織物工業の原料である綿花栽培が古くから盛んであったこと，貿易港としての神戸港の存在，近代的工場を建設・操業する上での資金を提供できる商業資本の蓄積などが指摘されている（和田明子，1963）。

また，阪神とともに京浜，中京，北九州にも集積がみられ，**四大工業地帯**が台頭してきたことを示している。鉄鋼や化学といった素材型産業の成長にとっては，国内資源とりわけ石炭と水力の所在地が重要であり，それらの工業は，九州の産炭地域や水力発電地帯に近接した地域に，いわゆる「**企業城下町**」を出現させてきた。日本最初の近代製鉄所が建設された八幡，石炭化学コンビナートで知られる大牟田，化学工業が盛んな水俣，延岡などの都市がそれらに該当する。

その後1940年代に入り，「軍事的重化学工業化」が支配的になると，京浜地区の機械工業や北九州の製鉄業が大きな伸びをみせるようになる。1940年時点における四大工業地帯の製造品出荷額等の対全国比をみると，京浜26.2%，阪神21.7%，中京8.5%，北九州7.7%となっていた。

ところで，戦前期の日本の地域経済分析によると，「工業地域近畿と農業地域東北を両極とする地域経済の分化（全国規模での社会的分業）が形成された」（石井寛治，1986，p.21）との指摘がある[8]。また，1905年時点の代表的な生産物の地域別生産額と地域間の流通図を明らかにした松本貴典編（2004）によると，「近代日本の流通圏は，富山湾－伊勢湾ラインを境界線として，東京を核とする東の流通圏と，京阪神を核とする西の流通圏に大きく二分されていた」とされ，「これに加えて，独自の地位を有していたのが，北海道，福岡，長野，三重で」（p.478），流通ルート上において重要な機能を果たしていたと指摘されている[9]。

日本の都市システムも，近代化につれて大きな変化をみせた。江戸時代においては，三都（江戸，大坂，京都）と地方の城下町，日本海側の港町などが，都市システムの重要な結節点をなしていたが，鉄道を中心とした近代交通網が整備される中で，城下町起源の都市の再編がなされていった[10]。また，横浜と神戸は，開港により近代都市として急成長し，東京，大阪，京都，名古屋とともに，**六大**

都市と呼ばれるようになった。

　このように近代工業化・近代都市化が局地集中的に進む中で，地方に分散的に立地していた在来産業はどうなったか，この点が問題になる。中村隆英(1985)は，1920年の国勢調査において，製造業有業人口のうち在来産業部門が60％強を占めていた点に注目し，第1次大戦期まで近代産業と在来産業とが，均衡的発展を遂げた後，戦間期になって，在来産業の停滞，近代産業の台頭が顕著となり，日本資本主義を特徴づける二重構造が形成されるようになったと述べている。ただし，両者の関係の地域性については未解明な点も多く，戦前期の地域構造をとらえる上で，重要な検討課題といえよう。

1.3　戦後高度経済成長期

　第2次世界大戦後，日本はアメリカの占領下に置かれ，**財閥解体**や**農地改革**などの一連の民主化を進め，「**傾斜生産方式**」を採用しながら復興の道を歩むことになる。1950年代後半以降になると，国民所得の増大といった内需に支えられて「本格的重化学工業段階」を迎えることになる（玉垣良典，1971）。

　図3-2は，日本工業の業種別構成比の推移を示したものだが，戦前の主導産業であった繊維・衣服工業が長期的な衰退をたどるのに対し，1970年代まで主導

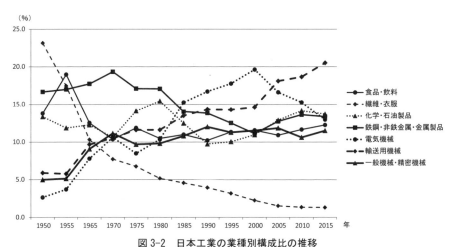

図3-2　日本工業の業種別構成比の推移
注：全事業所の製品出荷額等による。
出典：『工業統計表』各年版より松原作成。

的産業の地位にあったのが鉄鋼・石油化学といった素材部門であった。わが国の鉄鋼，石油精製，石油化学など素材工業は，第 2 次大戦後海外原料にほぼ依存する中で，**臨海工業地帯**に新鋭の設備を次々と建設していき，高度成長を遂げてきた。電機・自動車といった機械工業も，労働力と中小下請企業への依存，市場への近接性を重視して，東京や大阪といった大都市に集積する傾向をみせた。こうして，高度成長期の基本的な地域構造は，太平洋ベルト・三大都市圏の形成により特徴づけられることになる。このことはまた，国内資源に依存してきた地方工業都市の衰退を意味するものであった。

　図 3-1（b）は，1970 年時点の都道府県別の製造品出荷額等の構成比をみたものである。上位 5 県は，東京都，大阪府，神奈川県，愛知県，兵庫県の順であり，東京湾，伊勢湾，大阪湾，瀬戸内海の 3 湾 1 内海，**太平洋ベルト**に相対的に大きな円が連なることがみてとれよう。1935 年と比べると，福岡県の対全国シェアの低下が著しく，四大工業地帯から三大工業地帯に変化したことがわかる。また，茨城県や福島県などで対全国比の伸びがみられ，関東甲信越や南東北への地方工業化の進展がうかがえる。

　さらに，全国の主な工業地帯・地域の変化をみてみると，第 2 次大戦後の復興期に阪神の地位が一時期上昇するものの，高度成長期になると主導産業が鉄鋼や石油化学に移行する中で，瀬戸内や京葉などの四大工業地帯周辺の工業地域の成長がみられる（表 3-1）。1970 年代以降は，素材工業を中心とした阪神，瀬戸内，京葉，北九州の対全国比の低下がみられるのに対し，自動車や電機などの機械工業を中心とした中京，関東内陸，東海のシェアが大幅に伸びている。一方，京浜工業地帯の業種構成は，他の地域と比べて多業種からなっているが，都市化の進展による工業の衰退といった別の要因により，シェアの低下が大きくなっている。

　経済圏については，竹内正巳（1966）が，「東日本は京浜を中核とし，関東，甲信越と中京につながる東海地区を中間地域とし，東北，北海道を外郭地域とする経済圏からなっており，西日本は阪神を中枢地域とし，周辺近畿並びに瀬戸内斜面を外周とする中間地域および山陰，南四国，南九州を外郭地域とする経済圏を形成している」（pp.146-147）と述べている。

　また高野史男（1980）は，1972 年時点の卸売業の仕入れ依存先をもとに，全

表 3-1　主要工業地域の業種構成と対全国比の推移

工業地域名	製造品出荷額等の対全国比の推移（％）（1935 年のみ生産額）							2015 年における主要業種の製造品出荷額等の構成比（％）						
	1935年	1965年	1975年	1985年	1995年	2005年	2015年	金属	化学	電機	輸送用機械	その他機械	食品・飲料	その他工業
京浜	21	24	19	17	14	10	8	8	18	14	22	13	11	14
阪神	26	19	16	13	12	10	10	20	17	14	8	16	11	14
中京	9	11	11	13	13	17	18	9	7	11	49	9	5	10
関東内陸	3	6	7	10	10	10	10	12	10	11	23	11	15	18
京葉	1	2	4	4	4	4	4	20	41	5	1	7	15	11
東海	3	4	4	4	4	6	5	8	10	17	25	9	15	16
瀬戸内	7	9	10	9	8	9	10	19	21	8	20	8	8	16
北九州	8	3	3	2	3	3	3	17	7	6	31	6	16	16

注：京浜は東京・神奈川，阪神は大阪・兵庫，中京は愛知・三重，関東内陸は栃木・群馬・埼玉，京葉は千葉，東海は静岡，瀬戸内は岡山・広島・山口・香川・愛媛，北九州は福岡の都府県を含むものとする。金属には鉄鋼・非鉄金属・金属製品，化学には石油・石炭製品，その他機械には一般機械・精密機械を含むものとする。
出典：『工業統計表』各年版より松原作成。

国の商圏を，①北海道から静岡，長野，新潟にかけての広い範囲が東京商圏，②愛知，三重，岐阜にまたがる中京商圏，③石川，福井から岡山，鳥取，四国まで広がる大阪商圏，④広島，山口，島根にまたがる広島商圏，⑤九州 7 県を範囲とする福岡商圏，といった 5 つの圏域に区分した [11]。

　都市システムについては，1940 年と 1965 年の都市の順位・規模散布図を比較した二神　弘（1971）の指摘が興味深い。すなわち，戦前の 6 大都市と下位グループとの間に広大な空白部が認められた都市系列のパターンは，戦後の高度成長期に急速に空白域が充填され，「首都東京を最頂点とする直線連続パターンに変化していった」（p.73）のである。

　また阿部和俊（1991）は，主要企業の本社・支店の都市別立地推移から都市システムの変化を検討している。東京では，1950 年代・60 年代に本社数が急増し，70 年代には横ばいとなっていたが，80 年代には再び増加傾向を示した。これに対し大阪の本社機能集積は，1960 年代後半以降の総合商社や建設・海運関係企業などによる二本社制の採用，本社移転はないものの，実質的本社機能の東京移転により，減退をみせた。1970 年の支店数は，大阪，東京，名古屋に次いで，福岡，札幌，広島，仙台が並び，高度成長期にこれらの地方中枢都市への支店立地が顕

著に進んだことを示している。

　このように，戦後高度成長期の日本の地域構造は，太平洋ベルトと三大都市圏
への産業と人口の集中を基調に，地方中枢都市の成長と広域経済圏の形成を特徴
とするものであった。

2　現代日本の地域構造

　1970年代のオイルショックは，高度経済成長に終止符を打ち，以後日本経済
は低成長・成熟期を迎えることになる。以下では，工業立地，広域経済圏，東京
一極集中といった3つの観点から，現代日本の地域構造の特徴と課題をみていく
ことにしたい[12]。

2.1　工業立地の変化

　現代日本の工業は，オイルショック，円高，バブル崩壊といった3つの大きな
変動により，立地を変えてきた。まず第1のオイルショックによる影響が深刻で
あったのは，鉄鋼や石油化学，造船，合成繊維といった「**構造不況**」業種であった。
スクラップアンドビルド策，過剰設備の選択的処理がなされた結果，これまで一
様に成長を遂げてきた太平洋ベルト内に東西格差が生じるようになった。すなわ
ち，瀬戸内海沿岸の岩国・大竹，新居浜といった石油化学プラントが休止・廃止
され，千葉や鹿島のプラントが増強されるなど，主として古くて小規模な西日本
の拠点がスクラップ化の対象になり，相対的に新しく大規模で巨大市場に近接し
た東日本の拠点への生産力の集約化がみられたのである。

　もっとも他の先進工業国と異なり，日本はオイルショック後も，構造不況に陥っ
た素材工業に代わって，電機や自動車といった機械工業が主導産業になり，工業
化を牽引することになった（図3-2）。しかも，農村労働力を中心とした人口移
動の減少を背景に，生産の現場では **ME 革命・FA 化**が進展し，**ハイテク工業化**
が進展することになる。これらの機械工業は，東京や大阪といった大都市圏から
外延的拡大・地方工業化を進めていく。とりわけ，電機・電子工業は，本社を大
都市圏の都心部，研究・開発拠点を大都市圏の近郊，完成組立の量産拠点を大都
市圏外縁部にそれぞれ配置し，部品の生産拠点などの分工場を地方に展開すると

いう「**階層的立地**」を進めてきた。しかも，地方圏においても，地方都市から周辺の農村部にかけて，生産子会社のキープラント，衛星工場，納屋工場というように，階層性をもった生産拠点を企業が効率的に組織する「**分工場経済**」地域が各地に形成されていった[13]。

こうした日本国内での地方工業立地の流れは，1985 年 9 月の「プラザ合意」後に急速に進んだ円高によって一変することになった。原料を輸入し，製品を輸出する「**加工モノカルチャー**」と呼ばれ，輸出依存度を高めてきた日本の製造業にとって，円高は大きな打撃を与えるものであり，以降海外立地が本格的に進展していくことになる[14]。

ただし，当時はバブル期で国内市場の伸びもみられ，産業空洞化の深刻さは回避されていた。図 3-1（c）は，1990 年時点の都道府県別の製造品出荷額等の構成比をみたものであるが，上位 5 県は，愛知県，神奈川県，大阪府，埼玉県，静岡県となり，阪神地域や瀬戸内地域での縮小，太平洋ベルト内での東西格差がみられる。また，1970 年に比べて東北や九州各県での円が大きくなっており，地方工業化の進展がうかがえる。

工場閉鎖など国内工業の空洞化が本格化するのは，バブル崩壊後の 1990 年代，「失われた 10 年」と言われた時期以降になる。日本特有の金融システムと**土地神話**が崩壊するとともに，第 2 次大戦後からの**六大企業集団**が再編され，これまで「**日本的生産システム**」を支えてきた枠組みが大きく転換することになった。M＆A（吸収・合併）が活発に行われ，また「株主中心主義」の下でリストラ（雇用調整）を競い合う傾向も一部では生じた。

その後，日本経済は長い不況の時期から脱却し，2002 年には景気回復期を迎える。大阪湾岸での液晶パネルの大型工場の立地など，デジタル家電ブームと自動車輸出の伸びに支えられ，「**国内回帰**」現象が一時的に出現した。しかしながら，2008 年秋の世界同時不況とその後の円高，東日本大震災・原発事故により，国内各地で電機，自動車など幅広い業種にわたり工場閉鎖が行われ，国内生産拠点の集約化が進められる一方で，円安に転換した後でも海外立地が基調になっている[15]。2010 年時点の都道府県別製造品出荷額等をみると，愛知県，神奈川県，大阪府，静岡県，兵庫県が上位 5 府県になっているものの，高度成長期と比べると，京浜と阪神地域の落ち込みが大きく，結果的に分散的な分布傾向を示すよう

になってきている（図 3-1（d））。

　2010 年以降の業種別構成比の変化をみると，電機の地位低下と輸送用機械と食品・飲料の伸びが続いている（図 3-2）。主要工業地域の変化においても，輸送用機械の割合が増した中京と瀬戸内で対全国比が上昇している（表 3-1）。

2.2　広域経済圏の発展

　1970 年代以降，新幹線や高速道路といった高速交通体系の整備が進むとともに，高度情報社会に向けた通信手段の発達が顕著になる。ヒト・モノ・情報の地理的流動の広域化とともに，従来の経済圏とは異なる広域経済圏が，国土政策における重要な構成要素として位置づけられるようになった。

　経済審議会広域経済圏検討委員会などでの報告資料をもとに，矢田俊文（1999）は，①国の出先機関の管轄区域分割，②地方ブロック企業の営業区域分割，③ヒト・モノ・情報の地域循環をもとに，中枢管理機能の市場圏・管轄圏・営業圏を重ね合わせることによって広域経済圏を摘出する試みを行い，「わが国の広域経済圏なるものは，国という行政機構や電力会社やこれを核とする経済団体による 10 ブロック分割がベースとなって形成されているものの，ヒト・モノ・情報の動きは，こうした 10 ブロック単位ではなく，東京・大阪・名古屋・福岡，それに札幌を加えた 5 ブロック的な圏域として実体化しつつある」（pp.154-155）と述べている。

　また松原　宏（2010）は，「全国幹線旅客純流動調査」などの都道府県間の人流についての統計資料分析により，「三大都市圏内，東京・大阪・愛知間に加えて，北海道，宮城や広島，福岡などの地方中枢都市のある道県が，地方ブロック拠点として，ヒトを広域的に集めるようになってきている」（p.36）と述べている。これに対し，「貨物純流動調査」をもとにした分析結果については，「生産拠点の立地パターンによって発地は異なり，またそれぞれの商品の輸送費のかかり方により，全国を市場分割するタイプ（鉄鋼や石油化学製品など），全国的に拡がるタイプ（自動車や産業機械，電気機械など），三大都市圏を中心としたタイプ（軽工業品や農水産品，林産品など）といった異なる地理的流動の拡がり方を見出すことができた」（p.41）としている。

　2010 年時点の「貨物純流動調査」をもとに，貨物全体の都道府県間流動をみてみると，愛知，北海道，千葉，神奈川，大阪，兵庫，福岡をはじめとして，自

発地＼着地	北海道	青森	岩手	宮城	秋田	山形	福島	茨城	栃木	群馬	埼玉	千葉	東京	神奈川	新潟	富山	石川	福井	山梨	長野	岐阜	静岡	愛知	三重	滋賀	京都	大阪	兵庫	奈良	和歌山	鳥取	島根	岡山	広島	山口	徳島	香川	愛媛	高知	福岡	佐賀	長崎	熊本	大分	宮崎	鹿児島	沖縄
北海道	◎													*																																			
青森		○																																												
岩手			△																																											
宮城				○																																										
秋田					△																																									
山形						*																																								
福島							△	*			*																																				
茨城								○			*	*	*	*									*																								
栃木								*	○		*		*	*																																
群馬										△	*																																				
埼玉								*	*	*	○	*	*	*																																
千葉								*	*	*	*	◎	△	*									*				*																				
東京								*				△	*	○	*																																
神奈川	*								*	*	*	*	*	◎								*																								
新潟											*				○																															
富山																△																														
石川																	△																													
福井																		*																												
山梨																			*																											
長野																				○																										
岐阜							*														△		*																							
静岡											*			*								○	*																							
愛知												*									*	*	●	*	*		*	*											*										
三重																							△	○			*																			
滋賀																									△																					
京都																										△	*																			
大阪																							*		*	*	◎	*	*																	
兵庫												*										*				△	◎						*													
奈良																													*																	
和歌山																							*							*																
鳥取																															*															
島根																																*														
岡山								*																	*			△					○	*											
広島																											*						*	○	*											
山口															*																			*	○			*		△						
徳島																																				*										
香川																																					△									
愛媛																																						△								
高知												*																										*							
福岡																											*							*					◎	*		*	*			
佐賀																																								*	*					
長崎																																								*		△				
熊本																																								*			△			
大分																																								*				○		
宮崎																																													*		
鹿児島																																													*	△	
沖縄																																														△

図 3-3　都道府県間の全貨物純流動量（2010 年）

注：●は全流動量の 5.0% 以上 , ◎は 2.5 ～ 4.9%, ○は 1.0 ～ 2.4%, △は 0.5 ～ 0.9%, * は 0.1 ～ 0.4% を示す。全流動量は 23,411,770 トン。
出典：「全国貨物純流動調査報告書」（2010 年）より松原作成。

都道府県内での流動量がまず大きくなっている（図 3-3）。他の都道府県との間での流動量が比較的大きな地域をあげると，東京・神奈川・埼玉・千葉・茨城・栃木の首都圏，大阪・兵庫などの関西圏，愛知・三重などの東海圏，福岡を中心とした北部九州，広島・岡山・山口の山陽地域となっており，これらの地域では広域的な圏域が形成されていることがわかる。なお，広域経済圏間の関係がどのようになっているか，こうした点については未解明な点が多く，今後の検討課題といえよう [16]。

2.3　東京一極集中構造の変化

　現代日本の地域構造は，「一極集中の三層構造」（矢田俊文，1991a）という表現で特徴づけられる。すなわち，日本全体においては東京，地方ブロック圏域においては地方中枢都市，県の範囲においては県庁所在都市，三層の圏域における一極集中が問題とされたのである。以下では，とくに**東京一極集中**に焦点を当て，その推移をみてみよう。

　三大都市圏と地方圏とに分けて，人口移動の変遷をたどると，大きく 5 つの時期に区分することができる（図 3-4）。第 1 期（1950 年代後半〜 70 年代前半）の高度経済成長期は，「民族大移動」と呼ばれたように，地方圏からの大量の人口移動により三大都市圏が形成された時期である。第 2 期（70 年代後半）は，オイルショック後の低成長期で，「**地方の時代**」といわれ，三大都市圏からの「**U ターン現象**」が指摘された時期である。

　東京一極集中が顕著となるのは，第 3 期（80 年代）とりわけ 80 年代後半のバブル経済の時期で，東京圏のみが地方圏から人口を集める時代となった。そこから一転，バブル崩壊後の 1990 年代前半（第 4 期）になると，「新地方の時代」が叫ばれ，「**U・J・I ターン**」といった多様な人口移動が地方に向かうことになった。東京圏においても戦後初めて転出が超過となり，「東京一極集中は終わったか？」にみえたが，90 年代後半以降（第 5 期）になると，再び転入超過がはっきりとし，**東京再集中**が続いている。

　ところで，一口に東京一極集中といっても，東京への集中度合いは指標によって異なっている。東京，大阪，名古屋大都市圏への人口，工業，卸売業，情報サービス業などの集中度合いの変化をみると（図 3-5），人口については，大阪圏，

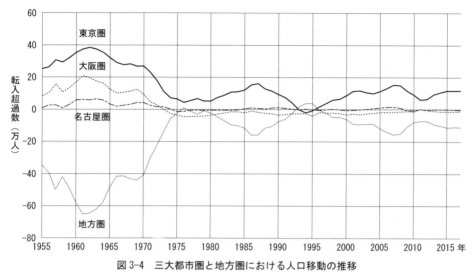

図 3-4　三大都市圏と地方圏における人口移動の推移
注：上記の地域区分は以下のとおり。
　　東京圏：埼玉県，千葉県，東京都，神奈川県　　名古屋圏：岐阜県，愛知県，三重県　　大阪圏：
　　京都府，大阪府，兵庫県，奈良県
　　三大都市圏：東京圏，名古屋圏，大阪圏　　地方圏：三大都市圏以外の地域
出典：総務省「住民基本台帳人口移動報告」（日本人人口）

　　名古屋圏の対全国比が横ばいで推移してきたのに対し，東京圏への集中が一貫し
て続いている[17]。これに対し工業出荷額については，東京圏・大阪圏の割合が
低下する一方で，名古屋圏の対全国比が大きくなるとともに，地方圏の割合が 5
割を超え，工業の地方分散が進んでいる。また，学術研究機関従業者数についても，
地方圏の割合が高くなっている。卸売業販売額と全国銀行貸出残高については，
大阪圏の割合が低下し，東京圏の割合が増大した結果，2000 年代には東京圏が 5
割弱，大阪圏が 15％台となっている[18]。資本金 10 億円以上の法人本社数におい
ても，大阪圏の割合の低下が目立つものの，東京圏への集中度は約 6 割で，こち
らについては大きな変化はみられない。
　　国際化の指標として，外国法人数をみてみると，東京圏の割合が 8 割以上と圧
倒的に高く，情報サービス業・広告業従業者数も東京圏と大阪圏との差が大きく
なっている[19]。とりわけ，1980 年代後半以降の金融の国際化，情報化の進展に
より，東京一極集中が強まったことがうかがえる。なお，バブル崩壊後の 1990

人口　　　　　　　　　　　　　　　製造品出荷額

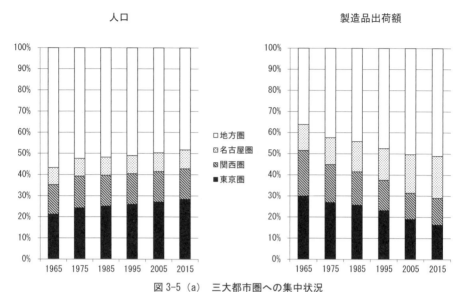

図 3-5（a）　三大都市圏への集中状況

出典：左；『国勢調査報告』各年版，右；『工業統計表』各年版

卸売業年間商品販売額　　　　　　　全国銀行貸出残高

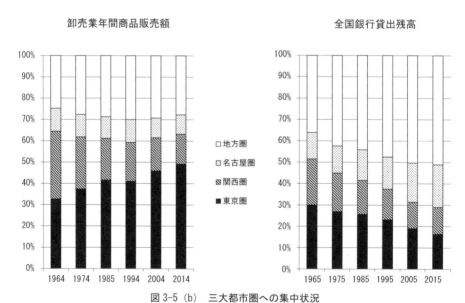

図 3-5（b）　三大都市圏への集中状況

出典：左；『商業統計表』各年版，右；『金融』（全国銀行協会連合会）

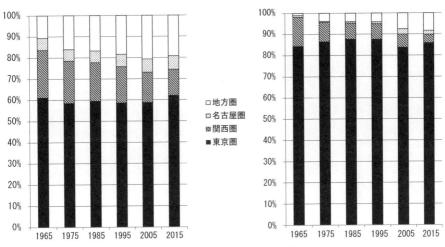

図 3-5（c）　三大都市圏への集中状況

出典：『国税庁統計年報』

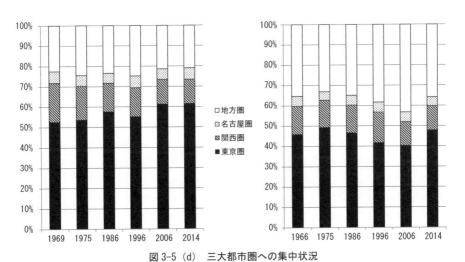

図 3-5（d）　三大都市圏への集中状況

出典：『事業所統計調査報告』，『事業所・企業統計調査報告』各年版

年代になると，情報サービス業・広告業従業者数や卸売業年間販売額の東京圏の割合は低下をみせ，一極集中傾向が転換するかにみえた。しかしながら，2000年代になると，両指標とも東京圏での割合が再び伸びる傾向を示し，東京再集中が進んでいることがわかる。

　以上，日本の地域構造の歴史的変遷と現代日本の地域構造の特徴をみてきた。これらをふまえて，以下の章では，都市地域，工業地域，農山村地域の 3 つの地域に分け，さらに工業地域については，大都市圏，地場産業地域，企業城下町，分工場経済といった産業集積地域の各種類型に分け，それぞれの地域経済の実態を，詳しくみていくことにしよう。

（松原　宏）

注

1) 高度経済成長期を中心とした日本の地域構造については，野原敏雄・森滝健一郎編（1975）が包括的検討を行っている。川島哲郎・鴨澤　巌編（1988）は，世界 10 カ国について，国土政策・地域政策の展開を論じている。松原　宏編（2003）は，イギリス，フランス，ドイツ，イタリア，アメリカ，カナダ，日本の先進資本主義 7 カ国を取り上げ，それぞれの国の地域構造の歴史・現状・課題について分析するとともに，国際比較を行っている。

2) イギリス都市史を専門とする坂巻　清（1986）は，「16 世紀から産業革命期に至るまで，イギリス国民経済の中心にはロンドンがあり，ロンドンの商業によって国内各地の社会的分業が結合され，また都市と農村の結合の体系が形成されていた」と述べている。また，大塚史学に対して長谷部　弘（1994）は，「『局地的市場圏』から『地域的市場圏』，そして『統一的市場圏』へと『市場経済』の地域空間的拡大が想定されているものの，これは理念型としてのモデル提示であって，「『地域』や『市場』の具体的な内容に踏み込むような分析はほとんど考慮されなかった」点を批判している。

3) 宮本又郎・上村雅洋（1988）は，徳川経済の循環構造を図化している。徳川後期においては，大坂を中心とした畿内手工業生産地帯が最も大きな拡がりをもって描かれ，江戸を中心とした江戸地廻り経済圏がこれに次ぎ，これら東西の 2 つの経済圏の周辺には，地方領国と地方市場が描かれている。また，江戸から大坂や地方領国には幕府貨幣の流れが，大坂から江戸へは米などの農産物や手工業品の流れが描かれている。

4) 佐藤正広（1986）は，米と棉，肥料，養蚕などの投入産出の地帯構造を再構成して明治初期地域経済の諸類型を地図化し，北海道を含む日本海沿岸地方，九州，瀬戸内海沿岸地方については，大阪を中心に海運で結ばれていたことから「上方経済圏」，静岡以北の太平洋沿岸地方については「東国経済圏」と呼んで，2 つの経済圏に大別している。

5) 府県物産表について，板倉勝高（1966）は，「沖縄県と北海道については記載がなく，

鹿児島県は不詳が多く山口県の記録は明らかに不正確である」,「筆者としては単に重要
産物とその産地を検出するだけの用に使いたい」と述べている (p.17)。板倉はまた, 東京,
京都, 大阪, 愛知について, 産額 10 万円以上の生産物の比較を行い, 愛知が農村生産物
の特色をもっているのに対して, 東京, 京都, 大阪は都市生産的なものが多いとしてい
る (pp.166-171)。

6) 幕末期の工業の評価をめぐっては,1933 年の服部之総による「幕末厳マニュ段階」説以来,
論争が続いてきたが, 開港後の輸入圧力による影響のとらえ方をめぐって, 新たな角度
からの研究成果が出されてきた。谷本など日本経済史の研究者の多くは, 国内と海外と
の競合により産地間の淘汰が進んできた点を指摘している。これに対し, グローバルヒ
ストリーを提唱する川勝平太 (1991) は, 同じ綿布生産においても薄手と厚手の違いが
あり, 両者は国際市場において競合せず, 棲み分けを行ってきたとする。その後, イギ
リスと日本とが後にアジア間競争を展開することになるとしている。またこれらとは全
く異なる視点から, 田村　均 (2004) は, 著書『ファッションの社会経済史』において,
「輸入毛織物インパクト」という用語を使い, 庶民層の旺盛な織物需要に対応する在来織
物産地の革新的な動向に着目し, 実証研究を行っている。

7) 近藤哲生 (1987) は, 戦前の日本における工業の全国的編成を地域的分業の総体とし
て把握するとして, 1909 年, 19 年, 29 年の「工場統計表」の詳細な分析を行っている。
その結果,「1909 年＝産業資本確立期に形成された工業の地域的編成は重化学工業地域・
製糸地域・絹織物地域・綿織物地域の 4 地域からなる」(p.114) と指摘するとともに,「重
化学工業地域は第 I 部門のより急速な発展によりその比重を高め京浜・阪神を 2 大拠点
として重工業地帯としての内実を具えてきていること, 製糸地域は東日本の＜集中型＞
諸県での停滞と地域外の西日本諸県での発展という地域的移動をふくみつつ全体として
は発展傾向を示してはいるが, 比重をわずかながら低下させていること, 絹織物地域は
明らかに停滞的傾向を示してその地位をさらに低下させていること, 綿織物地域は地域
的移動を内包する綿織物業の発展と諸工業の多様な展開により比重をわずかながら高め
ていること」(p.115), 製糸地域以下の 3 地域では,「工場制への急速な移行＝展開と問屋
制家内工業の強固な存続と工場化の顕著な立ち遅れという 2 類型が存在すること」(p.115)
を明らかにしている。この他, 戦前の日本工業の地域構造に関する分析としては, 山中
篤太郎編 (1944), 橋本玲子 (1972, 1973), 江波戸　昭 (1992) などがある。

8) こうした結論は, 1874 年と 1924 年の 2 時点における農産物, 鉱産物, 業種別工産物等
の地域別生産額の分析に基づいている (石井寛治, 1986, pp.9-24)。地域格差の要因につ
いては, 紡織工業の動向が最も規定的であるが, 重化学工業の関東・近畿両地域への著
しい集中, 化学・食品両分野での東北地域の落ち込みが指摘されていた。なお, 日本の
戦前の農業地帯構成に関しては, 山田盛太郎 (1932) による「東北型」と「近畿型」の
区分がよく知られている。山田は,「東北では, 再生産が農村内で営まれ, 半農奴制が

再出強化せられ，土地が半隷農主的巨大地主に集中する傾向をとる」のに対し，「近畿では，再生産が農業の，都市との連関において営まれ，その過程において農業が分壊せられ，土地が細分して高利貸的寄生地主に帰属する傾向をとる」と指摘し，加えて耕作規模，土地所有権移動の差異について言及している。こうした区分は，作物や土地利用といった使用価値的な側面ではなく，再生産や経営基盤といった価値的側面に着目したものといえる。

9)『府県統計書』,『各府県輸出重要品調査報告』,『鉄道局年報』,『大日本帝国港湾統計』などをもとに，穀類，芋・豆類，水産物，油脂類，木材，薪炭，窯業製品，紙，マッチの生産と流通が分析されている。なお，日本国内だけではなく，朝鮮半島なども含めた日本帝国内での地域的分業に焦点を当てた研究成果も出されてきている（竹内祐介，2009 など）。

10) 明治 22（1889）年，市町村制の発足とともに，市となった 39 市のうち，34 市は城下町起源で，堺，長崎，新潟の 3 市は港町起源，新興都市は横浜と神戸の 2 市であった。木内信蔵（1951）は，旧藩時代の城下町の石高と 1940 年の人口とを対比した表をもとに，「特に太平洋岸のものが上昇し，中間位置にあたるもの，日本海岸の都市は相対的に衰退している。後者で著しいのは山形・会津若松・米沢の群および山口・萩の群である」（p.227）と述べている。

　　倉沢　進（1968）は，1950 年までに市制施行された 248 市について，都市の類型化と変動を検討しているが，第 1 期（明治 22 年），第 2 期（大正 9（1920）年）までは都市分布がほぼ地方均分的であったのに対し，第 3 期（1921 年〜1940 年）に市制施行された 83 市は，明らかに集中・偏在を示している点を指摘し，「この理由は，第一に工業化，第二に大都市化に求められる」と述べている。「都市の集中・偏在がみられるのは，太平洋岸ベルト地帯であるが，その内容は地域ごとに異なった様相を示している。工業化の地域的担い手である第二次型都市は，新興工業都市としては南関東の川崎・日立，瀬戸内の新居浜・宇部・玉野・下松とこの二地域に集中し，他方在来都市は，桐生・足利・岡谷などの北関東，瀬戸・多治見・一宮などの東海に集中する」（pp.158-159）と述べている。

　　また，戦前から戦後にかけての都市類型の構造的変化を分析した島崎　稔（1978）は，「繊維工業都市から重化学工業都市へ，"産業都市"（「工業都市」）から"行政都市"（「中枢管理都市」）へ，の二重の展開」（p.25）を指摘するとともに，戦前段階（1920-30 年）の＜都市と農村＞地帯編成の特質を図示し，「繊維工業都市は，製糸－絹織，紡績－綿織と地域的に分化しているが，それは戦前日本農業の型と密接に照応して，＜都市と農村＞としても東北型，近畿型と様相を異にし」（p.12）ているとし，絹業系統と東北型農業では都市と農村との融合が，綿業系統と近畿型農業では都市と農村の分離が顕著であると述べている。

11）松原　宏（1990）は，1976〜85年にかけての卸売業仕入先の東京・大阪依存率の変化を示しているが，東京の影響力の拡大が広範にみてとれるのに対し，大阪からの仕入率は四国，北陸の各県で低下する傾向をみせていた。

12）現代日本の地域構造分析にあたっては，工業立地のみならず，加藤幸治（2011）などによるサービス業の立地も不可欠であり，山川充夫・柳井雅也編（1993）で強調されている「企業空間」の視点も重要である。経済圏についても，インターネットや携帯電話の普及により，「通話圏」などの情報の地理的流動の意義が問われる一方で，知識フローをめぐる近接性の議論が活発化している（松原　宏，2007b）。また，都市システムの切り口についても，「点」としての都市ではなく，後背地をも含めた都市地域・「メガリージョン」間の関係に着目したり，産業集積間のネットワークをも取り入れる方向性が示唆されている（松原　宏，2014a）。

13）電気機械工業の階層的な地方立地については，山口不二雄（1982），末吉健治（1999），友澤和夫（1999），鹿嶋　洋（2016）などを参照。

14）日本企業の多国籍化は，すでに1970年代に始まっていた（第1期）。当時は，繊維や電子部品などの工業が，韓国や台湾などのアジアNIESに豊富で低賃金労働力を求めて進出する傾向が強かった。第2期（1980年代後半）は，業種は自動車や電機，進出先は欧米が中心で，貿易摩擦の解消と現地市場指向の立地であった。第3期（1990年代以降）も，業種は電機や自動車が中心ではあるが，立地先はタイやマレーシアなどのASEAN諸国から中国やインドなどの新興国へと拡大しつつある。進出目的も，低賃金労働力を求めたものから，新中間層の台頭をうけ，新興国市場の伸びに牽引された市場指向の要素も加わってきている。これにより，生産機能の海外移転のみならず，開発部門の海外立地も進んできている（鎌倉夏来・松原　宏，2012）。

15）松原　宏（2012）では，2000年代以降の工場立地動向が地方圏から大都市圏にシフトしてきている点を指摘するとともに，工場閉鎖を「選択的閉鎖」，「移転閉鎖」，「空洞化閉鎖」に分け，日本企業の立地調整を検討している。

16）経済産業省では，地方経済産業局の管轄区域をベースに5年ごとに「地域間産業連関表」を作成している。地域間の域際収支の変化をみると，北海道，東北，四国，九州，沖縄では，1990〜2005年の全期間でマイナス，関東と近畿では全期間でプラスを記録した。また，各地域がどの地域の需要に依存しているかをみてみると，関東への依存度がいずれの地域でも大きな割合を占めているが，とりわけ東北，北海道，中部で大きくなっていた。これに対し，中国，四国では，近畿への依存度が相対的に高く，九州や沖縄では関東への依存度が相対的に高くなっていた。

17）1990年代後半以降における人口の地域的動向については，以下の点に注目する必要がある。第1は，地方圏では高度成長期，バブル期を中心に，過去の人口流出の累積的効果が働いており，若年層が大幅に減少し，出生力が著しく低下しているという点である。

第 2 は，大都市圏では若年層は多いものの，未婚率が高く，少子化傾向が著しいという点である。第 3 には，全体としては人口移動率は低下してきているものの，「東京再集中」や「都心回帰」現象など，一部の中心地への人口移動が局地的要因として重要性を増してきている点である。ただし，コロナ禍の下で，東京都区部から郊外や地方圏への転出者が増加傾向にあり，「都心回帰」現象は，再検討が必要になっている。

18) 1960 年から 70 年にかけての卸売業年間販売額の対全国比の変化をみると，大阪圏では 32.3％から 25.1％に低下，東京圏では 30.8％から 38.9％に上昇していた。また，1970 年から 86 年にかけての手形交換金額の対全国比の変化についても，大阪圏で 24.3％から 11.1％に低下，東京圏では 53.2％から 79.9％に上昇していた。こうした変化には，総合商社や銀行などの大阪から東京への本社機能移転が関わっている。

19) 成長が期待されるクリエイティブ産業の東京都への集中率（2006 年時点の事業所従業者数）をみると，インターネット附随サービスや映像情報制作・配給業，出版業で 7 割程度，音声情報制作業では 8 割近くに達し，大阪府（6 ～ 7％）との差も大きかった。

演習課題
①日本以外の国を 1 つ選び，国土空間を示した略地図の中に，産業地帯と経済圏，都市システムの概略を描き，日本の地域構造と比較してみよう。
②都道府県別の対全国比がわかる資料を用いて，東京一極集中度の変化を調べてみよう。あわせて，変化の理由を考えてみよう。

入門文献
1　竹内淳彦・小田宏信編 (2014)『日本経済地理読本（第 9 版）』東洋経済新報社.
2　松原　宏編 (2003)『先進国経済の地域構造』東京大学出版会.
3　野原敏雄・森滝健一郎編 (1975)『戦後日本資本主義の地域構造』汐文社.
4　北村嘉行・矢田俊文編 (1977)『日本工業の地域構造』大明堂.
5　橘木俊詔・浦川邦夫 (2012)『日本の地域間格差：東京一極集中型から八ヶ岳方式へ』日本評論社.

　1 は，日本全体の人口や産業の分布，各地方経済の最新の状況が解説されている。2 は，先進資本主義 7 カ国を取り上げ，各国の地域構造の歴史と現状を分析するとともに，国際比較を行ったものである。3 は，日本の高度経済成長期の地域構造を包括的に分析したもの，4 も同時期における主要工業の地域構造を分析したもので，歴史的変化についての記述もなされている。5 は，日本の地域間格差問題を多面的にとらえるとともに，東京一極集中問題が扱われている。

第4章

世界都市東京

1 世界経済の多極化と世界都市論

　国際化の進展と円高，ハイテク工業化とサービス経済化，「バブルの膨張と崩壊」といった1980年代後半以降の急激な変化は，日本の地域構造と都市空間構造に大きな変容をもたらした。とりわけ，東京一極集中と東京の世界都市化が強調されてきたが，今日ではその限界と帰趨とが注目されるに至っている。

　1980年代は，都市研究における「グローバル・パラダイム」（King, A.D., 1990）が喧伝された時期であり，なかでもフリードマンによる「世界都市仮説」は，その後の**世界都市論**の展開の端緒となった（Friedmann, J., 1986）。フリードマンの研究は，新国際分業論をベースとして，多国籍企業のグローバルな展開に焦点を当て，世界都市のヒエラルキーを明らかにするとともに，世界都市化に伴う都市の経済的・社会的・物的再構築と都市問題の特徴点を整理したものであった。

　これに対し，金融業と生産者サービス業の活動に重点を置いて，新たな角度から世界都市論を展開したのがサッセン（Sassen, S., 1988；1991）である。サッセンは，世界都市における生産者サービス業や金融業などの高次のサービス業とそれを支える低次のサービス業，これらの二重性に注目し，しかも底辺のサービス業に低開発国から移民が集中する点にも着目し，**国際労働力移動**と世界都市化との連関を明らかにした。続いてサッセンは，ニューヨーク，ロンドン，東京を取り上げ，それぞれの都市の詳細な分析と都市間の国際比較を行ったのである。こうした研究を受け日本でも，世界都市に関する諸論考が出されてきた（加茂利男，1988；成田孝三，1992；伊豫谷登士翁，1993；町村敬志，1994；松原　宏，1995aなど）。

　1990年代後半以降の世界都市研究としては，テーラーらによる**世界都市ネッ**

トワークの研究が代表的なものといえる（Taylor, P.J., 2004）。そこでは，法律，会計，広告などのグローバルサービス企業 100 社に関するデータをもとに，グローバルネットワーク結合性の分析がなされ，世界都市間の関係性が検討されている。また 2013 年に刊行された『グローバル・シティーズ』と題した 4 巻からなる論文集では，社会学者や人文地理学者の研究成果とともに，都市経済学や空間経済学，都市政治学，公共政策，環境政策など，幅広い分野からの諸研究が収録されている[1]。しかしながら，筆者には，グローバル都市研究は，かつての勢いを失ってきているように思える。それには，グローバリゼーション自体の大きな変化が背景にあると考えられる。

　1980 年代から 90 年代にかけては，金融の自由化・国際化が進み，グローバルスタンダードがもてはやされ，世界は「**市場主義**」に収束するかのように思われていた。これに対し 21 世紀に入り，ホールとソスキスの「**資本主義の多様性**」(Hall, P.A. and Soskice, D., 2001) をめぐる議論など，世界経済の多極化に注目する研究が増えてきている[2]。ペックとテオドールは，「交錯する資本主義」(variegated capitalism) という用語を用いてグローバリゼーションをとらえ直し，「資本主義における不均等発展の制度的理論」に着目している (Peck, J. and Theodore, N., 2007)。均質的なグローバル都市研究を超えて，グローバル都市の多様性をどのような研究枠組みでとらえていくかが問われているのである。

　また，グローバル競争の地理的単位として，「点」としての世界都市よりも，「面」としての「**グローバル・シティ・リージョン**」や「**メガリージョン**」に焦点を置く方が重要だとする指摘がなされている (Scott, A.J. ed., 2001 ; Florida, R., 2008)。とはいえ，グローバルな都市地域に視野を拡げた際に入ってくる多様な産業集積の競争・協調関係や広域圏の自治やガバナンスの問題など，新たに検討すべき課題は少なくない。

　さらに，グローバル都市を規定するものとして，かつては多国籍企業の本社・地域本社の集積や国際金融機能があげられてきたが，2008 年秋の世界同時不況以降，それらの影響力は相対的に低下する傾向にあるように思われる。オリンピックの招致とともに，国際観光やスポーツビジネスへの関心が高まっているが，研究成果の蓄積という点では，広告やファッション，映像・音楽コンテンツなど，**クリエイティブ産業**のありようが検討課題になっている（後藤和子，2013）。知

識経済化の下で，ローカルな知識をグローバルに結合する場所として，「イノベーティブ・シティ」（Simmie, J. ed., 2001）が注目されている点も重要であろう（鎌倉夏来・松原　宏, 2012）。映像コンテンツや広告などの業界で「プロジェクト型」の事業群が群生する中で，寡占企業による M&A のみならず，多様な主体間の提携関係が国境を越えて拡がってきており，グローバル都市間のネットワーク関係の意義と可能性についても，検討すべき新たな課題といえよう。

2　グローバル都市間競争と東京の地位の変化

　1980 年代に主要国で進められた金融の自由化は，金融のグローバル化を大いに進展させてきた。国際的な金融取引の活発化は，80 年代における世界都市の成長の原動力となった[3]。その後 90 年代に入り，日本ではバブル崩壊により金融機関の不良債権問題が表面化し，金融機関の統廃合が進められるとともに，アジアでは通貨危機が発生し，EU では通貨統合が実施されるなど，大きな変化が相次いだ。BIS による世界 48 カ国の外国為替市場取引高は，ユーロ導入によるユーロ圏内取引の減少，電子ブローキングシステムの普及などにより，1998 年〜 2001 年にかけて調査開始以来初めての減少を記録した（日本銀行金融市場局マーケット・レビュー 2001 年 12 月）。その後は，世界全体の取引高が大幅に増大するとともに，ロンドンの対世界シェアが順調に伸び，2013 年には 41％に達した。同年のニューヨークのシェアは 19％で，地位を維持する一方で，東京のシェアは 5.6％で（1989 年 15％）低下傾向が止まらず，アジアでの首位の座をシンガポールに渡すことになった（図 4-1）。

　次に，2000 年代におけるアジアの主要都市における国際人流と国際物流の変化をみてみよう。国際旅客数の推移をみると，香港が第 1 位で，第 2 位と第 3 位の座をシンガポールと東京が競ってきていた（図 4-2）。2006 年に東京がシンガポールを一時的に抜いたものの，その後はシンガポールとの差が開いてきている。これに対し，ソウルが急速な伸びを示し，2011 年には東京を抜いてアジアで第 3 位になった。また，2018 年にはシンガポールを抜き第 2 位になった。東京は，2011 年以降バンコクと競ってきたが，2016 年以降は第 4 位を維持している。さらに 2010 年以降，台北の伸びが著しくなっている点も注目される。

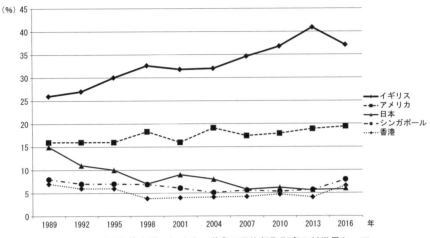

図 4-1　外国為替市場における 1 営業日平均総取引高の対世界シェア

出典：国際決済銀行外国為替市場取引高資料より松原作成。

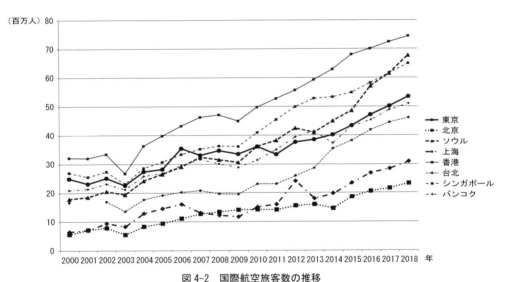

図 4-2　国際航空旅客数の推移

注：首都圏地域の複数の空港の数値を合計。

出典：『航空統計要覧』各年版より松原作成。

国際航空貨物量の推移においても，香港が第 1 位の座を維持している（図
4-3）。2005 年までは東京が第 2 位であったが，2006 年にソウルに抜かれ，さら

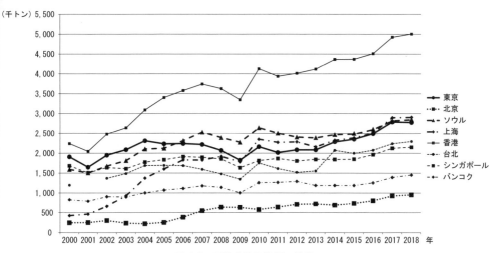

図 4-3　国際貨物取扱量の推移
注：首都圏地域の複数の空港の数値を合計。
出典：『航空統計要覧』各年版より松原作成。

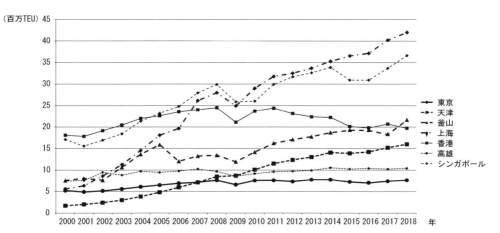

図 4-4　港湾コンテナ貨物取扱量の推移
注：東京については、横浜と東京の数値を合計。
出典：『海運統計要覧』各年版より松原作成。

に急速に伸びてきた上海に抜かれ，第 4 位になっている。ただし，2013 年以降
東京も伸ばしてきており，上海，ソウル，東京が拮抗している。また，台北が

2014年にシンガポールを抜いて第4位に浮上している。これに対し国際港湾の
コンテナ取扱量では，2000年代初頭は香港が第1位であったが，2005年にシン
ガポールに抜かれ，そのシンガポールも急速に伸びてきた上海に2010年に抜か
れ，上海が第1位になっている（図4-4）。釜山は，2005年までは大きな伸びを
示してきたが，その後の低迷を経て，2010年以降再び伸びてきている。また，リー
マンショックの2008年以降減少傾向をたどってきた香港を抜き，第3位になっ
ている。高雄や東京も横ばいで推移しており，2000年代以降急速に伸びてきた
天津に抜かれるなど，港湾間の競争は目まぐるしい変化をみせている。

　もちろん，人口や産業の地理的集積という点では，東京は世界最大規模を維持
し，また一人当たりGDPでも，各種の都市ランキングにおいても，アジアで最
高水準の位置にある[4]。ただし，前述のように，ヒト・モノの地理的流動のハブ
となる空港や港湾の機能を比べてみると，中国の諸都市の成長が著しく，東京の
地位は大いに揺らいできているといえよう。

3　世界都市東京における産業構造の変化

　グローバル都市間の競争激化の下で，東京内部における産業構造と都市地域の
変化にも著しいものがある[5]。東京都区部における事業所従業者総数の推移をみ
ると，1981年の600万人から91年の700万人へと大幅に伸びたのに対し，90年
代から2000年代はほぼ横ばい，2010年代には再び大きな伸びを示しているよう
にみえる[6]（図4-5）。これを産業別にみると，80年代と90年代以降では大きく
様相が変わってきている。1981年から91年にかけて，製造業従事者は減少した
ものの，金融・保険・不動産業従事者（FIRE部門）の伸びと，情報サービス・調査・
広告業を中心としたサービス業の大幅な増加がみられた。これに対し，91年以
降は製造業の減少幅が大きくなるとともに，卸・小売業，金融・保険業での減少
が90年代後半以降顕著になってくる。製造業や卸・小売業の衰退は，グローバ
ル化に伴う産業の空洞化や中小零細業者の高齢化といった産業自体の「体力」の
問題が顕在化したもの，金融・保険業の盛衰は，金融面でのバブルの膨張と崩壊，
東京国際金融市場の成長と限界を反映したものとみることができよう。

　一方で，2000年代以降，サービス業がさらに伸びている点に注意する必要が

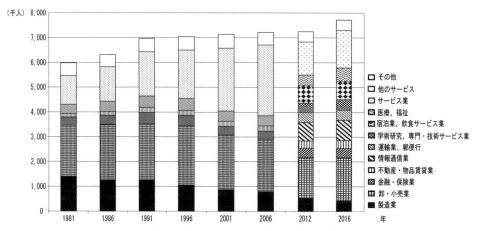

図 4-5　東京都区部における産業別事業所従業者数の推移

注：2006 年までは「事業所・企業統計」，2012 年以降は「経済センサス」による。

　両者は調査方法が異なるため，2006 年までと 12 年以降の比較はできない。

出典：『事業所・企業統計調査報告』および『経済センサス』各年版より松原作成。

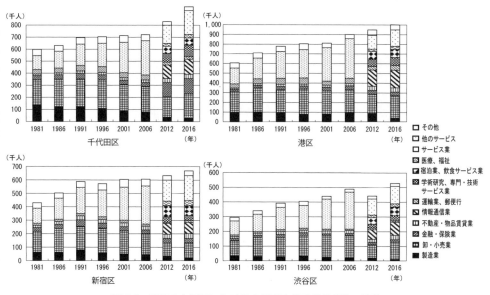

図 4-6　東京の主要区における産業別事業所従業者数の推移

注：2006 年までは「事業所・企業統計」，2012 年以降は「経済センサス」による。

　両者は調査方法が異なるため，2006 年までと 12 年以降の比較はできない。

出典：『事業所・企業統計調査報告』および『経済センサス』各年版より松原作成。

ある。しかも，これまでの情報サービス業に代わり，インターネット附随サービ
ス業や映像・音声情報制作業，出版業などの文化産業従事者が東京中心部で増加
してきているのである。東京中心部での新たな変化は，たとえば千代田区・新宿
区と港区・渋谷区における産業別事業所従業者を比較してみると顕著にみられる
（図4-6）。千代田区・新宿区では，90年代以降従業者総数は横ばいで，都区部全
体の傾向と同様の産業構造変化を示していた。これに対し，港区・渋谷区では従
業者総数がそれぞれ10万人増加するとともに，前述の文化産業を中心としたサー
ビス業従事者が大幅に増加してきているのである。

4　文化産業集積の変化

　東京都区部における文化産業従業者数の地帯別変化をみてみよう（図4-7）。
文化産業といってもいろいろなタイプがあるが，これによるとインターネット
附随サービス業が，大幅に従業者数を増やしていることがわかる。地帯別にみ

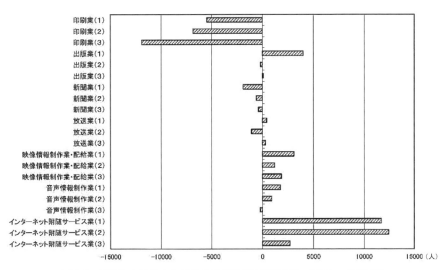

図4-7　東京における文化産業従事者数の地帯別変化（2001 ～ 2006年）
注：(1)　都心3区（千代田・中央・港区）
　　(2)　サブセンター（新宿・渋谷・豊島・文京区）
　　(3)　その他の16区
出典：『事業所・企業統計調査報告』（2006）による。

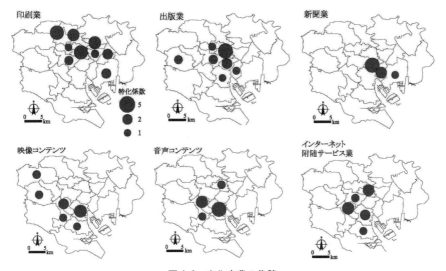

図 4-8　文化産業の集積

注：23 区に対する特化係数 1 以上の区について特化係数の大きさを円で示した。

出典：『事業所・企業統計調査報告』（2006）による。

ると，都心 3 区よりも新宿区や渋谷区などのサブセンターで増加数が多くなって
いた点，その他の区では相対的に少なくなっていた点が注目される。これとは対
照的に，印刷業での減少が著しく，とりわけより外側の周辺 16 区での減少が顕
著であった。印刷業では技術革新が続いており，出版業との近接性よりもむしろ，
地価が安く，比較的労働力も集めやすい埼玉県南部などに工場が立地し，小規模
で零細な印刷業者は，廃業に追い込まれるケースが少なくない。これに対し，出
版業は，情報産業の要素が強く，多様な情報を得やすい都心 3 区で従業者数を増
加させている。

　東京都心部はメディア産業の集積地域としても知られているが，インターネッ
トなどの電子媒体に押されて，新聞業では都心 3 区を中心に 23 区全域で従業者
数が減少している[7]。放送業では，都心 3 区や周辺 16 区で従業者数を増やしたも
のの，サブセンターでは減少をみせた。また，映画などの映像情報制作業・配給
業や音楽などの音声情報制作業では，都心 3 区を中心に従業員数が増加している。

　次に，これらの産業の分布状況を区別の特化係数を図化したものでみておこう
（図 4-8）。出版業が文京区や千代田区，新聞業が千代田区，中央区など，大手出

版社や新聞社の本社が立地する都心に近い区に集中する一方で，印刷業では，板橋区や北区など，城北地区に分布する傾向が強い。

　これに対し，放送業はテレビのキー局が立地する渋谷区と港区で多くの従業者数の分布がみられる。こうしたテレビのキー局との近接性を求めて，比較的新しい文化産業といえる映像コンテンツ，音声コンテンツ，インターネット附随サービス業が分布する傾向がみられる。より細かくみると，映像コンテンツについては，渋谷，港の両区に加えて，目黒，品川，練馬，杉並などの区でも集積がみられる。音声コンテンツについては，港区や文京区で集積がみられる。インターネット附随サービス業に関しては，渋谷区，港区とともに，千代田や文京区で大きな集積がみられる。

5　東京の都市空間構造の変容

　こうした東京内部における産業・地域構造の変動には，産業・企業の立地再編とともに，都心部での大手デベロッパーによる都市再開発競争，「都市再生特別措置法」などの都市政策の変化が，相互に関わっている。

　1980 年代後半に東京都区部と多摩地域は，1970 年以降最も著しい**地価高騰**を経験した（図 4-9（a））。それは，東京都心部の商業地地価の上昇に始まり，都区部南西部，多摩地域・区部北東部の住宅地地価へと波及していくという特徴を示したが，89 年には沈静化し，92 年〜 94 年には商業地，住宅地ともに大幅なマイナスを記録した。住宅地は 95 年以降，商業地は遅れて 97 年以降，マイナス幅は小さくなり，2006 年には商業地，住宅地ともにプラスに転じる。しかも，商業地の上昇率が住宅地を上回るようになる。しかしながら，2008 年のリーマンショックの影響を受け，2009 年〜 13 年まで商業地，住宅地ともにマイナスに，2014 年以降はプラスに転じている。

　こうした地価の動向とオフィス着工床面積の推移とを比べてみると，数年のずれはあるものの，基本的には明瞭な対応関係がみられ，地価上昇の背景にオフィス供給の活発化があったことがうかがえる（図 4-9（b））。すなわち，地価急上昇の時期は，オフィス供給が大幅に増大した時期に当たる。しかも，都心 3 区での増加よりも，新宿・渋谷の両区や周辺 18 区での増加が顕著であったことがみ

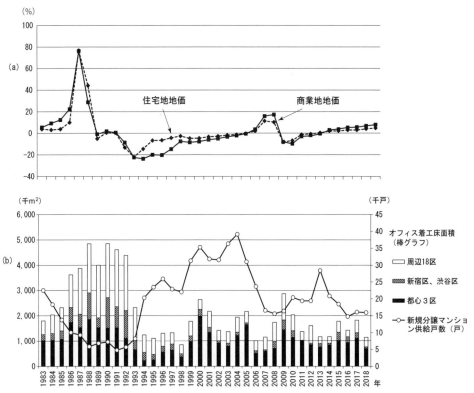

図 4-9　東京都区部における地価の推移とオフィス・マンション供給量の推移
出典：『東京の土地』各年版より松原作成。

てとれる。こうしたオフィスビル建設ラッシュは，東京一極集中と東京の世界都市化を過大に評価した需要予測[8]と「民活路線」の下での再開発計画によって拍車をかけられ，地価高騰を前提としたバブル資金の大量導入によって増幅していったのである。

　その後，地価の下落とともに，93 年以降オフィス供給は大幅に減少し，代わってマンション供給が急増してくる（図 4-9（b））。このように，「バブル期」には地価の高騰とオフィスビルブームが現れ，「バブル」崩壊後には地価の下落とマンションブームが到来した。そして 1999 年以降は，オフィス供給が再び増加傾向を示し，マンションブームとオフィスビルブームとの併存がみられるように

なっている。

　1980年代のオフィスビルブームは，都心空間の空洞化をもたらすことになった。世界都市としての東京の成長戦略の下で，都心周辺部の住宅地区や商業地区で強引な地上げ行為がなされ，古くからの住民の多くが住居を移転させられることになった。東京都区部の土地利用変化をみてみると，1986年から91年にかけての短期間に区部全体（約59,000 ha）の14％もの土地で利用転換が生じていた（『東京都市白書'94』，1994，pp.102-103）。専用独立住宅約740 haの大幅な減少に対して，集合住宅（650 ha）と事務所建造物（400 ha）の増加が顕著であった。東京都心3区の夜間人口は，80年の33万8千人から90年には26万6千人へと大幅に減少した。人口減少町丁では，卸・小売・飲食店数の減少も著しく，旧来からの地域社会の崩壊が進行している（森記念財団編，1994など）。これに加えて，バブル崩壊により，92年より地価は急落傾向をたどり，地上げの対象となった土地が不良資産化し，現在も空地や駐車場などになっているものが少なくない。

　なお，その後の地価下落の下でのマンションブームにより，人口の「**都心回帰**」現象が顕著となり，東京都心3区の夜間人口は，1995年の24万4千人から2000年の26万8千人，2005年の32万5千人，2010年の37万5千人，2015年の44万3千人弱，2020年の49万7千人へと増加傾向を示している。もっとも，人口増加が著しいのは，東京湾岸の埋立地や工場・倉庫などの跡地，大規模再開発地域であり，バブル期に崩壊した地域社会の再興を示すものではない（矢部直人，2003など）。

　また，欧米の世界都市とは比べものにはならないが，東京都区部における外国人数は，1983年に10万人，92年に20万人，2006年には30万人，2017年には40万人を超え，2020年には約48万6千人に達した。国籍別外国人数の変化をみると，朝鮮・韓国国籍の人が2009年をピークに減少傾向にあるのに対し，中国人は大幅な増加を示した。また，港区では欧米国籍の外国人が多い点や江戸川区でインド人が急増している点など，地域的な特色もみてとれる（図4-10）。

　ところで東京都は，2002年6月に施行された都市再生特別措置法の「都市再生緊急整備地域」に，東京駅・有楽町駅周辺，秋葉原・神田地域，東京臨海地域，新橋・虎ノ門・赤坂・六本木地域，新宿駅周辺，富久地域，大崎駅周辺の7地域を指定し，都市計画に関わる規制緩和と時間短縮，金融支援をもとに，民間資金

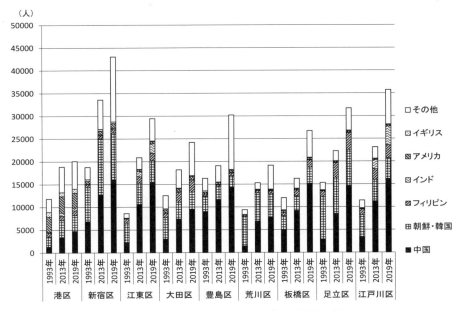

図 4-10　東京の主要区における国籍別外国人の変化
出典：『外国人登録人口』（東京都）より松原作成。

を都市開発事業に集中的に誘導し，東京都心部の機能強化を図ろうとしている。また，2007 年 6 月には内閣官房の都市再生本部により「国際金融拠点機能の強化に向けた都市再生の推進」が，都市再生プロジェクトとして決定され，これを受けて「国際金融拠点フォーラム」が 2008 年に設置され，「東京駅・有楽町駅周辺地域」および「環状二号新橋周辺・赤坂・六本木地域」を先行地域として，都市の国際競争力強化に向けたプランが提示された。さらに東京都では，国の国際戦略総合特別区域の指定を 2011 年 9 月に受け，「アジアヘッドクォーター特区」を設け，外国企業の投資促進を図ろうとしている[9]。

　現在，東京都心部および周辺部では，丸の内北口，汐留，品川駅東口，六本木6 丁目再開発など，大規模プロジェクトが相次いで完成してきている。その結果，1990 年代においては，都心 3 区以外のオフィス供給が相対的に多かったが，再び都心 3 区の比率が高くなってきている[10]（図 4-9（b））。

　2021 年の東京オリンピック開催に向けて，オフィス供給量はさらに増大して

いくとされているが，都市内部での地域間格差はますます拡大していくものと考えられる。「バブル期」においてはオフィスビルの大型化と広域化が顕著で，新興オフィス空間の創出が活発になされた。当時は，東京都心から都心周辺部にかけてのほぼ全域で空室率が低い状態が現れた。「バブル崩壊」以降は，不況下でのリストラが進行し，オフィス需要が低迷していたにもかかわらず，オフィス供給が続き，供給過剰が起き，空室率の上昇とオフィスゾーン別の空室率の地域差が顕著となった[11]。こうした東京中心部でのオフィスビルブームの増幅にあたっては，不動産証券投資を通じたグローバルマネーフローが大きな変動要因になってきている。

　また，バブル崩壊後やリーマンショック後にみられたリストラに対応したコスト重視のオフィス移転とは別に，東日本大震災後のBCP（事業継承計画）見直しに伴う移転，業績回復による拡張移転，分散していたオフィスの統合移転など，本社移転の活発化を受け，オフィス地区の変貌も著しい[12]。都心周辺部や近郊における新興オフィス地区の出現により，東京の都市空間構造は，都心と郊外の業務核都市との2極対立ではなく，より多極的な構造へ，しかも都心周辺部の東西とで格差を伴ったより複雑な構造へと転換してきているのである[13]。

（松原　宏）

注

1）第1巻の緒言で編集者のテーラー（Taylor, 2013）は，①世界一の高さを競うビル，②高さ100 m以上のビルの数，③人口，④ビジネスサービス業について，上位20都市のランキング表を示している。東京は②で3位，③で1位，④で6位に入っている。4枚の表のすべてで上位に入った都市が世界で1つ，上海である。

2）「資本主義の多様性」論の特徴は，生産システムと制度の計量的比較によって各国をグループ分けする点にある。具体的には，労使関係，技能訓練，企業統治，企業間関係などに対する企業によるコーディネーション様式が，アメリカを典型とする「自由な市場経済」（LMEs）とドイツに代表される「コーディネートされた市場経済」（CMEs）とに対比されている。

3）松原（1995a）では，1980年代におけるロンドン・ニューヨーク・東京の三大国際金融センターの成長を，ドル体制下でのジャパンマネーのフローから検討を加えている。

4）国連による世界の大都市圏人口予測では，東京は2020年の3,871万人をピークに2025年には3,866万人へと減少するものの，世界第1位の座は維持されるとしている（United

Nations, 2011）。ソウルは，1990年の1,054万人をピークに減少に転じるのに対し，上海と北京は90年以降の伸びが顕著で，2025年にはそれぞれ2,840万人（世界第3位），2,263万人（世界第9位）になるとされている。

　また，東京の一人当たりGDPが46,358米ドルであるのに対し，シンガポールは43,865ドル，ソウルは23,645ドル，上海は11,010ドル，北京は10,626ドルであった（Mizuho Short Industry Focus, No.33, 2012）。

　さらに，森記念財団都市戦略研究所「世界の都市総合力ランキングGPCI 2020」によると，総合スコアで東京は，ロンドン，ニューヨークに次ぐ第3位で，シンガポールは第5位，ソウル第8位，香港は第9位，上海は第10位，北京は第15位であった。

5)「東京都産業連関表」（2008年）から東京都経済の特徴をみてみると，①IT関連，消費者サービス，高齢者サービスなど，サービス業が大きなウエイト（都内生産額の71%）を占めること，②本社の役割が大きいこと（都内生産額の16%，純移出が約14兆円で全体の6割），③地域間の取引で移出超過になっていること，④巨大な消費空間であることなどがあげられる。

6)　現地での事業所単位の「事業所・企業統計調査」から，調査票による企業単位の「経済センサス」への調査方法の変更および産業分類の変更により，2006年以降の地域別・業種別にみた事業所の変化については，確かなことが言いにくくなっている。

7)　東京の広告産業集積の変化を分析した古川智史（2013）によると，電通や博報堂などの大手企業による組織再編・立地再編を伴いつつ，銀座や神田を中心に，依然として千代田区・中央区・港区に集積する傾向が強いものの，渋谷周辺にインターネット広告企業の新たな集積が形成され，また恵比寿などへの外資系広告会社の立地によって，地理的集積が拡大している。

8)　国土庁による『首都改造計画』（1985年）では，東京23区で1982年から2000年までに5,140haの新規事務所床需要を予測していた。その他の予測値については，東京都企画審議室『データファイル東京の事務所立地』（1993）p.69を参照。

9)　東京都区部における外国企業の事業所数の推移をみると，1999年の903から2001年の1,339に増加した後，2006年には1,125に減少（『事業所・企業統計調査報告』），その後の『経済センサス』によっても，2009年の843から2012年には779に減少していた。業種別内訳をみると，サービス業は増えているものの，卸・小売業，金融・保険業の減少が大きかった。

　なお，2014年3月に安倍内閣は，新たに国家戦略特別区域を指定したが，東京都では9区（都心3区，新宿，文京，江東，品川，大田，渋谷の各区）が含まれている。

10)　森ビルの「東京23区の大規模オフィスビル市場動向調査」（2021年5月27日）をもとに，事務所延床面積1万m²以上の大規模オフィスビルの2016年〜2020年と2021年〜2025年（予定）の供給量をビジネスエリア別にみると，丸の内・大手町エリアが133万m²から24

万 m^2，赤坂・六本木エリアが 21 万 m^2 から 33 万 m^2 となるのに対し，虎ノ門エリアが 57 万 m^2 から 89 万 m^2，日本橋・八重洲・京橋エリアが 54 万 m^2 から 82 万 m^2，品川エリアが 2 万 m^2 から 36 万 m^2 となるなど，新興地域の伸びが著しい。また，空室率をみると，リーマンショック以降 2012 年の 7.8% まで上昇，その後 2019 年の 1.8% まで低下していた。三鬼商事などの他の調査によると，新型コロナウイルスの感染拡大を契機にテレワークが広がり，オフィスを集約する企業が増え，2020 年春から空室率の上昇が続いている。

11）こうした供給過剰懸念は「2003 年問題」と呼ばれていたが，実際には「2003 年問題」は大きな問題にはならなかった。その理由としては，オフィス賃料の低下により，バブル期に控えられていた潜在需要が顕在化した点が考えられる。なお，その際，新築のオフィスビルへの大企業の本社・支店が移転した後の空いたスペースに，中堅企業が入居するというように，アメリカの都市での住宅移転に類似した「フィルタリング」とでも呼ぶべき現象が発生した。

12）2007 年～ 12 年の 5 年間で，東京 23 区に本社を置いていた上場企業 1,520 社のうち 500 社が本社移転を行い，そのうちの約 6 割が東京 23 区内での移転であったとされている（みずほ信託銀行「不動産トピックス」2012 年 12 月号，pp.2-5）。

13）東京都心部のオフィス空間では，機能の複合化という新たな変化が生じている。森ビルが中心となって再開発が進められた「六本木ヒルズ」は，オフィス機能だけではなく，物販・飲食，文化施設，居住機能などの多機能から構成されている。三菱地所が管理する「丸の内」のオフィス街でも，三菱系の企業が本社を品川や汐留に移転させた後に空いたスペースや銀行の店舗が閉鎖された後の空いたスペースに内外の有名なブランド品を販売する店舗や飲食店が入居しており，機能の複合化が進んでいる。

演習課題

①世界の都市ランキングに関する資料をもとに，いろいろな指標で世界の他の都市と東京とを比べてみよう。

②東京の中から特定の街区を選び，町丁別の人口や産業についての統計資料や各種情報の分析，地図作業などを行い，街の変化を調べてみよう。

入門文献

1　Knox, P. and Taylor, P.J. eds. (1995): *World Cities in a World-system*. Cambridge: Cambridge University Press. ノックス・テイラー共編，藤田直晴訳編（1997）:『世界都市の論理』鹿島出版会.

2　Sassen, S.(1991): *The Global City: New York, London, Tokyo*. Princeton, New Jersey: Princeton Univ. Press. サッセン著，大井由紀・高橋華生子訳（2008）:『グローバル・シティ：ニューヨーク・ロンドン・東京から世界を読む』筑摩書房.

3　加茂利男（2005）:『世界都市：「都市再生」の時代の中で』有斐閣.

4　町村敬志（1994）:『「世界都市」東京の構造転換』東京大学出版会.
5　市川宏雄・久保隆行（2012）:『東京の未来戦略:大変貌する世界最大の都市圏』東洋経済新報社.

　1は,世界都市に関する代表的な論文を集めたもので,フリードマンの世界都市仮説も収録されている。2はサッセンの代表作の邦訳で,ニューヨーク,ロンドンと比較した東京の世界都市としての特徴が明らかにされている。3は,都市政治学からの世界都市研究の成果を,4は都市社会学から「世界都市」東京について研究成果をまとめたもの。5は,森記念財団による「世界の都市総合力ランキング」の紹介とともに,東京の問題点と今後の課題が整理されている。

第 5 章

地方中枢都市：福岡

1　地方都市の盛衰

　前章では，グローバルな視野に立って，世界都市東京の地位の変化を明らかにするとともに，東京の産業構造および都市構造のもつ独特な特徴と問題点を検討した。本章ではまず，全国的な観点から日本の都市の人口や産業の変化について概観し，とりわけ地方都市間においていかなる差異が生じてきているかを検討する[1]。その上で，地方中枢都市として「成長」を遂げてきた福岡市を取り上げ，都市空間構造の歴史的変遷と都市経済の変化を分析し，「一極集中」問題や「支店経済」から自立化する上での課題等について考えてみたい。

　まず，地域経済論において，都市をとらえる際の留意点について述べておきたい。第 I 部で述べたように，地域経済循環を中心に都市経済を扱う場合には，通勤流動をベースにした**都市圏**を基本単位にすることが望ましい。都市圏設定の方法はさまざまであるが，金本良嗣・徳岡一幸（2002）によって提起された「都市雇用圏」では，DID 人口 1 万以上の市町村を中心都市とし（複数存在する場合は，それらの集合を中心とする），中心都市への通勤率 10%以上の周辺市町村を郊外とすることを基本的な基準とし，日本全体で 251（2005 年基準）を摘出している。

　こうした都市雇用圏の設定をもとに，経済産業省地域経済研究会では，2030年の都市雇用圏別の人口および域内総生産を推計している（表 5-1）。これによると，2000 〜 2030 年の人口増減率では，唯一東京都市圏のみが +0.8%であり，人口規模が小さくなるほど人口減少率が大きくなっている。域内総生産をみても，東京都市圏が +10.7%，政令指定都市の都市圏が +6.9%で，それ以外ではやはり人口規模が小さくなるほど減少幅が大きくなると予想している。

　また，経済産業省地域経済産業グループ（2004）では，都市雇用圏別の経済指

表 5-1　2030 年の地域経済シミュレーション結果

	人口 (2030 年, 万人)	人口変化率 (2000 ～ 30 年, %)	域内総生産 (2030 年, 百億円)	域内総生産変化率 (2000 ～ 30 年, %)
東京	3,206	0.8	17,674	10.7
政令市	2,946	-6.6	14,191	6.9
県庁所在地	1,732	-14.3	7,626	-3.2
10 万人以上	2,243	-16.2	9,929	-6.4
10 万人未満	524	-24.6	2,070	-15.1
都市圏合計	10,650	-9.2	51,490	2.6

注：全国 269 の都市雇用圏を対象に，域外市場産業，域内市場産業の生産額，就業者数，人口の自然純増
　　率，就業機会の多寡を反映した社会純増率をそれぞれ推計式より算出した。こうした推計を 2005 年以
　　降 5 年毎に繰り返し，将来推計を行った。
出典：経済産業省経済産業政策局（2005）より作成。

標をもとに，1980 年代，90 年代の地域構造の変化を検討している。1981 ～ 91 年，
91 ～ 2001 年の両期間とも，事業所従業者数の増加率が上位 20 位に入った都市
雇用圏は，国分，水海道，小野，守山，つくば，太田で，つくば以外は，自動車
や電機関連の工業都市であった。逆に，両期間とも減少率が大きな 20 都市雇用
圏に入ったのは，芦別，尾鷲，八幡浜，田川，因島，滝川，釜石で，石炭，造船，
食品，鉄鋼といった鉱工業を基盤としていた地域であった。

　21 世紀に入り，日本の都市経済はどうなっているか，これを都市圏単位で分
析することが平成の**市町村合併**により困難になっており，以下では，行政上の
「市」を単位として分析を行うことにする[2]。

　2002 年より日本経済は「景気回復期」を迎えたとされるが，2001 ～ 06 年にお
いて，事業所従業者数の減少率が 10%を上回った都市数は 87 を数え，1996 ～
2001 年の 57 から増加していた（松原　宏，2007a）。こうした衰退傾向を示す都
市は，北海道，東北，中・四国，九州といった地方圏，しかも人口 5 万人未満の
相対的に小規模な都市が多くなっていた。これに対し，増加率が 10%を越える
都市は，刈谷，西尾，田原，亀山など，自動車やデジタル家電の工場が立地する
東海地域で多かった。地方圏では九州・沖縄のみでみられるものの，成長都市は
限られ，衰退都市が大半を占めていた。

　こうした地方都市の衰退傾向は，2008 年のリーマンショックにより深刻さを
増してきていると考えられるが，表 5-2 は人口増減率の大きな都市を人口規模別

表 5-2　人口規模別にみた地方都市の人口増減率（2015 年〜 2020 年）

人口規模（万人）	北海道	東北	関東甲信越	中部	近畿	中国	四国	九州・沖縄
20 以上〜 30 未満	函館					呉		
10 〜 20	小樽 釧路	一関 酒田 鶴岡 奥州 会津若松	桐生 日立			岩国 尾道		別府 延岡 大牟田
5 〜 10	室蘭 岩見沢	**宮古** 能代 二本松 むつ 栗原 横手 登米 五所川原 伊達 大館 由利本荘 大仙 気仙沼 米沢	佐渡 村上 日光 南魚沼 新潟市西蒲区 安中 柏崎 秩父	七尾 加賀 高山	京丹後 田辺 紀の川 豊岡	玉野 浜田 三原 三次	宇和島 鳴門 三豊 四国中央	天草 佐伯 宇佐 日南 八女 北九州市八幡東区 北九州市門司区 日田
3 〜 5	網走 稚内 登別 伊達	**釜石** 湯沢 相馬 喜多方 北秋田 大船渡 田村 久慈 白石 つがる 黒石 新庄 南陽	十日町 稲敷 妙高 南房総 桜川 常陸大宮 行方 糸魚川 魚沼 五泉 常陸太田 沼田 小千谷 矢板 阿賀野 北茨城 鴨川 富士吉田	下呂 熱海 志摩 氷見 郡上 南砺 新城 魚津 大野	宍粟 高島 海南 洲本 南あわじ 赤穂 西脇	萩 庄原 笠岡 長門 備前 雲南 真庭 井原 大田 柳井 安来 府中 益田 倉吉	西予 八幡浜 大洲 小松島 阿波 吉野川 さぬき	南島原 南九州 曽於 嘉麻 五島 豊後大野 人吉 南さつま 雲仙 指宿 臼杵 山鹿 小林 みやま 大川
3 未満	**夕張** **歌志内** **芦別** **赤平** **三笠** **美唄** **士別** 留萌 深川 根室 紋別 富良野 砂川 名寄	**尾花沢** **男鹿** **仙北** 遠野 鹿角 八幡平 村山 上山 二戸 陸前高田 にかほ 角田	大月 飯山 加茂 上野原 那須烏山 甲州 大町 高萩 胎内 韮崎 潮来	下田 **浜松市天竜区** 珠洲 鳥羽 伊豆 尾鷲 輪島 飛騨 勝山 熊野 美濃 山県 羽咋	宮津 養父 新宮 有田 朝来 御坊	**美祢** **安芸高田** 江田島 高梁 竹原 新見 美馬 安芸 美作 江津 大竹	**室戸** **三好** **土佐清水** 宿毛 須崎 東かがわ	**垂水** **串間** **津久見** えびの 対馬 枕崎 阿久根 上天草 竹田 伊佐 松浦 国東 西海 平戸 西之表 壱岐 阿蘇 多久 水俣 杵築 志布志 西都 宮若 いちき串木野 鹿島 豊前 嬉野 うきは

注：人口減少率が-5%より大きい市区を抽出。太字の都市は人口減少率が-10%より大きい市区を示す。
　　2020年の市区を基準に，2015年の旧市区町村を組み替えた数値を利用。関東，中京，近畿の3大都市圏に含まれる市区は除いた。
出所：「2020年国勢調査　人口速報集計」より松原作成。

に区分してみたものである。人口規模の小さな地方中小都市で人口減少率が大きくなる傾向は以前からみられたが[3]，2015 〜 20 年では人口規模の比較的大きな地方中心都市でも減少率が大きくなっていた。地方による差異もみられ，北海道では人口 3 万人未満の都市群で人口減少率が大きく，それらの多くが旧産炭地域の都市であった。また，函館，小樽，釧路のような 10 万人以上の都市でも人口減少率が大きく，その一方で札幌市中央区では人口増加率が大きくなっており，北海道における札幌一極集中とともに，札幌都市圏内での**都心回帰**の傾向がうかがえる。

これに対し九州においては，3 万人未満の都市群とともに，3 〜 5 万人の都市群での人口減少が顕著であった。それらは，長崎，熊本，鹿児島県の半島や離島の都市，県内の第 2，第 3 の都市が多くなっていた。その一方で，人口増加率の大きな都市も相対的に多く，福岡や熊本都市圏の郊外での人口増加が続くとともに，福岡市博多区や中央区といった中心部でも人口増加がみられ，福岡都市圏においても都心回帰現象が現れていた。

東北では，3 〜 5 万人とともに，5 万人以上の都市で人口減少率が大きくなっていた。それらの多くは，青森や秋田など北東北，日本海側および三陸側に位置していた。中・四国地方では，中国山地の盆地や四国の半島部に位置する 3 〜 5 万人の地方中小都市での人口減少率が大きくなっていた。なお，東北や中・四国では，都心回帰の動きは強くはみられなかった。関東甲信越，中部，近畿では，東京，名古屋，大阪から離れた半島，中山間地の都市で人口減少率が大きくなる一方で，表には示していないが，3 大都市圏の都心に該当する多くの区で人口増加がみられ，都心回帰傾向が顕著であった。

このように，東京，大阪，名古屋，札幌，福岡の都心部など，局地的に人口増加率が大きな地区が存在するものの，地域経済を支えてきた基盤産業の衰退，周辺市町村での過疎化の進行による消費市場の縮小，事業所の統廃合に伴う中心性の低下等によって，離島や半島，中山間地域などの条件不利地域の都市のみならず，人口規模の比較的大きな地方中心都市にまで，人口減少率が大きい地域が拡大し，再生が困難な状況に陥ってきているのである[4]。

2　地方中枢都市間の差異の拡大

　札幌，仙台，広島，福岡の各地方中枢都市は，1970 年代，80 年代といずれも人口増加率が大きく，成長する都市の代表的存在であった。しかしながら，1990 年代以降，地方中枢都市間の人口増減率に格差がみられるようになってきた（図 5-1）。1980 ～ 85 年にかけては，4 都市とも 6%以上の人口増加率を示していたが，まず広島が 85 ～ 90 年に 4%，90 ～ 95 年に 2%という相対的に低い増加率に留まり，他の 3 都市との差が大きくなっていった。その後，2000 ～ 05 年になると仙台が，2005 ～ 10 年になると札幌が，いずれも 2%に落ち込んできたのに対し，福岡のみが 90 年以降も 4%台を維持している。2015 ～ 20 年では，札幌市が 1.2%，仙台市が 1.4%，広島市が 0.6%に対し，福岡市は 4.9%であった。

　次に，産業構造変化をみてみると，1981 ～ 91 年，91 ～ 2001 年にかけて，いずれの都市でも，建設業，製造業の割合が減少し，サービス業の割合が増大していることがわかる（図 5-2）。こうした傾向は，2000 ～ 2010 年にかけても続いて

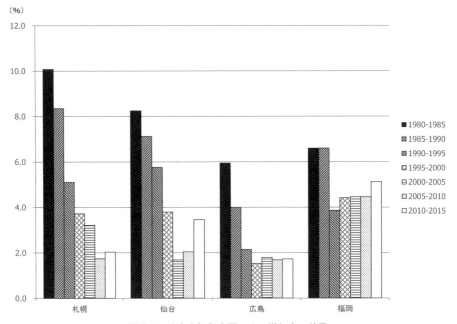

図 5-1　地方中枢都市間の人口増加率の差異
出典：『国勢調査報告』各年版より松原作成。

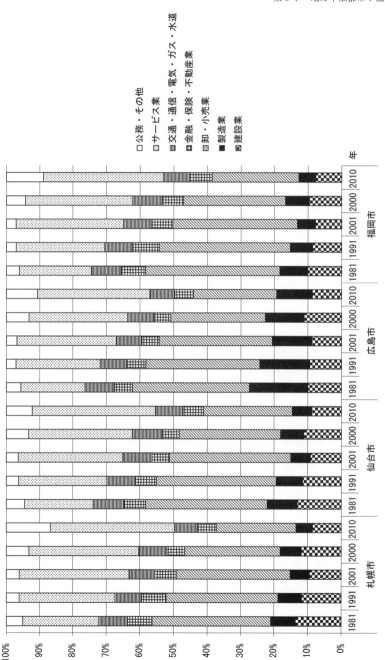

図 5-2　地方中枢都市における産業構成の変化

注：1981～2001 年までは『事業所・企業統計調査報告』、2000～2010 年は『国勢調査報告』の従業地データによる。

出典：『事業所・企業統計調査報告』および『国勢調査報告』より松原作成。

いる[5]。2010 年時点の産業構成をみると，福岡と札幌でサービス業の比率がとくに高く，福岡では金融・保険・不動産の割合が，広島では製造業の割合が，それぞれ他の都市よりも高くなっていた。

さらに，産業中分類別に特化係数が高い業種（1.5 以上）をあげてみると，福岡では，航空運輸業，通信業，情報サービス業，広告業，繊維・衣服等卸売業など 22 業種，仙台でも，電気業，通信業，学術・開発研究機関など 17 業種を数え，多様な産業によって特徴づけられていた（表 5-3）。これに対し，広島では電気業，放送業など 8 業種，札幌では通信業，放送業など 7 業種を数えるのみで，地方中枢都市間での格差が大きかった。

都市機能という点では，これら 4 都市は，広域中心都市として位置づけられ，中枢管理機能，とりわけ大手企業の支店が集積する「支店経済」都市と呼ばれてきた。当該都市の事業所従業者全体に占める支所従業者数の比率をみると，2001 年時点で仙台が 42％で最も高く，次いで福岡（39％），広島（36％），札幌（33％）の順であった。支店の本所所在地を比べてみると，支所従業者全体に占める東京本所従業者の比率が仙台で最も高く（45％），以下札幌（37％），福岡（36％），広島（30％）の順であった。大阪本所従業者の比率は，広島と福岡でともに 11％と相対的に高く，仙台と札幌はともに 6％に留まっていた。

2012 年時点では，東京を本所とする支所従業者の比率が仙台では 48％と高く，以下福岡（40％），札幌（35％），広島（32％）の順であった。これに対し大阪を本所とする従業者数の比率は，広島（9％），福岡（8％），仙台（5％），札幌（3％）といずれも低くなっていた。同一道県に本所を置く割合は，札幌 40％で最も高く，以下広島（37％），福岡（30％），仙台（20％）の順で，差が大きかった。

また，事業所の開設時期を，1994 年までと 1995 年以降の 2 つの時期に区分し比べてみると，福岡では 94 年までが 43.7％，95 年以降が 54.6％で，相対的に若い事業所が多く，仙台でも同様な傾向がみられた。これに対し，広島や札幌では，94 年以前開設の事業所の方が多くなっていた。

このように，人口，産業構造，都市機能などの面で，地方中枢都市間の差異が大きくなりつつある。以下では，地方中枢都市の中から人口増加率が依然として大きい福岡市を取り上げ，都市空間構造の歴史的変化や都市経済の成長要因の変化を明らかにし，地方都市経済の特徴と課題を検討することにしたい[6]。

表5-3　地方中枢都市における特化係数の高い業種

特化係数	札幌市	仙台市	広島市	福岡市
3.0〜3.9	郵便貯金取扱機関、政府関係金融機関	郵便貯金取扱機関、政府関係金融機関	郵便貯金取扱機関、政府関係金融機関	熱供給業 航空運輸業 郵便貯金取扱機関、政府関係金融機関 貸金業、投資業等非預金信用機関
2.0〜2.9	通信業 放送業	電気業 通信業 機械器具卸売業 学術・開発研究機関	電気業 放送業	電気業 通信業 情報サービス業 繊維・衣服等卸売業 機械器具卸売業 広告業
1.5〜1.9	道路旅客運送業 飲食料品卸売業 不動産賃貸業・管理業 遊園飲食店 国家公務	ガス業 鉄道業 道路旅客運送業 飲食料品卸売業 建築材料、鉱物・金属材料卸売業 その他の卸売業 貸金業、投資業等非預金信用機関 保険業 機械等修理業（別掲を除く） 物品賃貸業 その他の事業サービス業 国家公務	ガス業 通信業 機械器具卸売業 その他の卸売業 補助的金融業、金融附帯業	ガス業 放送業 映像・音声・文字情報制作業 運輸に附帯するサービス 飲食料品卸売業 建築材料、鉱物・金属材料卸売業 その他の卸売業 補助的金融業、金融附帯 不動産取引業 遊園飲食店 物品賃貸業 その他の事業サービス業

注：特化係数とは、(特定地域特定産業従業者数／特定地域全産業従業者数) を (全国の特定産業従業者数／全国の全産業従業者数) で割った値。
出典：『事業所・企業統計調査報告』(2006) より松原作成。

3　福岡市における都市空間構造の変化

　1889（明治 22）年に市制が施行された福岡市は，商人の街・博多と城下町・福岡から成る中心市街地の近代都市化を進めるとともに，周辺の町村を合併し市域を拡げていった。1920 年の国勢調査時の人口は，9 万 5 千人であったが，1940 年には 30 万 7 千人へと増加し，また産業別就業者構成では，商業，工業，公務自由業が 3 大産業となっていたが，商業（33.5%），工業（30.5%）の占める割合が高く，公務自由業が 13.4% であった。

　第 2 次大戦中の空襲により市街地は大きな被害を受けるが，旧博多部から中洲，天神，大手門などにかけての一帯 328.7ha に及ぶ戦災復興土地区画整理事業により市街地の復興がなされ（鳥巣京一，2005），中心商業地に活気が戻るとともに，中心業務地の整備によって支店経済都市としての成長がみられるようになる。1960 年代前半にはオフィスビルの建設が相次ぐが，旧博多部の呉服町から西鉄福岡駅のある天神が中心軸となっていた（図 5-3）。

　ところで，福岡では，都市構造の変化に果たした博覧会の役割が大きい。福岡市では，1887（明治 20）年の「第 5 回九州沖縄八県連合共進会」をはじめ，たびたび博覧会が開催されてきたが，とくに大きな影響を与えたのは，1927（昭和 2）年 3 月 25 日から 2 カ月にわたって大濠公園で開催された「東亜勧業博覧会」であった。この博覧会を契機として，西南部耕地整理が進展し，同時に新線・城南線が開通して，市街地の発展が促された（福岡市総務局，1979）。

　戦災復興事業とともに，福岡市の都市構造を大きく変えた事業として，博多駅地区土地区画整理事業がある。1958 年から 70 年にかけて福岡市によって施行された約 267ha の土地区画整理事業は，旧博多駅の高架移転と住宅や農地などが混在していた新駅周辺の市街地整備を目的としたものであった。1963 年の新博多駅の開業，67 年の「博多駅周辺高層建築物設置奨励条例」の制定により，徐々に進んできたオフィスビル建設は，69 年の新幹線乗り入れの閣議決定により一挙に進展することになった。75 年には山陽新幹線が博多に乗り入れ，東京−博多間が 6 時間 56 分で結ばれることになり，博多駅前が新たな業務中心になり，福岡の都心は，天神と博多駅前の 2 極となった（図 5-3）[7]。その後，81 年には市営地下鉄が開業（室見−天神間），83 年には姪浜−博多駅

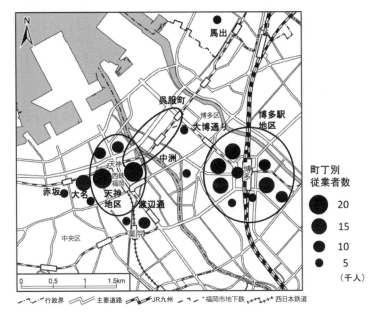

図 5-3　福岡市都心部における事業所従業者の分布（2012 年）
注：町丁別従業者数 5,000 人以上の町丁を示した。
出典：『経済センサス』より松原作成。

間に延伸し，地下鉄駅周辺でのオフィスビル，マンション開発が活発になされ
ていった[8]。

　このように，第 2 次大戦以前から支店経済都市として成長を遂げてきた福岡市
は，その一方で，支店に頼らない自立的な産業経済をめざす動きも強い。この点
で重要なものとしては，博多湾岸の**ウォーターフロント開発・**「シーサイド百道」
の埋め立て事業があげられる[9]。博多築港以来，福岡市では博多湾岸の埋め立て
事業を展開してきたが，1989 年には「アジア太平洋博覧会」が「シーサイド百
道」を会場に開催された。その跡地に建設されたソフトリサーチパークの高層ビ
ル群には，NEC や富士通，日立といった国内の大手ソフトウェア会社が入居す
るとともに，韓国企業のソフトウェア拠点が設けられるなど，近隣のアジア諸国
との連携も積極的に進められてきた。さらに同地区では，福岡県が進める「シリ
コンシーベルト福岡」の中核施設である「福岡システム LSI 総合開発センター」
が 2004 年に開設されている。この施設は，中小企業基盤整備機構により九州大

学連携型企業家育成施設として整備されたもので，インキュベーションルームの他，福岡システム LSI カレッジや九州大学システム LSI 研究センターが設けられている。なお九州大学では，これまでの福岡市東区の箱崎地区，中央区の六本松地区から福岡市西部の新伊都キャンパスへの移転を 2005 年から進めてきていたが，2018 年 9 月に完了した。

4　福岡市における成長要因の変化

前節でも述べたように，福岡市は「支店経済」都市として成長してきた。国勢調査の専門的技術的職業，管理的職業，事務従業者を合計した人数を「オフィス人口」とすると，福岡市では 1965 年の 13 万 7 千人から 1975 年には 21 万 4 千人，1985 年には 26 万 3 千人へと増加し，1995 年には 34 万人を越え，ピークに達している。中央区と博多区を比べてみると，博多区での伸びが著しく，1985 年に

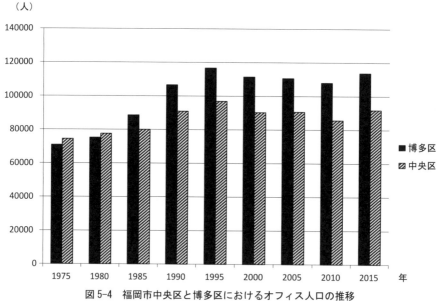

図 5-4　福岡市中央区と博多区におけるオフィス人口の推移
注：オフィス人口は，従業地における専門的・技術的職業，管理的職業，事務従事者の合計。
出典：『国勢調査報告』各年版より松原作成。

は中央区を追い抜き，その差を拡げてきた（図 5-4）。しかしながら，2000 年以降は両区ともオフィス人口の減少に見舞われてきていた[10]。これに対し，2010年〜15 年には博多区，中央区ともに増加に転じており，オフィスビルの老朽化が進む天神地区での再開発の行方を含め，今後の動向が注目される。

　次に，博多駅周辺地区と天神・大名地区との業種別事業所従業者数の変化を比較してみよう（図 5-5）。2001 年〜06 年にかけて，博多駅周辺地区では，情報通信業が大きく伸び，2012 年においても情報通信業，サービス業が大きな割合を占めていることがわかる。これに対し，天神・大名地区では，2001 年〜06 年にかけてサービス業が大きく伸び，博多駅周辺地区をしのいだのに対し，12 年においてはサービス業，卸・小売業ともに従業者数が減少し，これを金融・保険業と情報通信，運輸・通信業の伸びが補う形になっている。

　なお，2012 年の「経済センサス」では，町丁別の民営事業所従業者数を示し

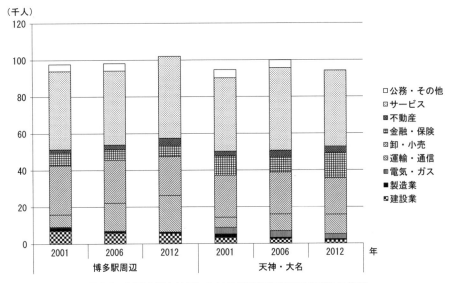

図 5-5　福岡市都心地区における業種別事業所従業者数の推移

注：博多駅周辺地区は，博多駅前 1 丁目〜4 丁目，博多駅中央街，博多駅東 1 丁目〜3 丁目，博多駅南 1 丁目の，天神・大名地区は，天神 1 丁目〜4 丁目，渡辺通り 2 丁目，大名 1 丁目，2 丁目の範囲とする。2001 年〜2006 年は『事業所・企業統計調査報告』，2012 年は『経済センサス』によるもので，2006 年と 2012 年は，調査方法が違うので，比較はできない。
出典：「福岡市統計情報」より松原作成。

ている。5,000人以上の従業者数を示す町丁は，福岡市内で22を数えるが，早良区の百道浜2丁目と東区馬出3丁目以外は，中央区・博多区の町丁であった。しかも，従業者総数の上位10町丁のうち7町丁を博多駅周辺が占めていた（図5-3）。従業者の業種構成をみてみると，サービス業，卸売・小売業を上位2業種とする町丁が全体としては多くなっていた。従業者数第1位の天神2丁目では，これらに加えて金融・保険業と宿泊業，第2位の天神1丁目では，金融業と運輸業が主要な業種になっていた。また，博多駅東3丁目や百道浜2丁目では，情報通信が，渡辺通り2丁目では電気業が，それぞれ第1位業種になっていた。

　ところで，1980年代後半に福岡は，もう1つ別の「顔」により，成長を遂げていく。「イムズ」や「ソラリア」などの大型商業施設，福岡タワー，福岡ドーム，「キャナルシティ博多」，「マリノア」など，次々と集客施設が開業し，週末になると「かもめ族」や「フェニックス族」などと呼ばれる若者が九州各県や山口県から多数集まり，「**福岡一極集中**」と呼ばれる現象が生まれたのである[11]。小売業売場面積の推移をみると，1994年〜99年にかけて天神地区で，23万m^{2}から34万m^{2}へと大幅な増加がみられた。

　しかしながら，こうした「福岡一極集中」傾向は基本的には変わらないものの，必ずしも進行しているわけではない。九州8県に対する福岡市の比率を各種指標についてみると，人口，市内総生産，事業所数，小売業年間販売額については10％台にとどまるものの，卸売業年間販売額，輸出額，手形交換高は4割台，国内銀行貸出残高や大学学生数も3割近くと高くなっている。ただし，九州縦貫道と横断道が交差する鳥栖市など，福岡都市圏周辺部に物流施設と卸売業が流出し，大型小売店の進出により地場卸売業の再編が進んできており，福岡市の卸売業年間商品販売額は，1997年をピークに減少傾向にある。小売業についても，郊外型ショッピングセンターの立地や家電量販店，ドラッグストアなどの立地により，百貨店などの都心立地型の商業施設の売上高は減少してきており，福岡市の小売業年間商品販売額も1997年をピークに2002年まで減少し，その後2007年にかけて増加に転じているが，わずかな増加にとどまっている。

　福岡ではこれまで，天神を中心に「**流通戦争**」が繰り広げられてきた（西日本新聞社，2008）。すなわち，博多大丸の天神移転や天神地下街，天神コアの開業などによる1970年代中頃の「第1次天神流通戦争」，ソラリア，イムズの開業に

代表される 80 年代末の「第 2 次天神流通戦争」，キャナルシティ博多，岩田屋 Z サイド，福岡三越の開店などによる 90 年代後半の「第 3 次天神流通戦争」である。そして 21 世紀に入り，「流通戦争」の舞台は，博多駅に拡大してきている。2011 年 3 月の九州新幹線全線開通にあわせて，商業施設面積約 18 万 m^2，博多阪急や東急ハンズなどがテナントとして入る「JR 博多シティ」が開業したのである。福岡の商業における地域間競争は，天神地区内部での競争から天神地区と郊外の大型店との競争，そして博多駅地区との競争へと展開してきているのである [12]。

5　福岡市経済の特徴と今後の課題

『平成 17 年福岡市産業連関表』（福岡市，2011 年）によると，2005 年の市内生産額の産業別構成では，「サービス」が 28.3％で最も高く，「商業」（23.2％），「情報通信」（10.5％），「運輸」（7.9％）の順になっていた。これを 1995 年と比べると，「製造業」が 8.1％から 5.6％へと減少したのに対し，「情報通信」が 6.2％から 10.5％に増加していた（図 5-6）。

また，産業連関表からみた福岡市における財・サービスの流れをみると，総供給 14 兆 146 億円のうち，78.4％にあたる「市内生産額」の 13.6％が財の生産，86.4％がサービスの生産によるもので，サービスに依拠する度合が高くなっている。また，総供給の 21.6％は「移輸入」によるが，2000 年と比べると 13.4％の増加を示していた。

このように，福岡市経済にとって，サービスは最も重要な部門であるが，その内容が問題といえる。2012 年の「経済センサス」をもとに，特定のサービス業の 1 事業所当たりの売上（収入）金額を東京都区部と福岡市とで比べてみると，情報サービス業では，福岡市で 6 億 3 千万円であったのに対し，東京都区部では 17 億 4 千万円，専門サービス業では，福岡市で 8 千万円であったのに対し，東京都区部では 3 億 7 千万円と，3 倍以上の差がみられた。こうした格差を縮めていく戦略が必要になる。

21 世紀に入って，福岡市の新たな産業として注目されているのが，クリエイティブ産業である。福岡の広告産業を研究した古川智史（2014）によると，1980 年時点では天神地区に著しく集中していたが，2010 年には天神地区の西側の赤

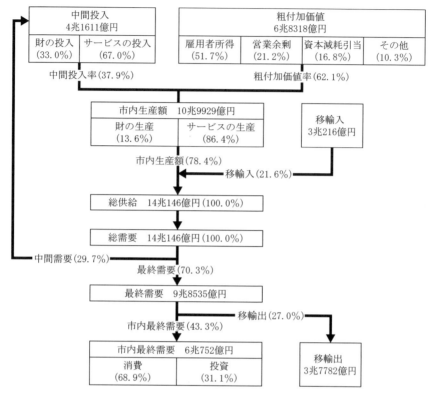

図5-6　福岡市産業連関表からみた財・サービスの流れ
出典：福岡市(2011)『平成17年福岡市産業連関表』p.3

　坂や大名，南側の薬院に集積の範囲が拡大するとともに，博多駅地区や百道浜地区にも新たな立地がみられるようになった。また，福岡市内で完結することが多かった取引関係も，交通・通信手段の発達により，九州域内に拡大する傾向がみられ，さらには広告賞を受賞し，東京市場に参入するような企業も登場してきている。福岡の特有な都市環境とクリエイター間の人的関係を背景に，創造性を発揮する主体間関係が構築されてきているのである。

　一方で，地方中枢都市の中での福岡の強みとしては，アジアの主要都市との結合関係の強さがあげられる。福岡空港の国際路線19路線のうちアジア16路線を数え，国際線利用者数は，1990年の169万人から2000年には250万人に増加し，

2012 年には 298 万人に達している。博多港へのクルーズ客船の寄港も増加しており，外国航路の乗降人員数は，2000 年の 40 万人から 2012 年には 85 万人に増加している。入国外国人数は，2000 年代初頭の 60 万人から 2007 年には 100 万人を超え，2012 年には 144 万人に達した。約 9 割がアジアからで，韓国からが最も多く，台湾，中国の順になっている。こうしたアジアとの太いパイプを消費拡大だけにとどめず，人材の交流を通じた情報や知識のフローの強化につなげ，クリエイティブ産業の集積間ネットワークの構築など，産業の活性化にどのように活かしていくかが，今後の課題といえよう。

　こうしたグローバルなネットワークとともに，九州域内での都市間関係や都市・農村関係のあり方も重要である。1990 年代に提起された「西南経済圏」や「地域連携軸」といった考え方を踏まえつつ（矢田俊文，1991b；松原　宏，1995b），人口減少が進展する中で，地方都市間の関係をどのように再構築しうるかが問われているのである。

（松原　宏）

注
1）地方都市の分類と呼称については，類似した表現を含み，混乱がみられる。都市地理学では，府県の領域を越えた地方を後背地とし，高次な管理機能が集まる「広域中心都市」が注目されてきたが，渡辺良雄（1971）は，広域中心性の各種指標を検討し，札幌，仙台，広島，福岡を「広域中心都市」，新潟，金沢，長野，高松，松山，熊本などを「準広域中心都市」とした。これに対し，1987 年に策定された「第四次全国総合開発計画」では，「地方中枢都市」（札幌，仙台，広島，福岡），「地方中核都市」（県庁所在地および人口が概ね 30 万人以上の都市），「地方中心都市」（生活圏の中心で人口 10 万人程度の都市），「地方中小都市」（人口 5 万人程度以下の都市）といった分類がなされ，本稿でもこれらの呼称を採用することにした。また総務省では，大都市等に関する特例として，政令指定都市（人口 100 万人以上），中核市（人口 30 万人以上），特例市（人口 20 万人以上）を設け，都道府県の権限委譲等を進めてきた。
2）合併により，従来の中心都市と郊外が 1 つの市になった場合，都市圏の設定の基準となる中心都市への通勤率を算出できなくなる。
3）国勢調査結果をもとに，人口規模別の平均人口増減率の変化をみた国土交通省作成の表によると，1995 〜 2000 年，2000 〜 05 年では人口規模 5 万人未満の都市のみがマイナスで，それぞれの期間で − 2.4％，− 3.46％であったが，2005 〜 10 年には，5 万人未満が − 5.06％と減少率が大きくなるとともに，人口 5 万人〜 10 万人の都市でも − 0.73 になった。

なお，人口 100 万人以上の都市は，2005 ～ 10 年においても＋ 2.87％の増加率を示した。

4) 中央公論 2013 年 12 月号では，「壊死する地方都市」と題した特集を組んでいる。増田寛也ほか（2013）は，人口移動が収束しないケースにおいて，「20 ～ 39 歳の女性人口」が 5 割以上減少する市町村を推計し，「消滅可能性」の高い市町村としている。それらは 896 自治体（全体の 49.8％）にのぼり，そのうち人口 1 万人未満の自治体が 523（全体の 29.1％），1 万人以上 5 万人未満の自治体が 316（全体の 17.6％）とされている。

5) 2006 年までの「事業所・企業統計調査」から 2009 年には調査方法の異なる「経済センサス」に変更され，時系列分析が困難になった。そのため，2000 ～ 2010 年については，「国勢調査報告」の従業地による集計結果を使用し，産業別就業者数を比較した。

6) 福岡市の人口は，1955 年に 50 万人を越え，65 年には 75 万人，1972 年には 91 万 2 千人で政令指定都市となり，1975 年に 100 万人を越え，2013 年には 150 万人を突破している。区別の人口増減率の変化をみると，1985 ～ 95 年にかけて，西区などの郊外では人口増加率が大きく，中央区ではマイナスで，郊外化・ドーナツ化が顕著であった。これに対し 1995 年以降は，西区で人口増加が続いているものの，南区，城南区，早良区では，わずかな伸びもしくはマイナスで，逆に中央区や博多区では人口増加率が大きくなり，都心回帰現象が人口増加を牽引している。

7) 松原　宏（1985）は，新都心・博多駅周辺地区の成長に伴う都心部の二極化に関連して，「天神は福岡大都市圏の生活中心，『集客拠点』としての性格を強め，一方で博多駅周辺は全国展開をしている企業の九州市場の中心，『出撃基地』としての性格を強めてきている」（p.44）と述べている。この他，福岡の都市構造について分析した研究成果としては，野澤秀樹（1978），澤田　清（1978），藤田　隆（1982），石丸哲史（1988），芳賀博文（2010），遠城明雄（2012）などがあげられる。

8) 1986 年 7 月から 87 年 7 月にかけ，福岡市中央区では 10.8％から 49.9％へ，博多区では 20.2％から 46.0％へと対前年商業地地価の急上昇がみられた。しかも，最高上昇率が 100％を越えたのは，首都圏以外では福岡のみであった。東京などの地元以外の業者の活発な土地購入，実需にもとづかない投機的な売買などが，異常な地価高騰を招いたとされる（日本不動産鑑定協会九州会福岡県部会，1987）。

　　その後の対前年上昇率の推移をみると，商業地については，1988 年をピークに急速に低下，1992 年にはマイナスになり，2006 年～ 08 年に 20％の高い伸びを記録した後，再び 2009 年にマイナスになるなど，変化が著しい。住宅地地価については，80 年代後半の高地価から 93 年にはマイナスに転じ，以降ほぼ横ばいで低迷している。

9) 博多湾の埋め立て事業は，1961 年に福岡市の第三セクターとして設立された博多港開発（株）が主に手がけてきた。1961 ～ 63 年の須崎浜地区（穀物流通基地），63 ～ 64 年の荒津地区（石油備蓄基地）から，60 年代後半以降は西公園および伊崎地区，名島地区，小戸・姪浜地区などで住宅用地の開発を積極的に行い，94 年からは東区香椎浜での人工

島「アイランドシティ」の開発にも関わっている。これらとは別に，福岡市では「シーサイドももち地区」の埋め立てが 1982 年〜 86 年に行われ，89 年には「アジア太平洋博覧会」の会場として利用され，福岡タワーや「マリゾン」，福岡ドーム，ホテルといったウォーターフロント開発が行われた。当初の住宅中心の土地利用計画から，ソフトウェア産業や放送局，博物館や図書館，住宅などが立地する複合的土地利用に変更されることになるが，この点の経緯については，長沼佐枝・荒井良雄（2012）で述べられている。

10）九州経済調査協会（2006）『「都心衰退」その実態と再生の芽（2006 年版九州経済白書）』では，天神 2 丁目の主要オフィスビルの入居事務所の変化（1996 〜 2005 年）を調べた結果，金融機関や事務所が大きく減少し，小売・飲食・個人向けサービスの店舗や人材派遣業など集客型のオフィスが増えている点を指摘している（p.37）。また，福岡市都心オフィスの部門別従業者に関して，管理・統括機能の中枢となる「総務・経理」が減少し，「営業・販売」が増加するという傾向が，アンケート調査によって明らかにされている（p.39）。

11）福岡一極集中については，九州経済調査協会（1990）『福岡一極集中と九州経済（1990 年度九州経済白書）』が詳しい。2011 年 3 月に博多−鹿児島中央間で全線開通した九州新幹線は，「ストロー効果」によって福岡一極集中を強化するよりも，移動人口の増加を促し，福岡，熊本，鹿児島各都市での支店機能の強化や新規開設をもたらしたとされる（「九州経済調査月報」2021 年 3 月号の特集）。

12）日本政策投資銀行九州支店（2011）では，2011 年 3 月の「JR 博多シティ」開業の影響を把握するため，2011 年 10 月中旬〜 11 月初旬に福岡市内および近郊に住む 1001 人にアンケート調査を行った。現在の買い物に行く先としては，天神駅エリアが 75％，博多駅エリア 25％であったが，「JR 博多シティ」の開業により，博多駅を普段利用する人が天神駅エリアに行く回数が減少し，博多駅エリアへ行く回数が大幅に増加するといった変化がみられた。その上で，「既存商業集積地区である天神の百貨店が大きく影響を受けたものの，福岡市全体の百貨店売上高は大幅に増加している。しかしながら，周辺地域への大きなストロー効果は今のところ認められていない」としている。

　福岡市営地下鉄天神駅と博多駅の乗降客数の推移をみると，1997 年には天神駅が 52,206 人，博多駅が 42,693 人であったが，2011 年には天神駅が 44,484 人，博多駅が 45,628 人と，逆転している。

演習課題

①日本国内で地方圏域を 1 つ設定し，圏域内の主要都市を取り上げ，人口や商業販売額などの対地方圏域の割合と変化を調べてみよう。あわせて，変化の理由を考えてみよう。

②関心のある地方都市を 1 つ選び，統計資料の分析や地図作業などを通じて，その都市の人口や産業の変化，空間構造の特徴を調べてみよう。

入門文献

1 　森川　洋（1998）：『日本の都市化と都市システム』大明堂.

2 　松原　宏編（1998）：『アジアの都市システム』九州大学出版会.

3 　木内信蔵・田辺健一編（1971）：『広域中心都市』古今書院.

4 　矢作　弘・小泉秀樹編（2005）：『定常型都市への模索：地方都市の苦闘』日本
　　経済評論社.

5 　九州経済調査協会（2006）：『「都心衰退」その実態と再生の芽（2006年版九州
　　経済白書）』.

　1は，日本の都市システムの歴史と地域的都市システムの特徴が，豊富な図表を
もとに解説されている。2は，アジアにおける都市システムの比較とともに，九州
の都市システムも分析されている。3は，都市地理学者による日本の広域中心都市
研究の先駆的著作。4は，日本の地方都市の問題と課題が，各地の事例をもとに示
されている。5は，福岡をはじめとした九州の主要都市の都心分析が詳しい。

第6章

大都市圏の産業集積：神戸と福知山

1　神戸市の工業

1.1　神戸市の概況

　1868年に兵庫・神戸港が開港して以来，神戸は外国と大阪の玄関口として文化交流の拠点として栄え，独自のハイカラな風土を育んできた。その独自性は京阪神地域の経済圏が拡大した現在でも薄れることなく街の随所にみられる。山手の北野異人館，浜手のメリケンパーク，外国人居留地跡，南京町など外国文化を取り込んできた歴史的建造物は，重要な地域資源となっている。

　神戸市は1889年に発足し，1956年に**政令指定都市**となる。周辺町村と吸収合併しながら，1982年の西区の発足により現在の行政区域となった。六甲山と瀬戸内海に挟まれた平野部は狭隘であり，市発足当時の面積は21.3 haであったが，現在は六甲山系の北側や埋め立て地を含め552.8 ha（2012年）まで拡大し，兵庫県下で豊岡市，宍粟市に次ぐ3番目の広さとなっている（図6-1）。

　1966年のポートアイランド着工以降，神戸市は山を削り宅地を造成し，その土砂で埋立地を造成する都市整備事業をすすめた。「**山，海へいく**」といわれた開発事業は，市内の経済発展のみならず，行政による都市経営の手本として他地域に大きな影響を与えた。1972年には西区，須磨区の丘陵地に，西神住宅団地や神戸研究学園都市など複合機能団地「西神ニュータウン」が着工し，同時に六甲アイランドが着工した。1981年にはポートアイランドが竣工し，ポートライナーが運転を開始するとともに，都市博覧会「ポートピア '81」が開幕した。その後，海洋博物館やハーバーランドの開業など，産業と都市環境の整備が進み，1992年には市の人口は150万人を超えた。

　しかしながら，1995年，阪神淡路大震災により神戸市は甚大な被害を被った。

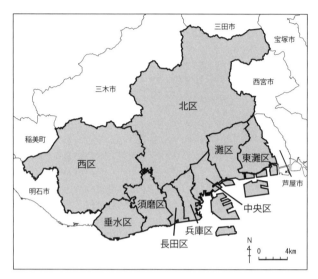

図 6-1　神戸市の行政区と近隣の市町

死者は 4,571 人にのぼり，建造物の 67,421 棟が全壊し，55,145 棟が半壊した。人
口は震災前の 93.7%（1995 年）に減少した。大都市直下型の地震災害からの復
興には，ライフラインの復旧，避難所や仮設住宅の設置など数多くの問題が浮
き彫りとなったが，そのような中で，ボランティア活動の重要性が広く認識さ
れるようになった。1995 年は「ボランティア元年」として，国内のボランティ
ア運動を推進する転換点となった。2004 年にはようやく人口が震災前に回復し，
2020 年現在，151 万 5,821 人となっている。全国では横浜市，大阪市，名古屋市，
札幌市，福岡市に次いで第 6 番目の人口規模である。

1.2　神戸市の産業構造

　2017 年度の神戸市の市内総生産（名目）をみると約 6 兆 5 千億円であり，こ
れは近畿圏の中で大阪市の約 20 兆 2 千億円（2018 年度），京都市の約 6 兆 6
千億円に次いで大きい。ここで事業所数から産業構造をみると，全事業所数は
66,882 であり，業種別の割合では卸売業・小売業の割合が最も高く（25.7%），
次いで宿泊業・飲食サービス業の割合が高い（17.5%，2016 年経済センサス）。
神戸市の製造業の割合は大阪市（9.2%）や京都市（10.7%）と比較すると 5.8%

と低いが，他の都市圏の人口規模が同程度のさいたま市（6.1%），川崎市（7.4%），福岡市（2.9%）と比較すればとくに商業機能に特化しているということではない[1]。神戸市の産業構造をさらに詳しく把握するために，全国総数と比較した**特化係数**をみると，製造業ではゴム製品製造業が高く（9.3），次いでなめし皮・同製品・毛皮製造業が高い（5.7）。卸売業では大阪市（2.4），京都市（3.5）ほど高くはないが，繊維・衣服等卸売業が高い（1.6）。小売業では，織物・衣服・身の回り品小売業が高い（1.5）。ここで，製造業の特徴を製造品出荷額でみると，神戸市は食料品製造業の割合が高く（20.5%），次いで，はん用機械器具製造業（14.6%），輸送用機械器具製造業（12.3%），化学工業（11.8%），電気機械器具製造業（10.2），鉄鋼業（6.5%）が高い。以上を踏まえると，先述のように，神戸市の異国情緒あふれるハイカラな風土から育まれた多様なファッション産業（アパレル，清酒，真珠，洋菓子，ケミカルシューズ）の集積が特徴の1つとして指摘できる。しかしながら，それらの事業所規模は小さく，製造品出荷額でみれば，大企業を中心とする機械部品製造と，湾岸部の化学工業，鉄鋼業が神戸市の経済を牽引している状況があり，清酒，真珠，ケミカルシューズといった地場産業が占める割合は小さい。現在，これら地場産業の企業数は激減しており，なかでも後述するケミカルシューズ産業の衰退は著しい。

1.3　都市化の経済をどう生かすか

　多様な産業が集まり，**経済上部機能**が集まる都市は，**集積の利益**を有する。集積地域内に立地する企業は，同一業種が集中することから生ずる**地域特化の経済**に加えて，異なる業種が集中することから生ずる**都市化の経済**を享受することができる[2]。しかしながら，これらの利益は企業が受動的に享受できるものではなく，能動的に活用していくものである。神戸市では多様な産業集積がみられるが，以下では**医療産業都市**の形成における医療関連産業と，ファッション産業の1つである神戸ケミカルシューズ産業を取り上げ，両産業集積地域の現状と課題について明らかにする。

（1）医療産業都市の発展

　1998年より，神戸市はライフサイエンス，再生医療を中心とした先端医療技術の研究拠点をポートアイランドに形成する医療産業都市構想の検討を開始し

た。2003 年に「理化学研究所－発生・再生科学総合研究センター」,「先端医療センター」の開設を嚆矢として,その後,「神戸臨床研究情報センター」,「神戸バイオテクノロジー研究・人材育成センター」などを相次いで開設した[3]。ポートライナー医療センター駅周辺は一大医療産業研究開発地域となっている（図6-2）。2007 年には当地に次世代スーパーコンピュータ「京」の立地が決定し,2012 年に本格的な運用が始まった。これら研究施設の立地は大学,民間企業の研究所の立地を促し,さらには神戸大学インキュベーションセンター等に入居するベンチャー企業の進出も増加した。2021 年 5 月現在,医療関連企業は 370 社,

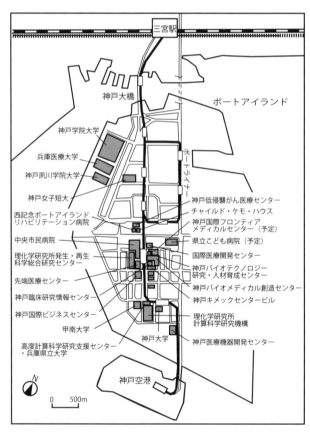

図 6-2　ポートアイランドに立地する医療産業関連施設（2013 年）
出典：神戸市 HP『医療産業都市パンフレット』より作成。

関連雇用者数は 11,700 人となり（2020 年 3 月末），市内への経済効果は 1,500 億円（2015 年）を超えると試算されている。当構想は基礎研究と臨床試験と医療現場で使用される医療機器の研究開発の関連を密にすることで，研究から創薬，医療機器用品の開発，販売という多様なビジネスモデルの確立を目指している[4]。2006 年にはポートアイランド南沖側に神戸空港が開港し，離発着数が伸び悩む中，医療産業都市との連携によるさらなる活用が模索されている。

　以上のように，医療産業都市の形成には，産官学の連携や異業種交流が活発に行われ，医療分野にとどまらず，多様な都市内の地域資源を活用することに成功している。医療産業分野という地域特化の経済と，スーパーコンピュータ「京」を活用した医療研究分野や医療機器開発に伴う工業，商業分野など，多様な分野が融合した都市化の経済を最大限享受している点が理解できる。

　今後は，グローバル競争下における持続的なイノベーション創出による「神戸経済の活性化」のためのさらなる起業支援，人材育成はもちろん，医療産業都市構想の目的である「市民の健康・福祉の向上」，「国際社会への貢献」に向けた取り組みが課題となっている。

(2) 神戸ケミカルシューズ産業[5]

　JR 新長田駅を中心とした長田区と須磨区には，ケミカルシューズ製造メーカー（製造卸）[6] が集積し，阪神大震災以前の 1994 年には約 430 社が立地する一大履物生産地域を形成していた。加えて，原料，部材を提供し，部品の下請加工を担う関連企業も約 1,300 社立地し，従業者数は内職従事者を含めると約 20,000 人が従事していたといわれる。もともと，1970 年代より，海外から低価格商品が流入し，産地の生産量は減少傾向にあったが，1995 年の阪神大震災によって産地は甚大な被害を受け，生産足数・生産金額は，それぞれ震災前の 45％，43％にまで落ち込んだ。その後復興とともに一時生産量を回復させるものの，2020 年 12 月現在の生産足数，生産金額は震災前の 26％，31％にまで減少している。同様に，組合加盟企業数も震災以前の 1994 年には 225 社であったが，2020 年には 80 社まで減少している（図 6-3）。

　近年，当該産地は，生産分業構造の核であったメーカーが生産機能を縮小し，企画デザイン開発を重視しながら，通信販売を中心とした販売機能の拡大をはかる傾向にある。また海外への生産拠点の移行が進んでおり，産地内での材料使用

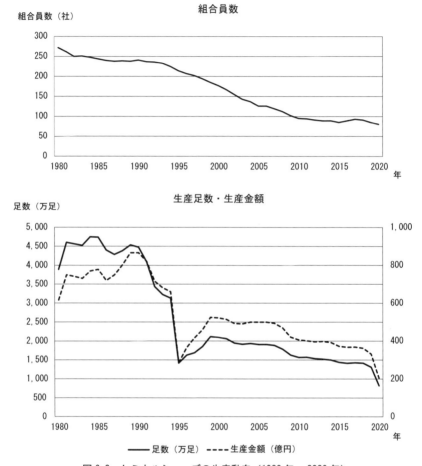

図 6-3　ケミカルシューズの生産動向（1980 年〜 2020 年）
出典：日本ケミカルシューズ工業協同組合内部資料より山本作成。

量，加工業務量が急減し，産地の分業構造は崩壊しつつある。一部の産地内中堅企業は，加工業者との小規模な生産ネットワークを維持し，高付加価値製品の生産による企業ブランドの向上に取り組んでいるが，産地全体の加工業者の規模を維持するまでには至っていない。産地は地域特化の経済により，徹底した分業体制の構築から多品種少量生産を短納期で生産することで産地の優位性を保ってきたが，このままでは，集積の利益を失い，産地としての優位性の消失にもつなが

る。今こそ，大都市圏内部にあり，大消費地に隣接し，多様な社会文化資源を享受できる環境を生かしながら，都市化の経済による集積の利益を高める政策が必要となる。現在でも，展示会，ファッションショーの積極的な開催や，「神戸シューズ」という**地域団体商標**登録の申請活動，若者の参入支援など，ブランド確立を目指した取り組みが進められているが，**高付加価値生産体制**の確立に向けたさらなる無形資産の活用が求められる。

2　福知山市の工業

2.1　福知山市の概況

　京都府福知山市は，北近畿の中央に位置し，古くから交通の要衝として栄えてきた。1579 年に，明智光秀が福智山城を築き，城下町が栄え，文化，商業が発展する嚆矢となった。1871 年に廃藩置県により福知山藩が福知山県になり，その後町村制の施行により福知山町となる。この時期，福知山町は京阪神と舞鶴港を結ぶ中継点として鉄道交通の要衝となり，同時に旧陸軍歩兵第 20 連隊が現福知山駐屯地に駐屯することになった。市制が敷かれたのは 1937 年であり，京都府 2 番目の市として誕生した。その後，周辺村との合併を繰り返し，2006 年に現在の福知山市となる。周辺自治体とのつながりについては，JR 福知山駅を中心とする中心市街地に近い丹波市，綾部市との相互の通勤流動が大きい。

　鉄道網は京都方面から日本海側へ抜ける JR 西日本山陰本線が当市を通過し，大阪，神戸方面からは JR 西日本福知山線の最終駅となり，宮津方面へは北近畿タンゴ鉄道の出発駅となっている（図6-4）。道路網では，高速道路舞鶴若狭道が市東部を縦断し，大阪方面より国道 176 号線，京都方面より国道 9 号線が福知山市で合流しており，日本海側へ抜ける結節点に位置し，現在も北近畿地域の交通の要衝となっている。そのため，福知山市は北近畿の中心として，経済上部機能が集積してきた。近年では人口減少等の理由から拠点的地位の低下がみられるものの，京都地方法務局や京都運輸支局など国の出先機関や，京都放送の京都北支局など民間企業の多くの支所，支局が置かれた。

　福知山市の人口は 2021 年 5 月末現在 76,682 人であり，2006 年の合併以降，漸減傾向が続いている。市内に高等学校が 7 校（分校を含む）あり，その中で 3

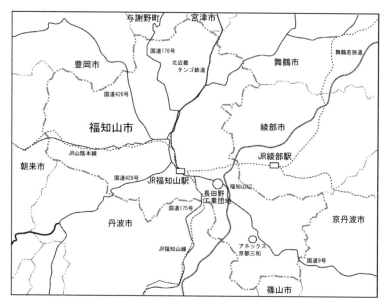

図 6-4　福知山市における交通網と工業団地の分布（山本作成）

校の私立高校が立地している。また，4 年生大学として福知山公立大学（前成美
大学）があり，約 700 人超の学生が在籍している。また，福知山市には陸上自衛
隊の福知山駐屯地が福知山駅から南西約 800 m に配置されており，これらの学生
や配属された自衛官が地域経済に与える影響は大きい。

2.2　福知山市の産業構造

　2016 年経済センサスによれば，福知山市の事業所数は 3,842 事業所で，福知山
市周辺では豊岡市（5,119），京丹後市（4,079）に次ぐ 3 番目に位置する。しかし
ながら，従業員数をみると，福知山市は 37,476 人で 1 番多く（豊岡市 35,719 人），
一事業所当たりの従業者数も多いことから，事業所の規模が大きい特徴を指摘で
きる（福知山市 9.8 人，舞鶴市 8.1 人，豊岡市 6.9 人，京丹後市 5.5 人）。産業大
分類別にみると，第一の特徴として，周辺地域全体の構造と比較して製造業の一
事業所当たりの従業員数が多く（福知山市 27.8 人，豊岡市 12.6 人），企業規模が
大きい点が指摘できる。これは卸売・小売業でも同様の傾向を示す（福知山市 7.5

人，豊岡市 6.1 人）。

　製造業の事業所数は 1971 年の 251 から 2018 年には 144 に減少した（表 6-1）。しかしながら，従業員数をみると 2000 年に微減するものの，2018 年まで増加傾

表 6-1　福知山市における製造業業種別事業所数・従業者数・出荷額の変化

		1971	1980	1990	2000	2010	2018
事業所数	食料・飲料	49	41	31	24	25	20
	繊維	68	45	37	19	10	10
	木材・紙・パルプ	37	29	21	12	12	8
	化学	4	5	14	13	16	20
	金属	21	32	33	28	34	26
	一般機械・精密機械	12	22	26	23	22	18
	電気機械	20	13	25	20	19	15
	輸送用機械	3	3	1	2	4	5
	その他	37	40	36	38	27	22
	合計	251	230	224	179	169	144
従業者数	食料・飲料	477	534	410	617	976	1,088
	繊維	2,063	1,097	906	317	162	143
	木材・紙・パルプ	414	273	267	71	293	447
	化学	0	320	985	657	1,475	1,781
	金属	824	1,095	1,140	1,098	1,178	1,075
	一般機械・精密機械	397	1,205	1,459	1,340	1,042	1,091
	電気機械	438	385	792	1,026	1,361	1,201
	輸送用機械	90	43	0	0	47	166
	その他	705	1,017	906	1,428	826	645
	合計	5,408	5,969	6,865	6,554	7,360	7,925
製造品出荷額等（百万円）	食料・飲料	1,089	5,324	4,420	11,085	15,943	21,789
	繊維	4,597	7,765	6,110	1,068	959	985
	木材・紙・パルプ	1,390	3,052	15,844	631	14,223	28,509
	化学	0	14,980	30,611	28,943	61,868	93,620
	金属	5,183	29,838	52,820	35,640	40,026	45,986
	一般機械・精密機械	1,509	27,480	47,243	62,888	26,733	45,727
	電気機械	1,157	7,467	20,323	31,595	29,768	37,720
	輸送用機械	487	800	0	0	754	5,953
	その他	1,926	26,160	25,277	41,776	35,394	39,859
	合計	17,338	122,865	202,649	213,627	225,667	320,148

注：秘匿とされた業種の数値は「その他」に一括している。2010年以降は合併後の数値である。
出典：『工業統計表（市区町村編）』各年版により作成。

向にあることがわかる。製造品出荷額等をみると1970年代から1990年代にかけて急増しており，この間の工業団地の造成と誘致企業の進出が福知山市の産業に大きな影響を与えたことが理解できる。

2.3　福知山市の工業を牽引する長田野工業団地

　先述のように，福知山市は北近畿の交通の要衝として経済発展を遂げてきたが，現在の地域経済の発展は1970年からの長田野工業団地の造成とその後の企業誘致による企業進出が支えてきたといっても過言ではない。長田野工業団地は，京都府北部開発の根幹事業として京都府総合開発計画の中に位置づけられ，1974年に完成した。工業団地の総面積は400.7 haであり，そのうち工場用地は220.4 haである。1989年に完売となり，2020年度の団地内の入居企業は39社，従業員数は6,628人（協力企業を含む），工業出荷額は2,765億6,216万円である[7]。図6-5には，長田野工業団地の1975年から2020年の従業員数と工業出荷額の推移を示した。2008年のリーマンショックの影響により，工業出荷額は一時減少したものの，1974年以降堅調な伸びを示している。工業統計表によれば，2018

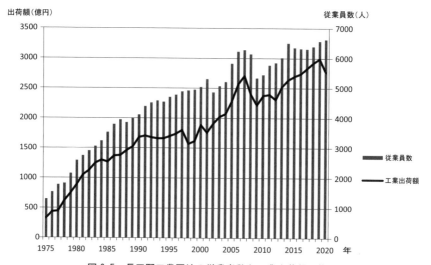

図6-5　長田野工業団地の従業者数と工業出荷額の推移
注：従業者数には協力工場の人数を含む。
出典：長田野工業センター内部資料により作成。

年の福知山市全体の製造品出荷額は約3,201億円であり，当団地の2018年の工業出荷額が約2,922億円であることから，当市における製造業は長田野工業団地が担っていることが明らかである。

　2012年現在の長田野工業団地に入居する39社の本社所在地をみると，福知山市に本社を置く企業は8社であり，京都府全体では13社となっている。その他，大阪府18社，東京都5社，兵庫県2社（尼崎市1，神戸市1），埼玉県1社である（長田野工業センター内部資料による）。年間出荷額の規模別企業数では10億円未満が4社，10〜49億円が18社，50〜99億円が7社，100億円以上が8社，不明1社である。従業員規模別にみると，50人未満10社，50〜99人が10社，100人〜199人が11社，200人〜299人が4社，300人以上が3社，不明1社であり，総じて，中堅企業が多く入居していることがわかる。団地内全就業者5,850人の居住地を地域別にみると福知山市が77.7%と高く，隣接する綾部市は10.1%，舞鶴市は1.7%であり，京都府2.7%，兵庫県6.7%，その他1.1%となっている。大半の就業者が福知山市，綾部市から通勤している。これらの状況から，当工業団地が当地域の重要な雇用先として大きな役割を果たしており，地域経済に大きな影響を与えていることがわかる。

　さらに当団地が地域経済に与える影響を把握するために，長田野工業センターによる入居企業向けアンケート結果（2012年）から下請発注の状況をみる。2012年に製造加工（企業が業として行う製造部品およびその半製品，部品，付属品もしくは原材料の製造加工の委託）として京阪神地域に約72.2億円が発注されているが，そのうち福知山市内への発注は約8億円（11.1%），綾部市・舞鶴市・宮津市以北には約2.9億円（4.0%）にすぎない。その他の京阪神には61.3億円（84.9%）が発注されている。また修理（製造加工のために設備またはこれに類する器具の製造または修理の委託）の発注状況をみると，京阪神地域に約15億円が発注されているが，そのうち福知山市への発注は約2.9億円（15.9%），綾部市・舞鶴市・宮津市以北には約0.6億円（3.4%）であった。その他の京阪神には約15億円（80.9%）が発注されている。このことから，製造加工，修理ともに下請発注先として福知山市内の割合は小さく，**裾野産業**の受け皿として地域内への波及効果を享受する状況に至っていない状況がうかがえる。一方，資材購入（製造加工に要する原材料および機械器具の購入）の状況をみると全体で

京阪神地域から約 145 億円が購入されているが，そのうち福知山市内から約 34.5 億円（23.9％）が購入され，綾部市・舞鶴市・宮津市以北から約 1.7 億円（1.6％）が購入されている。その他の京阪神からは約 108 億円（75.0％）が購入されており，製造加工と比較すると，団地入居企業による資材購入において福知山市に与える経済波及効果は大きい。

2.4　福知山市における政策展開

　福知山市では，第 4 次福知山市総合計画に基づいて，「21 世紀にはばたく北近畿の都　福知山」を街づくりの将来像に掲げ，市内を都市的エリア，まちと自然のエリア，森林共生のエリアに区分し，なかでも拠点地区として，高度行政サービス拠点，地域行政サービス拠点，観光・交流拠点，工業生産拠点を設定し，各拠点にあわせたまちづくりの方向性を示している。高度行政サービス拠点には，市庁舎等の行政施設，病院，福知山駅ターミナルが集積し，周辺には福知山城と旧城下町の街並みが広がる観光地があり，市の中心地域を形成している。2005 年には JR 福知山駅の高架が完成し，JR 福知山駅周辺土地区画整理事業と並行して，先述した中心市街地活性化に向けたさまざまな支援事業を実施してきた。しかし，中心市街地の人口は 3 町（旧三和町，旧大江町，旧夜久野町）が編入合併した 2006 年 9 月の 6,215 人から，2010 年 9 月には 5,750 人へと人口減少が続いている。近年，駅周辺にホームセンターや電気量販店などの大型店の立地が相次ぎ，これを起爆剤とした中心市街地の活性化が期待されているが，国道 9 号沿いのロードサイド店の増加など買い物客の自動車利用が増加しており，既存の商店街や観光地が賑わいを創出するには厳しい状況にある。

　高度行政サービス拠点を中心とした市街地活性化が困難な状況の中，福知山市が地域経済の牽引役として期待するのはやはり工業生産拠点の発展である。先述のように，福知山市にとって長田野工業団地の存在は大きいが，すでに工業用地は完売しており，当団地の拡大は見込めない。そこで，福知山市は 2006 年に編入合併した旧三和町に造成された工業団地「アネックス京都三和」[8] への企業誘致に取り組んでいる。工業用地は 30.9 ha で総区画 27 区画に 2019 年現在 13 社（17.15ha）が操業している。9 区画（13.75ha）が未分譲地となっており，工業生産の維持と持続的な発展のために，企業の誘致活動は福知山市にとって重要な政

策の 1 つに位置づけられている。

3　産業集積地域の課題

　本章では，神戸市と福知山市の産業集積の現状から，地域経済の発展に向けた
課題を明らかにした。3.1 節では，神戸市の医療産業都市を事例に，都市内部に
おける多様な地域資源を活かしながらイノベーションの創出を目指す都市化の経
済の重要性について考察した。また神戸ケミカルシューズ産地では，ブランド構
築に向けた無形資産の重要性について示した。一方，3.2 節では，福知山市につ
いて，1970 年代より企業誘致を図り，一定の工業規模を確立し，それを維持し
ながら新たな企業誘致を図る外来企業誘致型の工業政策について指摘した。どち
らが地域経済の持続的発展につながるだろうか。1970 年代には，都市部から地
方へ工場が進出したが，大半は労働集約的な加工組立型業種であり，地方におけ
る高付加価値な生産体制が確立できない「発展なき成長」が指摘された。近年で
は，中国や東南アジアへの企業進出が続く中，工業集積地域からの工場撤退によ
る産業空洞化が進んでいる。しかしながら，これらの問題は都市郊外ならびに地
方の工業集積地域のみに当てはまるものではない。神戸ケミカルシューズ産地に
おいて示したように，地価や労働賃金が高い都市部では，都市化の経済を活かし
品質競争による高付加価値生産に移行できなければ，生産機能は急激に失われて
しまう。結局のところ，どちらの産業集積においても，企業が立地する地域資源
を活かしながら，イノベーション創出のための新たなネットワークを形成するこ
とが，持続的な発展につながる重要な課題であることは間違いない。

（山本俊一郎）

注
1) 1991 年の全事業所における製造業の割合をみると 9.71％であり，数値の減少は，サー
　ビス産業化の進展と，グローバル競争のなかで脱工業化が進んだ他都市と同様の傾向と
　考えられる。
2) 地域特化の経済には，同一産業に属する企業が狭い範囲に多数集積することから，社会
　的分業を形成し生産コストが削減できる点や，対面接触によって部品材料の不足や工作
　機械のメンテナンス，急な契約内容や改良個所の変更などに対する迅速な対応が可能に

なるような取引コストの削減がある。また，専門的な技能，知識が蓄積しやすく，専門技能を有した労働者の確保や情報の入手が容易になるなどのメリットがある。一方，都市化の経済とは，多様な産業や人材の存在によって，異業種交流や産官学連携が容易となり，これによって新商品，デザイン，技術開発など，新たな産業創出を生み出しやすくなる点がある。また，都市機能（銀行・保険，役所，不動産，研究所，対事業所サービス，文化施設）が発達しており，その機能を享受することが容易である点も利点にあげられる。

3）2002 年には文部科学省が進める知的クラスター創成事業のひとつである大阪（彩都）地域と連携した関西広域クラスターに指定され，神戸市だけでなく，国も再生医療等の医療産業集積の成長を支援した。

4）従来，医療やバイオテクノロジー技術の開発は関連分野が狭く，地域経済への波及効果が小さいことが指摘されていたが，教育や工業分野とつなげることで裾野の広い地域全体への溢出効果が期待されている。

5）ケミカルシューズとは，もともと甲皮に合成皮革を使用した靴を指していたが，現在では，靴の甲皮に天然皮革を含むさまざまな素材が使用されており，他産地との素材による違いはみられない。

6）メーカーは，各パーツ製作の材料を材料業者より仕入れ，皮革を加工（裁断・縫製・穴開けなど）するために加工業者へ加工を外注し，生産工程における一連の作業を統括するオーガナイザーとして産地の中心を担う。

7）企業の業種は化学工業 11，金属製品 4，鉄鋼 4，電気機械 3，非鉄金属 3，一般機械 2，精密機械 2，ゴム製造 2，食品製造 2，その他 6 である。

8）開発主体は独立行政法人中小企業基盤整備機構と京都府の共同事業であり，福知山市はその 2 機関と連携しながら企業誘致に取り組んでいる。

演習問題

①工業集積地域を取り上げ，地域特化の経済と都市化の経済の両面から，当該地域の集積の利益についてどのようなものがあるか具体的に調べてみよう。

②分譲が完売し，工業団地の開発，運営に成功している地域と，企業誘致が進まず工業発展が進まない地域を取り上げ，その背景にある要因を調べてみよう。

入門文献

1　河野通博・加藤邦興（1988）：『阪神工業地帯－過去・現在・未来』法律文化社．新評論，2003 年．

2　安井國雄・富澤修身・遠藤宏一編（2003）：『産業の再生と大都市－大阪産業の過去・現在・未来－』ミネルヴァ書房．

3　季増民（2007）：『工業団地の造成と地域変貌－東京・上海両大都市圏における地理学的考察』古今書院.
4　山本俊一郎（2008）：『大都市産地の地域優位性』ナカニシヤ出版.
5　木村廣道監修（2011）：『検証 医療産業イノベーション（東京大学公開講座7）』歓喜出版.

　1は，主に湾岸部における重化学工業化の進展から阪神工業地帯の形成過程について示している。2は，大阪大都市圏内部の産業の特徴について，工業，商業，都市政策の面から明らかにしている。3は大都市周辺部の工業団地の形成と地域経済に与える影響についてまとめている。4は神戸ケミカルシューズ産地と東京都台東区の履物産地の現状と課題についてまとめている。5は産業政策，地域政策両面から近年の医療産業による経済発展の可能性について指摘している。

第 7 章

地場産業地域：愛媛県今治地域

1 地場産業地域の盛衰

地場産業の定義は必ずしも明確なものとはなっていないが[1]，事例研究をもとに山崎 充 (1977) は，①特定の地域に起こった歴史が古い，②特定の地域に同一業種の中小零細企業が地域的企業集団を形成して集中立地している（「**産地**」を形成している），③生産，販売構造が**社会的分業**体制を特徴としている，④その地域独自の「特産品」を生産している，⑤市場を広く全国や海外に求めて製品を販売している，これら 5 点を特徴としてあげている。

地場産業に関する研究蓄積は，相当の量にのぼる（板倉勝高編，1978；板倉勝高・北村嘉行編，1980；関 満博，1984；下平尾勲，1985；上野和彦，1987；2007；小原久治，1996；石倉三雄，1999；青野壽彦ほか，2008 など）。地場産業研究について，初澤敏生 (2013) は，産地や工場の分布に注目する研究から，産地の生産構造を社会的分業の側面から把握し，各産地の生産構造を比較する研究へ，さらには産地の衰退に対する人材養成や新製品開発，経営革新などの振興方策に関する研究へと推移してきたと述べるとともに，新たな方向として，広域的な生産体制などの産地の枠を越えた研究と，須山 聡 (2004) などにみられる地域社会や地域文化といった地域の多様な側面に着目した研究を指摘している。分析手法としては，産地内での社会的分業や経営実態などについての現地での聞き取り調査が中心となるが，湯澤規子 (2009) は，ライフヒストリーの分析を通して，産地の変化を明らかにしている。

ところで，経済産業省では，国内産業集積地域の空洞化を防ぐために，1997 ～ 2007 年にかけて「地域産業集積活性化法」による支援を実施したが，そのうちの「特定中小企業集積」（B 集積）には，多くの地場産業産地が含まれていた[2]。中小企

業総合研究機構（2003）によると，B集積全体の事業所数は，1985年の15万弱から2000年には11万に，従業者数も320万人から260万人に減少し，とりわけ繊維・衣類を特定業種とするB集積の減少率が大きくなっていた。

　このように，多くの繊維関係の地場産業地域が衰退傾向にある中で，愛媛県の今治タオルは，生産量および生産額が下降から上昇に転じたきわめて珍しい事例である。以下では，まず最初に今治地域の概要と今治タオルの歴史について述べ，続いて2000年代以降の今治タオル復活の試みについて紹介し，その上で今治タオルを中心とした地域経済循環を明らかにし，最後に今後の産地のあり方について考えることにしたい。

2　今治市の概要とタオル生産の歴史

2.1　今治市の概要

　今治市は，1604年に藤堂高虎が築いた海水を堀に引き入れた海岸平城として有名な今治城の城下町として発展した町であり，人口155,422人（2021年3月末），四国4県の県庁所在地に次ぐ四国第5位の都市であり，製造品出荷額は971,349百万円（2010年），四国第1位の工業都市である（図7-1）。今治は，大阪と九州又は大陸とを結ぶ航路上に位置するため，古くから商工業・文化の要として発展してきた。大阪港に出入りする船が，広島県と瀬戸内海に突き出した愛媛県高縄半島との間に点在する島々の間を航行するためには，高縄半島と大島・大三島の間の来島海峡を通過することになる。この地理的環境が，今治の歴史的運命を決めたと言っても過言ではない。

　かつて村上水軍が，大島・大三島を拠点として活躍した。日本海海戦でバルチック艦隊を破ったT字戦法は，村上水軍の戦法であり，それを松山市出身の連合艦隊参謀秋山真之が用いた。また流れの早い来島海峡で育った桜鯛は，高級魚として高値で取引されている。

　来島海峡は潮流が速いため，穏やかで良好な港を持つ今治には，荒天に備え潮待ち，風待ちの船が立ち寄り，船舶の修繕を依頼するようになった。また江戸時代，松山藩の財政を潤した塩は，今治の波止浜・波方地区[3]の塩田で作られ，その塩を求めて各地から船（千石船，塩買船）が入港するようになり，「伊予の小長崎」

と呼ばれる有名な港になっていった。入港した船の修繕や船の建造の発注が行われるようになり，船大工が育っていった。

　今治市は現在，今治造船や新来島ドックなどの造船企業と船舶用機器製造事業所，海事法律事務所，海上保険，金融機関など船主向けサービス企業，教育機関など造船関連の一大集積地域になっている[4]（内波聖弥，2013）。今治市の工業の推移をみると，事業所数および従業者数は大幅に減少してきているものの，製造品出荷額等については大幅な増加がみられ（表7-1），これは出荷額の約4割を占める造船業によるものと考えられる。これに対し，タオルを含む繊維工業は，出荷額のわずか5%（2018年）とその割合を低下させてきたが，依然として事業

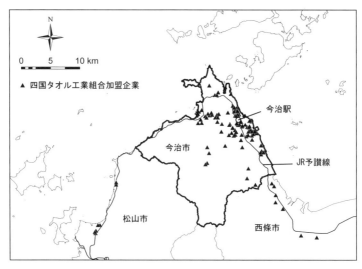

図7-1　今治市を中心としたタオル企業の分布
出典：四国タオル工業組合資料より岡部遊志作成。

表7-1　今治市の工業の推移（従業者数4人以上）

	1960年	1971年	1980年	1990年	2000年	2010年	2018年
事業所数	1,126	968	1,108	1,126	790	417	370
従業者数	15,977	22,952	19,843	19,633	14,425	10,792	11,489
製造品出荷額等（百万円）	22,423	159,110	465,315	483,522	536,914	887,115	971,349

注：数値は合併前の旧自治体のものを含む。
出典：『工業統計表（市区町村編）』により作成。

所数の 4 割，従業者数の 4 分の 1 を占め，地域の雇用にとって重要な産業であることには変わりがない。

　今，大島・大三島を経由して瀬戸内海を跨ぎ，今治市と尾道市を結ぶ「来島海峡大橋（しまなみ海道）」が「しまなみ海道サイクリングロード」として全国から自転車愛好家がやってくる。2016 年にはサイクリング世界大会が開かれた。今治焼鳥は B 級グルメとして有名である。また，サッカー全日本チーム元監督の岡田武史氏が今治のサッカーチームを買い取ったことを機に，今治にサッカースタジアムが完成した。タオル組合は，FC 今治のスポンサーになっている。

2.2　今治タオルの歴史

　日本で初めて綿花が栽培されたのは，桓武天皇の時代（799 年）に三河国に漂着したインド人がもたらした種子によるとされている。しかし，この種子は 1 年で絶えてしまい，その後も何度か種子が渡来して栽培されたが定着しなかった。綿花が日本全国に普及するのは戦国時代以降であり，栽培が始まったのは 16 世紀に入ってからである。

　今治市は，温暖で小雨の気候が綿花の栽培に適していたため，綿の町として発展した。江戸時代中期には，農家の女達が手機で織る白木綿（又は伊予木綿）という綿織物が生産され，今治藩の奨励もあって綿織物業が盛んになり，大阪方面に盛んに出荷された。今治市は，市内を流れる蒼社川（そうじゃ）による豊かで綺麗な軟水に恵まれている。軟水は，綿の洗浄と染色に適した水で，先染紋織の深みのある模様や多色で豪華な模様に向いており，柔らかい綿布の生産が可能である。また今治は雨が少ないため，天日での乾燥も可能であった。

　蒼社川の軟水は，西陣織を生み出した京都の鴨川とほとんど同じ水質であり，それが今治タオル生産にとって極めて好環境を作り出した。

　今治で最初にタオルが生産されたのは 1894 年（明治 27 年），阿部平助によるとされている。その後，機械化が進められるとともに[5]，大正期における先晒単糸（さきざらし）による縞タオルの開発によって，大阪の後晒タオル，三重の撚糸タオル，今治の先晒タオルと三大タオル産地が形成されることになる。また，1922（大正 11）年には今治市に設立された愛媛県立工業講習所によって，ジャガード機による先晒製法が開発され，鳥花などの複雑な文様を織り込むことが可能になり，今治は

大阪泉州に次ぐ全国 2 位の産地へと成長していく [6]。

　その後，昭和恐慌などの不況や戦時統制，空襲による壊滅的被害といった何度もの苦境にもかかわらず，第二次世界大戦後，今治のタオル生産は復活を遂げる。高度成長期にタオルケット需要が伸びる中で，その 8 割以上のシェアを占めるとともに，輸出量も大幅に伸ばし，1960 年にはタオル生産量が日本一となる。しかしながら，韓国や台湾，香港に続いてパキスタン，中国からの輸入が増加し，1972 年にはタオルの輸入が輸出を上回るようになる。海外の輸入タオルによって国内産地が厳しい状況に置かれる中で，今治では，タオルの高級化・多様化を一層進め，壁掛け，テーブルクロスなどのインテリア品やバスローブ，スポーツウエア，子供服など衣料品にも商品を拡大させるとともに，次節で述べる産地復活の新たな戦略を打ち出してきているのである [7]。

3　今治タオルの産地復活の試み

3.1　産地復活への足取り

　バブル崩壊後の 1990 年代，タオルに対する国内消費が減少し続け，加えて中国からの安価なタオルの輸入が増え，今治タオルの生産量は減少を続けた。1990 年に今治タオルの生産はピーク値の年産 5 万 456 トンを記録したが，2000 年頃には 2 万トン台にまで落ち込んだ。このままでは産地が消滅してしまうという危機感の下，2001 年に国内の他のタオル産地とともに，国に対して繊維協定に基づく繊維セーフガード（SG）措置 [8] の発動を要請したが，3 年間の調査期間を経て発動は見送られた。SG の発動が見送られたことで，東京，九州（久留米），三重にもあったタオルの産地はほぼ消滅し，タオル組合は，愛媛（今治）と大阪（泉州）だけとなった。今治タオルの生産も，2009 年には 1 万トンを切るまでに減少した（図 7-2）。その間，平成産業（旧昭和産業）が倒産し，今治織物工業協同組合が解散した。

　SG の発動が見送られた背景は以下の通りである。第一に，国はこれまで米国との通商摩擦交渉において，SG の発動は国内産業を延命させるだけで衰退を止められないと主張し続けてきたこと（実際に米国の繊維産業は今やほとんど存続していない）。第二に，当時は中国の改革開放政策に協力し，日本からの対中

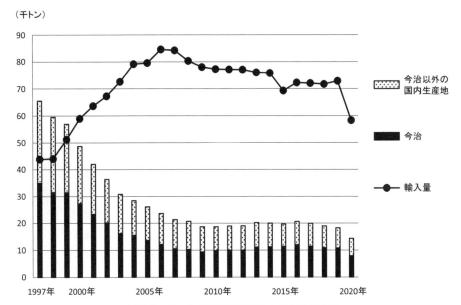

図 7-2　タオルの地域別生産量と輸入量の推移
出典：今治タオル工業組合資料より作成。

投資を奨励していたこと。当時は第二次対中投資ブームであった。第三の理由が決定的であったが，今治のタオルメーカーを中心とする日本の一部のタオルメーカーが，日本にいて何もしなければ衰退するだけであるため思い切って中国に進出し大きなリスクを取って成功し日本に逆輸入した。当時，ユニクロがこの手法を採用して成功し，国内から注目されていた。SG の問題は日本国内，特に今治のタオルメーカー間の問題であった。1991 年から 1995 年にかけて，今治から 7 社が中国に進出し，派遣された日本人は通常 1 ～ 2 人しかおらず，事情がわからない外国で，最新鋭の機械を据え付け，安価で大量の労働力を雇って慣れない人事管理を行い，高品質・低価格のタオルの大量生産に成功した。特に，今治最大規模のタオルメーカーは，他のタオルメーカーのように，OEM 生産を受注するのでなく，自ら生産し販売するという SPA に成功していた。今治のほとんどのタオルメーカーは，親の代から引き継いでいたが，この会社は，タオル現場の職人であった社長が自分の考えを実践すべく起業し，一代で会社を大きく成長させた才能の人物であった。それは見習うべきモデルであり，懲罰金を課す対象では

ないという議論が成された。

　中国に進出した今治のタオルメーカー7社は，「中国進出タオル企業連絡協議会」を作って，SG発動に反対した。ディズニー，イヴ・サンローラン，ジバンシーなどとライセンス契約をもち，日本で初めてブランドタオルを展開した最大手のタオル問屋（大阪泉州に立地）は，1995年に上海に独資企業を設立し，全工程一貫工場を設立した。その後，同社は中国全土の卸小売営業許可を取得し，2006年には日本の全国生産量を上回る約2,600万トンのタオルを生産し従業者数2,100人の世界一のタオル工場に成長した（村上克美，2009）。同社は，今治タオルメーカーにOEM発注していた企業であり，その企業が中国に進出し，中国で自社生産を始めたのであった。SG発動要請は，かつての親企業への対抗措置という意味があった。

　今治タオル工業組合（以降，「組合」という）で，産地復活の議論が本気で開始されたのは，2001年2月にSGを申請した直後からとされる。組合は，構造調整・競争力強化の対応内容を国に提示する必要性に迫られ，組合員間の真剣な議論の結果，2001年8月，タオル業界構造改善ビジョン「アクションプラン」を作成した。その内容は，①創ギフト・脱ギフトの差別化戦略（新商品・新用途開発），②分断された流通構造の抜本的改革（新流通体制の確立），③積極的なマーケット開拓（産地から全国，海外へ），④人材基盤の確立（人材育成）であった。組合はそれらの対策を実施したが，自主事業を行うための資金にも限度があり，産地復活にまでは至らなかった。

　2004年にSGの調査期間が終了したことで，組合内には強い危機感が高まっていたが，2005年に四国経済産業局から今治市役所産業部商工労政課に初めて出向者が着任し，「ジャパンブランド育成支援事業」[9)]を持ちかけた。実は今治タオルブランド構想自体は組合が独自に考えていたことであったが，公的資金が拠出されることとなり，組合内は地域ブランド化の方針で固まった[10)]。そして，今治市，組合および商工会議所の三者の連携による「今治タオル・プロジェクト」が2006年にスタートした。

3.2　今治タオル・プロジェクトの始動

　「今治タオル・プロジェクト」は，今治市役所，今治タオル工業組合および今

治商工会議所の地域の関係機関が密接に連携して推進し，産地が一丸となって取り組んだ数々の事業の総称である。このプロジェクトでは具体的に以下のような取り組みが行われた。

(1) 厳格な品質基準をクリアした製品にのみブランドマークを付与するシステムの確立

　ロゴマークが付いている商品＝高品質の「今治タオル」という構図を確立するため，吸水性や脱毛率など11項目に及ぶ厳格な品質基準を組合独自に設定し，その基準を満たした製品にだけ「今治タオル」のロゴマークを付与するシステムを産み出した。タオルメーカーがロゴを使用するには，検査機関の検査に合格し，その証明書を添付して組合に申請を行う必要があり，ロゴにはメーカーの工場番号を必ず表示させることとした。さらには，ロゴ付きで市場に出回っているタオルについて組合が抜き取り検査を行うなど，ブランドの品質管理を徹底した。タオルのデザイン性を大切にしながら，徹底して品質・安全安心・機能性を重視したものづくりを地道に進めていったことが，消費者に高級ブランドのイメージを与えることとなった。2010年に，今治タオルブランドのルールを明確化した「今治タオルブランドマニュアル」を公表し，2013年には改訂版を発行した。

(2) アートディレクター佐藤可士和氏の起用

　世界に通用するタオル産地としての今治のイメージを確立するため，著名なアートディレクター佐藤可士和氏を起用し，ブランドマーク・ロゴの作成を含め，ブランド化全体のコーディネートを依頼した。佐藤可士和氏は，俯瞰的な視点から「今治タオル」のブランディングをコーディネートするとともに，氏がメディアに登場する際には，「今治タオル」をプロモーションすることで，「今治タオル」の認知度向上および高級ブランドイメージの定着につながっていった。当初，**地域ブランド化に疑問を持っていた組合員も，市場で地域ブランドが認知されるに**従って，ロゴを導入するタオルメーカーが加速度的に増加した。

(3) 新商品開発

　多様化する消費者ニーズに対応した新商品の開発についても，積極的な取り組みを進めてきた。織りや柄に頼らない高品質タオルの「今治生まれの白いタオル」を含め，デザイナーやアーティストによるさまざまな新商品が誕生した。

（4）タオルソムリエ資格認定制度

　「タオルソムリエ資格認定制度」は，小売業などでのタオルアドバイザー育成を目的として創設されたタオルに関する世界初の資格認定制度である。2007年から毎年組合は，今治商工会議所と連携して認定試験を実施し，2021年7月現在，全国で3,569人（9月に実施される試験）のタオルソムリエを誕生させた。この取り組みにより，世界的なタオル産地として今治をプロモーションすると同時に，今治タオルの高品質を理解してもらえ，全国のソムリエがブランドの発信者になるという効果も期待できる。組合では，合格したソムリエを対象としたスキルアップ研修会を各地（東京，大阪，今治）で開催し，常に進歩するタオル技術の情報も発信している。

（5）タオルマイスター制度

　「タオルマイスター制度」は，ブランドの維持・向上のための技術革新と次世代への技術継承を目的として2008年に創設されたタオル製造における熟練技術者を組合が認定する制度である。認定条件が厳しく，2012年1月までに認定されたのはわずか5人である。また，組合では，タオルマイスターを頂点とする技能検定制度である「四国タオル工業組合社内技能検定」を2011年に新設し，第1回の検定試験を実施したが，マイスターはアドバイザーとしてその中に加わるなど，人材育成において中心的役割を果たしている。2011年11月には，社内技能検定として厚生労働大臣から認定を受けた。

（6）メディアプロモーション

　さまざまな話題がメディアに取り上げられることと並行して，新商品の展示商談会や講演会を行う「今治タオルメッセ」の開催，各種展示会への出展，首都圏の百貨店での今治タオルの常設販売開始，東京青山への組合出店，今治へのメディア招致など，組合は各種プロモーション活動を実施している。

（7）海外展開

　今治タオル・プロジェクトは，「ジャパンブランド支援育成事業」をさらに1年間延長し支援する「先進的ブランド展開支援事業」に選ばれ，これまでの国内での事業活動により培ったブランド力を基盤とした海外展開事業として，組合は海外見本市（ヘルシンキ国際家具・インテリア見本市「ハビターレ09」）や，国内展示会（今治タオルメッセ2009東京）への出展を行った。

　さらに 2010 年度は，中小企業庁の「地域資源活用販売開拓等支援事業」，
2011-12 年度は JETRO の「地場産業等海外見本市出展支援事業」により国から
助成を受け，市からの支援と併せて，ミラノ・マチェフ「Macef 国際ホームショー
2011, 2012, 2013」に出展するなどの海外展開を進めるとともに，国内展示会（第
71 回東京インターナショナルギフトショー）への出展を行った。

4　今治タオル・プロジェクト成功の要因分析

　今治タオル・プロジェクト成功の要因を分析することで，日本全国に存在する
地場産業や伝統産業が復活するために必要な要因が明らかになる。

4.1　プロジェクト立ち上げ時に直面した困難

　今，今治タオル・プロジェクトに関する書籍は数多く出版されているが，本プ
ロジェクトは，当初，それらが記述するような順調な滑り出しだった訳ではない。
現地の聞き取り調査では，関係者から，以下のような様々な困難に直面したと聞
いた。

　第一に，今治市役所がプロジェクトを開始するために国に「ジャパンブランド
支援育成事業」4 年間の予算を申請したとき，一部のタオル組合会員は，市役所
に押し寄せ，申請の取り消しを求めた。その理由は，もし自分たちに OEM を発
注している親企業が聞き付けたら，自分たちの傘下から独立しようとしていると
捉えて発注を打ち切る可能性があること。もしプロジェクトが失敗したらどうな
るのか。今治のタオルメーカーはかつては屋号を製品に付けて販売していたが，
OEM を受注するようになり，屋号は製品から消え，OEM を発注している親企業
の名前か，若しくは大手商社が購入した欧州のブランド名（バーバリー，グッチ，
クリスチャン・ディオールなど）がタオルに付けられて販売されるようになった。
本プロジェクトは，製品にかつてのように屋号か，または企業名を付けて販売す
ることを目指すものであった。それは OEM 商品ではないことを世に示し，欧州
のブランドを付けなくても売れることを目指すものであった。だが，タオルメー
カーは，大手企業の名前や欧州ブランドだから売れるのであって，地方の誰も知
らない企業名を付けたタオルなど売れる筈がない，と主張した。

　第二に，市役所が雇ったアドバイザーが，アートデイレクターとして加藤可士和氏を組合に推薦した。当時，東京では華々しい活躍をしていた佐藤可士和氏であったが，今治では無名だった。組合員は，無名の人に自分たちの将来を託して大丈夫かと反対した。更に佐藤可士和氏への依頼も順調だった訳ではない。アドバイザーと佐藤氏は面識がなく，アドバイザーは，地方の小さなタオルメーカーの仕事を受けてくれるとは思っていなかったらしい。佐藤氏の事務所を訪問したアドバイザーは，たまたま持っていた染色前の白のタオルを置いて帰った。当時，佐藤氏には小さな子供が生まれたばかりで，今治タオルを子供に使った佐藤氏の妻は，品質の良さを理解し，夫に仕事を受けるように勧め，それで佐藤氏は依頼を受けると回答した。今治タオルは，こうした偶然が積み重なったのである。

　第三に，佐藤氏は，たまたまアドバイザーが置いて帰った染色前の白のタオルを見て，このまま売れば良い，と思い，コンセプトカラーとして「白」を組合に提案した。これには組合は大反対した。なぜなら，白のタオルは安物の象徴であり，高級タオルとは，ゴージャスな柄と模様で飾られているタオルと昔から相場が決まっている，白では売れない，佐藤氏はタオルの事を何もわかっていない，というのが理由であった。

　以上のように，本プロジェクトは各ステップを踏むたびに，タオルメーカーの反対に会い，プロジェクトに参加するタオルメーカーが脱落していき，当時の組合員約140社のうち，最後まで市役所と共同歩調をとったタオルメーカーは10社もなかった。

　今治タオルが出来上がった当初，タオル組合が表参道の一店舗を借りて，組合員に棚貸しをして販売を始めた。永らくタオルメーカーは生産だけしか行っていなかったが，ようやく自ら販売開始したのである。だが，このとき，今治タオルのブランドのロゴは付いていても，企業名が付いているタオルはほんの数社しかなかった。自社名で販売することに自信がなかったと思われる。今では今治タオルにはほとんど全てにタオルメーカーの企業名が付いている。

　一旦，今治タオルが売り出されると，大人気となり，受注が多く生産が追い付かない状態となった。こうした状況を見た他のタオルメーカーは，雪崩を打ったようにプロジェクトに参加し，今では，100社近くが参加する大プロジェクトとなった。理屈で説得するのでなく，売れることを示せば，人は付いてくる。今治

タオル・プロジェクトは，日本において，地場産業を復興するモデルを提供したと言えよう。

4.2　SG を発動しなかった国の判断は正しかったか

　今治のタオル組合から出された SG 発動の要請は，それまで日本が対米通商交渉において常に SG を発動される側の立場であったのが，逆に，日本が外国に対して発動をするかどうかを検討する立場になった，という最初のケースであった。すなわち，繊維の分野でそれまで日本は他の先進国を追い上げる立場であったが，逆に，他の途上国から追い上げあげられる立場に変わったと言う象徴的な出来事であった。

　それまで日本は米国に対して，SG の発動は，GATT 上は認められた権利ではあるものの，結果的に国内産業を守らないので意味がないだけでなく，自由貿易を歪めると主張してきた。そのため，日本自身が従来の主張を貫徹できるかどうかという分水嶺だったと言える。もしこのとき，SG を発動していたら，その後，様々な産業界から SG 発動の要請が出されたであろう。だが，日本政府は SG を発動しなかったため，それ以降，SG 発動の要請はほとんどない。

　SG を発動せずに，補助金を付けて，新しいビジネスモデルを創出し，衰退していた産業を V 字回復させることが王道である，と日本は米国に繰り返し主張してきたが，今治タオルのケースにおいて，日本が逆にその立場に立たされたのである。

　そして，日本政府が SG を発動してくれなかったという危機感がタオルメーカーを奮い立たせたことが，今治タオル・プロジェクトを成功に導いた 1 つの大きな要因と言ってもいいのではないか。日本政府の目論見は当たったのである。

　今治タオル・プロジェクトが成功したことで，今治タオルは，高品質・高付加価値・高価格品の商品として，そして中国に進出したタオルメーカーが生産し日本に輸入するタオルが，大衆向け・低価格品の商品として，棲み分けが可能になった。

　もし，SG を発動していたら，国内企業は，その居心地の良い環境に慣れ，ほとんど何も努力しないで，衰退を続けただろう。また，中国進出した企業も，日本への逆輸入ができなくなり，折角の努力が無に帰したかもしれない。また日本政府の奨励に従って大きなリスクを取って中国に投資し成功した企業に，日本政

府は課徴金を課すのかという失望感が日本経済全体に広がった可能性がある。

　日本政府は，SG 発動を見送った代わりに，「ジャパンブランド支援育成事業」の予算を付け，自らの努力により，産業の復興を期待するという選択をしたのである。そして，その選択は正しかったと言ってよい。

　だが今治を訪問して聞き取り調査を行った感想を言えば，今でも，SG 発動要請をしたという記憶は今治の人々の心の中に残っており，中国に進出し SG 発動に反対したタオルメーカーと SG 発動を要請したタオルメーカーとの間には未だに円滑なコミュニケーションが復活していないように見える。特に，SG の最大の標的となった今治最大規模のタオルメーカーは，タオル組合に所属せず，独立独歩を歩んでいる。

　世の中は，今治タオル・プロジェクトの成功ばかりに目が向いているが，この今治最大規模のタオルメーカーのリスクを取った果敢な挑戦と成功もまた今治タオル・プロジェクトに引けを取らない成功物語である。

　当時，経済産業省から今治タオルメーカーに色々なメニューが提案された。その最たるものが，SPA（Specialty store retailer of Private label Apparel），すなわち，自分で生産し，販売もするという事業形態である（中小繊維製造事業者自立事業）。他のタオルメーカーがことごとく失敗するなかで，同社は SPA に大成功した。

　また，今治タオルのような華々しい宣伝は行っていないが，もう 1 つのタオルの産地である「大阪泉州」においても，今治タオルに負けない高品質のタオルを開発し，かつ「泉州ブランド」というブランド化し，販売を拡大させている。ここも，経済産業省の「ジャパンブランド支援育成事業」の予算を受け，「泉州こだわりタオルブランドの構築」事業として実施している。大阪泉州の方が，むしろ積極的な投資を行い，果敢に攻めているという印象がある。そして SG を発動しなかった日本政府の判断が正しかったのである。

4.3　今治タオル・プロジェクトに見る地方の地場産業の復興の鍵

　日本全国には，現在でも，大小合わせて数多くの地場産業が残っている。仮に 1 県当たり 30 〜 50 カ所とすれば，全国 47 都道府県なので，全国で 1,500 〜 2,500 カ所と推計できる。2004 年から始まった「ジャパンブランド支援育成事業」の予算は現在も続いている中小企業庁の息の長い予算であり，これら全国の地場産業

に順次，交付されている。だが，成功案件は極めて少ない。一般の人の目に触れる成功案件としては，今治タオルと甲州ワインくらいであろう。それ以外の案件は，新しい商品を開発しただけで終わり，というところがほとんどである。では一体，今治タオルは，他の案件とどこが違っていたのだろうか。

　現在，日本全国で「地域興し」が行われているが，必ずしも，その多くが成功している訳ではない。今治タオル・プロジェクトの成功は，地域興しが極めてうまくいった事例である。この案件の成功要因を分析することで，うまくいかない地域興しの一体どこに原因があるのか，把握できる。

　今治タオル・プロジェクトの成功要因は，2点に集約できると言える。しかもビジネスをする上では極めて当たり前の事である。逆に言えば，多くの「地域興し」では，この当たり前のことが出来ていないともいえる。

　第一点目は，売れる商品を開発したことである。地場産業に従事している方々は，職人として代々，技能を受け継ぎ，高いレベルを維持してきた。その技能の力量には，何ら問題はない。問題があるとすれば，売れない商品を作り続けていることである。時代の変化は速い。消費者の好みも急速に変化する。大企業は，急速に変化する消費者のニーズを的確に捉えるために，巨額の予算を投じてマーケティング調査を行っている。また，日本社会がどのような方向に向かっているのか，常に情報収集をしている。その結果に基づいて常に新商品を出し続けている。それでも多くの商品は売れずに廃棄される。

　地方の地場産業は，大都市から遠く離れ，最新情報もなかなか得られず，小規模な事業者なので，マーケティング調査を行うこともほとんどない。しかも代々，受け継がれた技能を伝統として守ることに使命感を持っている。その結果，数十年前なら売れたかもしれない商品を作り続けていることが多い。時代のニーズに合った売れる商品を作りたくても，どうすればいいかわからないものと思われる。そのため，上述したように，多くの地場産業は，国から補助金をもらっても，職人の考えで，新しい商品を開発するものの，それは時代のニーズを必ずしも捉えたものではなく，売れずにそのままになってしまう。

　今治タオルは，佐藤可士和氏という時代の寵児ともいえる専門家が助言者になったことが大きい。同氏は，白が時代のニーズに合った色であり，白のタオルが売れる，と直感的に理解した。確かに30年前であれば白のタオルは安物タ

オルであり，売れなかっただろうが，時代は変わり，大都会では白のタオルが人々の感性に訴えることを同氏は理解したのである。しかも 5 秒で水に沈むほどの高機能タオルであれば，人々は高い価格であっても購入すると同氏は直感的に理解したのである。同氏が，売れるタオルの方向性を指し示したという点が大きい。

第二点目は，販路を開拓したことである。どんなに良い商品，どんなに売れる商品であっても，売れなければ何もならない。企業は商品が売れて初めて付加価値を生み出し，雇用を確保し，次の投資を行い，更に新しい商品を生み出し，成長することができる。

だが得てして地場産業では，職人は商品を作ることには熱心でも，それを売ることには熱心ではない。とても良い商品なのに，売れないと嘆くことが多い。職人は，モノを作る専門家ではあっても，モノを売る専門家ではないからだ。

日本の中小企業は，約 3 ／ 4 が大企業の系列傘下に組み込まれている。大企業の指示どおりに作れば，大企業が全て買い取ってくれるので，売れる商品を考えたり，販路開拓をする必要がない。系列という形態は，日本人の特性に合った企業形態かもしれない。同様に，地場産業においても，誰かの指示を受けて，職人が作った商品を全量買い上げてくるのなら困ることはないだろう。かつての地場産業は，お城，武家，神社仏閣という発注者がいたので，指示どおり作れば全量を買い上げてくれ，結果，産業として発展したのである。

今治タオルメーカーも，高度成長期を経た後，大手企業から OEM 受注を受け，全量を買い取ってくれる系列の傘下に入った。OEM 生産とは，親企業から言われるとおりに作ってさえいれば全量を買い取ってくれるので，新商品を開発することも，販路を開拓することもないため，表現は悪いが，一部の経済評論家は，麻薬のようなビジネスと表現する。長年，販売活動をしたことがないタオルメーカーに，独自のブランド商品を開発して自ら販売をすることは大変なことだった。

そこに，佐藤可士和氏が果たした役割は大きい。佐藤可士和氏の紹介で，東京新宿の伊勢丹の棚に今治タオルが置かれることとなった。佐藤氏の紹介なら，と今治タオルを棚に置いてくれる店舗も増えていった。他の企業からすれば，夢のような販路開拓が，一気に実現したのである。

そして，今治タオルは，もともと良い商品，人々のニーズに合致した商品であったため，人々の目に触れさえすれば売れた。

以上説明したように，今治タオル・プロジェクトの成功には，佐藤可士和氏の果たした役割がとても大きい。「地域興し」の成功要因として必要な3点，すなわち「高い技術力」「売れる商品の開発」「販路開拓」のうち，後者2点を，佐藤氏は提供したのである。甲州ワインも，甲州に住む女性が，英国のワイン専門家を知っていて，プロジェクトを依頼した。この専門家もまた甲州ワインの開発において，佐藤可士和氏とほぼ同様の役割を果たした。

日本全国の「地域興し」では，「売れる商品の開発」「販路開拓」のうちどちらか1つ，または両方とも欠いていることが多い。それが「地域興し」がうまくいっていない要因のほとんどである。「地域興し」を支援している人々は，高い技術力を生かした商品が開発されれば，人々がその良さをわかってくれさえすれば，人々が殺到して買ってくれるだろうと錯覚することが多いが，実際はそうではない。

5　今治タオルをめぐる地域経済循環

以上，今治タオル・プロジェクトの取り組みを中心に今治タオル復活の試みをみてきた。すでに多くの成果が生まれてきているが[11]，四国タオル工業組合の組合員数，登録設備台数および従業員数は依然として減少を続けており，まだこれら指標を上向きに変えるまでには至っていない。最後に，筆者らが行ったアンケート結果をもとに，今治タオルの地域経済循環を明らかにし，今後の課題を指摘することにしたい[12]。

タオルメーカーは最終製品（消費財）を生産する企業なので，その傘下に多くの取引企業を抱えている。たとえば，原材料・部品等の調達では，最も大きな調達品は糸であり，それ以外にタオルに付ける下げ札，化粧箱，タオルを出荷する際の段ボール箱などがある。またタオル生産の各作業工程としては，撚糸，染色，捺染，織り，縫製，紋匠デザイン，刺繍，検査，梱包などがあり，各工程ごとに外注先が存在する。受注量が急に増えた場合は，生産の一部を依頼する協力工場も存在している。そのため今治市内には，タオルメーカーで構成する四国タオル

工業組合（2012年組合員119社）の関連組合として，愛媛県繊維染色工業組合，今治捺染工業協同組合，愛媛県撚糸工業組合，協同組合デザイナーズクラブいまばりなど，各業界団体が存在している。タオルメーカーが製品を販売して獲得した所得が，地域内に環流し，地域内で経済循環が起き，今治市の経済発展に貢献していると想像されるが，アンケート調査の結果，以下の諸点が明らかになった（図7-3）。

(1) 原材料・部品等の調達

　原材料・部品等の調達についてまずみると，1，2番目までの調達品目の合計で22.3％である（タオルメーカーの収入（売上高）を100％とした場合。以下同じ。）。図7-3によれば，そのうち原糸が最も大きく16.6％であり，その他は原糸に比べればかなり小さい金額であり，もし仮に3，4番目までの品目を調査したとしても，30％以下程度であろう。22.3％のうち，市内に落ちる所得は3.8％，市外へは18.5％となっている。

　なお，この点は若干説明を要する。かつて今治市には，タオルメーカーに撚糸を供給していた「東洋紡績」の工場があった[13]。だが今治市内への供給量が減少してきたため，1989年に撤退し，その跡地に四国タオル工業組合が入居する建物が建っている。そのためタオルメーカーは市外から糸を調達せざるを得ない状況にある。

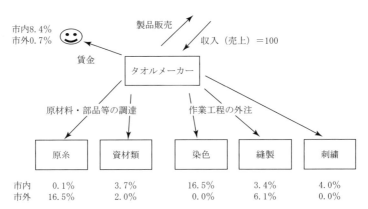

図7-3　今治におけるタオルメーカーを中心とした地域経済循環
出典：アンケート調査結果より岩本作成。

(2) 作業工程の外注

　作業工程の外注については，染色工程（捺染を含む）が最も大きく16.5%となっており，その全てを市内に発注している。この点は，泉州や福井などでみられる繊維産業の集積地と同じ傾向を示している。すなわち，もし仮に福井に腕の良い染色工場があったとしても，タオルメーカーの従業員が染色工場を訪問して染め具合を実際に目で確認し，定期的に打ち合わせる必要があるため，そうした取引企業どうしは，車で1時間程度の範囲内と取引するという傾向にある。

　作業工程の外注は，1，2，3番目までの合計で30.0%であり，仮に全ての作業工程を合計したとしても40%程度であろう。30.0%のうち市内への発注は23.9%であり，市外へは6.1%である。作業工程の外注先は，今治市内だけでなく，隣接する西条市にも多少立地しており，さらに「東予」と呼ばれる愛媛県の東部にも薄く広がっている。そうした地域まで含めて「タオル産地」として1つの地域経済圏として考えると，大部分の作業工程が，地元の地域経済圏内に立地する企業に発注され，地域経済循環が形成されていることがわかる。

(3) その他の支出

　原材料・部品等の調達，作業工程の外注，賃金の支払いの3形態以外の支出は売上全体の2〜3割を占めていることがわかる。その支出はさまざまな経費や納税であり，大部分は地元に落ちると想像される。そうすると，今治のタオルメーカーが得た所得のうち約7〜8割が今治市内に落ちており，地域経済圏を西条市や東予まで拡大した範囲を考え，さらに紡績工場が現在も今治市内に立地していたと仮定すれば，所得のほぼ100%が地元の地域経済圏に落ちていることがデータから確認される。この点から，今治のタオルメーカーは，その売上げが増えれば増えるほど，地元に環流されて地元経済を潤す企業行動をとっていることがわかる。

　今治市を中心とする地域経済圏では，タオル生産の工程がほぼ完結しており，地域全体として総合力が発揮できる仕組みになっている。逆にいえば，タオルの生産量が減少し，生産工程のうち1つでも欠ければ，たとえば染色工程が失われてしまえば，たとえば福井の染色工場まで染色工程を出すか，もしくはタオルメーカー自らが新たに染色工程を内製化せざるを得ず，時間とコストの膨大な無駄が発生する。そうするともはや産地としての競争力を維持することは不可能に近くなる。今治タオルメーカーが生産量の減少に危機感を抱き，地域ブラ

ンド化に取り組んだ背景の1つがここにある。

　以上は，タオルメーカーの発注側からみたものであったが，次に受注側からみてみよう。外注工程のうち捺染工程を担う業界団体として，今治市内に今治捺染工業協同組合がある。会員数は18社，うち1社が松山市にある以外は全て今治市に立地している（2012年1月現在）。捺染は，無地のタオルに図柄をプリントする工程であり，染色に浸ける工程は浸染という。組合員への調査の結果，捺染工程は，その全てが今治市内のタオルメーカーからの受注となっていた。

　また，原糸の染色工程を担う業界団体として，今治市内に愛媛県繊維染色工業組合がある。会員数は9社，その全てが今治市に立地している（2012年4月現在）。精錬漂白や染色工程を同組合員が担当し，タオル製造業者に引き渡す。当原糸染晒加工の工程の中で，染色する前の原糸をビームに荒巻する工程と染色した後の糊付乾燥ビーム整経工程を実施している。最近では，高性能なサイジング機，ワーピングマシン，自動化ワインダーを導入して需要の増加に対応している。同組合の組合員への調査の結果，約92%が今治市内のタオルメーカーからの受注となっていた。

　ここからも今治タオルは，今治市を中心とする限られた範囲内でほとんどの工程が完了する「産地」「地場産業」であることがわかる。タオルメーカーがタオルの販売で得た所得は，今治捺染工業協同組合や愛媛県繊維染色工業組合の組合員が受託し，従業員の雇用，給与等となって地元に還元され，今治市の経済発展に貢献していることが，これらのデータから読み取れる。

6　今治タオルの今後の課題

　今治タオルブランドを開発した後，タオルハンカチが開発され，年間20億円の新しい市場が出来た。また，新商品としてタオルマフラーも開発され，首に巻いて汗を吸うタオルという人気で，新市場が形成された。今治タオルブランドの初年度のタオル販売数が年間100万枚であったが，2016年には7,500万枚となった。

　現在の日本のタオル市場は，大まかに言って，海外からの輸入品が78%，今治が12%，大阪泉州が8%となっている。海外産のタオルの日本国内シェアは，

ピーク時には 82％であったが，78％に落ちている。中国からの輸入品が一番多かったが，ベトナムが逆転した。日本から中国に生産移転したが，ベトナムに工場を移したり，日本から中国に生産移転をした工場の中には，倒産や中国から撤退した企業もあった。更に，インドネシア，台湾，パキスタンからの輸入も増えた。

　今治のタオルメーカーは，ピーク時には約 500 社，従業員総数は約 1 万人であったが，2016 年には，113 社，約 2,500 人に減少している。

　今治市におけるタオルの年間生産量は，ピーク時には約 4 万トンであったが，2009 年には 1 万トンを切り，9,381 トンとなった。今治のみならず大阪，全国ともに生産量は 1 ／ 3 以下へと急速に縮小した。プロジェクトを開始したのが 2006 年であったが，すぐに結果は出ず，3 年間は減少していった。2009 年に底をついて，2016 年に 1 万 2,036 トンとなり最低時から 28％増えている。今治の市場シェアを見ると，底の 2009 年には 10％を切ったが，2016 年には，12.5％まで回復している。

　これまで生産量を伸ばしてきた今治タオルが，現在，過渡期に差し掛かっている。2017 年の生産量は前年比 4.7％減の 1 万 1,468 トンで，8 年ぶりに減少に転じた。ブームが一服したことなどが原因とみられる。

　2015 年，今治のあるタオルメーカーが，品質検査と組合認定を受けて使うことになっている今治タオルのロゴマークを，品質検査と認定を受けずに 50 万枚出荷していた事実が判明した。

　プロジェクト開始時のブームは収まり，第一段階としての発展の時期は過ぎたと言える。第一段階の仕掛けは，地場産業を振興する定石であったが，次の第二段階の発展に結びつけるために打つべき手は難しい。だが，この難関を越えなければ，今後の発展は難しい。このまま何もしないで手をこまねいていれば，再び，元の状態に戻る可能性もある。第一段階は，佐藤可士和氏という才能を得たことで実現した。では第二段階では，どうすればいいのか，自分たちで考えるのか，それともまた東京の才能に依頼するのか，誰に依頼するのか，それが今後の今治タオルの将来を決めると言っても過言ではない。

（岩本晃一・飯村亜紀子）

注

1) 初澤敏生（2013）は，山崎の定義の他に，歴史性と伝統性に基づく産地集団を形成する視点から東京の地場産業を体系的に調査し，生産形態と地域的存在形態を組み合わせて整理した板倉・井出・竹内（1970），地元資本による経営，地域独特の原材料の使用，地域の伝統性によって育まれた技術，地元の安価な労働力の利用などの特徴を指摘した北村（1980），「中小零細規模の製造業企業によって構成され，それらの多様な存在形態に着目した地域的産業概念」とした上野（2007）を紹介している。

2) 中小企業庁経営支援課「地域産業集積活性化法の分析・評価（「特定中小企業集積」（B集積）に対する支援）」（2006）によると，「基盤的技術産業集積」（A集積）は 21 地域，「特定中小企業集積」（B集積）は 118 地域が同意地域として指定された。B集積は，製造業に属する 1 業種を対象業種として選択し，可住地面積 7 万 ha 以下の隣接した市町村からなる地域内に「特定業種」に属する中小製造業者が概ね 50 以上，もしくは工業出荷額が概ね 100 億円以上を規模要件としていた。

3) 同地域は，塩田が廃止された後，造船・海運企業が立地する一帯となり，7 つの造船所が立ち並んでいる。

4) 海事関連企業が 500 社を超え，内航海運では事業者は 210 社を超え，船腹量は全国の約 8％を占める。外航海運では，約 50 社の船主が約 800 隻の船舶を保有し，国内の外航船舶の約 30％を占め，全世界の約 6％を占めている。内航の船腹量や外航の保有隻数からいって，今治は日本一といえる。造船所は 16 ケ所，2011 年の建造隻数は 99 隻であり国内の約 17％を占めている。2011 年の造船業の売上高は約 3,000 億円，従業員数は 6,925 人である（以上，今治市，今治海事事務所，愛媛銀行による）。

5) 1900 年に阿部合名会社がイギリスやフランスから動力起毛機や力織機 50 台を導入した。なお，今治の中で最大の生産を誇った企業は，興業舎である。全盛期には分工場 45，従業員 1,200 名を抱えた。いまでも今治市内には，興業舎の産業遺産が点在する（藤本雅之，2006）。

6) ジャガード機による先晒製法は，柄物が多く幅広のタオルケットの生産に最適であり，後に今治がタオルケットの生産をほぼ独占する技術的基礎が築かれた。

　　第一次世界大戦の好景気は今治の綿織物業を大きく発展させ，1914 年（大正 3 年）の 74 万反から 1919 年には 125 万反に急増した。阿部合名会社と興業舎は業界を率先して力織機の導入を図り，これに他の綿織物生産者も続き，今治の力織機は 1912 年の 10 工場，597 台から 1920 年には 69 工場，5,971 台へと急増した。

7) 今治タオルについては，多くの研究成果が蓄積されてきているが，最近の変化については，塚本僚平（2013）が参考になる。

8) 繊維貿易については，GATT と異なる規律が適用され，セーフガード措置発動が認められていた。1995 年の WTO 協定発効と同時に，「繊維及び繊維製品（衣類を含む）に関する協定」が発効し，未統合品目に限り繊維協定に基づく特別の経過的セーフガード措置

の適用が認められたが，同協定は，2004 年 12 月末に 10 年の経過期間を満了・失効した。詳しくは，『不公正貿易白書』2010 年参照。

9) 2005 年の通常国会で「商標法の一部を改正する法律」が成立，2006 年 4 月 1 日から施行された地域団体商標制度に基づく「地域ブランド」である。現在，全国各地の特産品等が地域団体商標として約 500 件が特許庁に登録されている。

10) 組合内は，一気に地域ブランド化で結束した訳ではない。地域ブランド化を進める上で最も困難な点は，組合員の結束を図ることが難しいことである。地域ブランドを導入するためには，適合する品質基準を設定することになるが，一部の組合員にとってその基準はレベルが高く，地域ブランド商品を出すことができない。また，問屋から OEM 生産を安定的に受注して安定的収入を得ている企業の場合は，敢えてリスクを賭けてまで問屋の傘下を出て，売れるかどうかわからない地域ブランド商品を独自に販売しようとするインセンテイブが働かない。むしろ自社名で販売したほうが売上高が大きい実力のある企業も存在する。

　今治タオルの場合は，最期の頼みの綱であった SG の可能性が無くなり，強い危機感があったことと，当時の理事長の強力な信念とリーダーシップによって，組合員が結束することができたものと解される。

11) ロゴマークの配布枚数は，2006 年度の 0.6 万枚から 2012 年度には 3,600 万枚にまで増加した。このロゴマークの販売による利益で，松山空港や羽田空港，渋谷駅での今治タオルの広告掲載等が実施され，さらなるブランド発信につなげている。今治繊維リソースセンター内の今治タオルショップの売上げは，2006 年 5,200 万円から 2011 年度には 3 億 1,300 万円に増加している。四国タオル工業組合のタオル生産量は，2009 年を底として，以降上昇に転じ，2010 年対前年比 + 5.0%，2011 年同 + 1.6%，2012 年同 + 0.06% と増え，輸入を押しとどめている。消費者の要望を受けて今治タオルの販売を開始する百貨店等も増加し，取り扱う店舗が増え，それが消費者の眼にとまる機会を増やすという好循環を生み出している。

12) タオルメーカーが所属する四国タオル工業組合の組合員（組合員数 119 社，2013 年 7 月時点）に対してアンケート調査を実施した。調査項目は，①売上高，②原材料・部品等の調達先（上位 2 位まで），③作業工程の外注先（上位 3 位まで），④賃金の支払い先としての従業員の住所である。

13) 戦前，今治には倉敷紡績今治工場，東洋紡績今治第一，第二工場と紡績工場が 3 つ立地していた。だが第二次世界大戦中，3 つの紡績工場は全て軍の工場に転換され，たとえば東洋紡績第一，第二工場は今治航空場となり，軍用機の翼を製造する工場となった。戦後，空襲で焼失した倉敷紡績今治工場は復元せず，今治市に売られて野球場となった。東洋紡績第一工場は 1958 年，合理化のために閉鎖され，第二工場は海外からの安価な綿糸輸入のために採算性が悪化したため 1989 年に閉鎖された。

演習課題

①新聞やインターネットから，全国各地の産地で行われている産地復活の試みを
　いくつか拾ってみよう。

②産地の生産量，売上高，就業者数，事業所数などのデータを確認し，なぜそれ
　らの産地復活の試みが本格的な産地復活につながらないのか，考察してみよう。

入門文献

1　上野和彦（2007）:『地場産業産地の革新』古今書院.

2　板倉勝高・北村嘉行編（1980）:『地場産業の地域』大明堂.

3　石倉三雄（1999）:『地場産業と地域振興』ミネルヴァ書房.

4　小原久治（1996）:『地域経済を支える地場産業・産地の振興策』高文堂出版社.

5　山崎　充（1977）:『日本の地場産業』ダイヤモンド社.

　1と2は，経済地理学者による地場産業研究の成果で，地域の実態が詳しい。3は，
中小企業論をベースにした地場産業論で，地域産業政策についても論じている。4
は，多様な地場産業産地での社会的分業の実態が示されている。5は，地場産業と
は何かを考える上で今でも重要な著作といえる。

第8章

素材型企業城下町：神奈川県南足柄市

1　企業城下町の特徴

　企業城下町とは，「単一あるいは少数の大企業（中核企業）が，圧倒的な影響力を及ぼしている地域」である。地域に対する圧倒的な影響力は，地域経済を中心に地域社会や政治など多方面に及んでいる。これまで企業城下町に関して，地理学にとどまらず，地域社会学や地方財政学，都市工学などにおいて多くの研究が蓄積されてきた。

　中核企業がその地域の経済に及ぼす影響として，まず，中核企業従業員の雇用・所得があげられる。また，中核企業が下請製造業者と長期継続的な取引関係を構築していたり，輸送・建設業者へ仕事が発注されていたりするなど，中核企業から地域経済への直接的な影響が及ぼされている。他方，中核企業から地域経済への間接的な影響として，商業・サービス業，農林水産業への波及効果があげられる。

　第二次世界大戦以前に形成された企業城下町の中には，国や地方自治体によるインフラ整備が十分ではなかったため，中核企業自身の手により，道路や鉄道，港湾，水道，電力網を整備していったところもある。また，地域の文化的・社会的水準や公衆衛生を改善・向上するために，学校や文化施設，病院，社宅・寮などを整備した中核企業も少なくない。

　企業城下町では，中核企業が地方自治体に納める法人市民税，固定資産税などが莫大であり，中核企業に直接的・間接的な利害関係を持った有権者が多いため，地方議会議員や首長に，中核企業出身者が就く場合もあり，政治や行政に対する影響力も大きいといえる。

　このような中核企業の影響力は，プラスとマイナスの両面があり，企業城下町は，「企業」と「都市」の運命共同体であるがゆえに，企業業績が悪化すると

地域の問題に発展する。石油危機後の構造不況や，1990 年代以降の「産業の空洞化」などでは，工場閉鎖や雇用削減，自治体財政の悪化が全国各地の企業城下町で大きな社会問題となった。

　企業城下町は，大きく分けて 2 つのタイプに類型化することができる（伊藤正昭，2003）。1 つは，大企業の工場内で生産が完結する「自己完結型生産体系」のタイプであり，鉄鋼業の岩手県釜石市，千葉県君津市，化学工業の山口県宇部市，宮崎県延岡市，製紙業の北海道苫小牧市が例として挙げられる。もう 1 つは，部品製作の「下請分業体制」を特徴とするタイプであり，自動車工業の愛知県豊田市，群馬県太田市，電気機械工業の茨城県日立市，大阪府門真市が例として挙げられる。

　かつての企業城下町は，製造業の取引関係も域内が中心で，中核企業が運営に関わる**購買会**によって市民の商業も域内で完結することが多く，地域経済循環は閉鎖的であった。しかし，現在では企業城下町の工場も，域内の取引関係を維持しながらも，グローバルな**サプライチェーン**に組み込まれるようになっている。

2　対象地域の概要

　本章では，富士フイルムの企業城下町である神奈川県南足柄市を取り上げる。南足柄市は，神奈川県の西部に位置し，小田原市に隣接する都市であり，人口は，40,841 人（2020 年国勢調査）である。富士フイルム従業員数が多かった 1991 年時点における，富士フイルム足柄工場の従業員数は 4,913 人で，これは南足柄市の全事業所従業員数の 29％を占めていた。

　南足柄市・小田原市をはじめとする神奈川県西部は，写真感光材料の製造上必要とされていた豊富で良質な水を入手しやすく，空気も清浄であったため，日本の写真感光材料生産の中心地となってきた（神奈川県高等学校教科研究会社会科地理部会，1996）。1934 年にフィルムベース，フィルム，乾板，印画紙を生産する富士フイルム足柄工場が操業を開始し，1938 年に写真感光材料の原料薬品の安定供給を確保するために同社小田原工場が建設された。

　富士フイルムの生産・研究開発拠点は南足柄市および開成町にまたがる場所に立地しているため，本章では南足柄市および開成町を「足柄地域」と呼び，開成

町についても適宜言及する。足柄地域には，南足柄市に富士フイルムの工場があるほか，富士フイルムビジネスイノベーション株式会社（旧・富士ゼロックス）の竹松事業所[1]や富士フイルムの2つの研究所，情報システム機器を製造する富士フイルムの子会社「富士フイルムテクノプロダクツ」，社宅や職域生協のような富士フイルム関連の福利厚生施設が立地している。このため，足柄地域の中でも富士フイルムの生産拠点が集中している南足柄市を中心に記述した。

3　富士フイルムの事業展開と企業内地域間分業の変容

3.1　1990 年代までの立地展開

　富士フイルムは，足柄工場，小田原工場，富士宮工場（1963 年建設），吉田南工場（1972 年建設）の国内 4 工場のほか，1970 年代半ば以降，日本国内にとどまらず海外にも生産拠点を拡大し，日米欧の「グローバル 3 極生産体制」を構築してきた。

　研究開発拠点は，1938 年に足柄工場の敷地内に設立された「足柄研究所」のように，各生産拠点に併置され，生産拠点に対応した研究開発が行われてきた。一方，全社的な研究開発を行う拠点も整備され，1965 年に埼玉県朝霞市に「中央研究所」が設立された。だが，1979 年に「朝霞研究所」に改名されるとともに，1981 年に富士ゼロックス竹松事業所の北隣に「宮台技術開発センター」が開設され，朝霞から宮台を中心とした南足柄地域へ多くの研究室は移転し，朝霞には生化学分析装置関連の研究室だけが残った。1992 年，「朝霞技術開発センター」に再度，名称が変更され，ライフサイエンスに加えて，電子映像事業部，光学機器事業部開発部が開設された[2]。

　創業当初から営業活動は東京を中心に行われている。同社の登記上の本社は南足柄市に置かれていたものの，中枢管理機能は東京本社に置かれ，全社的な経営の意思決定が行われていた。

　富士フイルムは，日本国内をはじめとする写真感光材料市場で圧倒的に優位に立ち[3]，1990 年代まで安定的に利益を確保してきた。その間，足柄工場は，主力事業である写真感光材料の生産を担う拠点として機能していた。

3.2　市場変化に伴う組織再編

　1990年代後半以降，デジタルカメラが急速に普及する一方で，写真感光材料市場は縮小し，メーカー各社は事業の再構築を迫られた。写真感光材料市場の縮小に加え，多くの電機・精密機器メーカーが参入し価格競合が激化しているデジタルカメラ事業で利益が確保しにくい状況になっている。

　一方で，富士フイルムは，写真用フィルム事業で培われた精密薄膜を塗布する技術を次世代ディスプレイや高密度記録媒体に応用し，事業構造の転換を推し進め，「第2の創業」を目指している。その筆頭に挙げられるのが，液晶部材の生産・開発である。液晶部材の中で，偏光板は最も基本的な部材とされる。この偏光板を構成する偏光子フィルムを保護する支持体として「TAC（トリアセテートセルロース）フィルム」が利用されており，TACフィルムの世界シェアは，2006年現在，富士フイルムが78％を占めている（シーエムシー出版，2007）。

　富士フイルムにおいて，TACフィルムをはじめとする液晶部材は新たに開発された製品ではない。TACフィルムは，1950年前後に開発され，フィルムの支持体（ベース）として利用されてきた。TACフィルムは，美しい表面性や透明性に加え，電気絶縁特性に優れていたため，事業拡大の一環として，1958年に「フジタック」の商品名で発売され，アニメーションの原画製作など多用途で利用されてきた（富士写真フイルム株式会社，1984）。その後，素材特性から液晶部材として注目が集まった。写真用フィルム以上の品質を求められたため，1970年代後半以降，富士フイルムは偏光板メーカーと共同開発し品質を磨いてきた[4]。1990年代後半以降，液晶用フィルムの需要が高まる中，富士フイルムは蓄積された技術の優位性があったため，前述したシェアを確保できた。

　市場変化に伴う製品転換により，富士フイルムは，2000年代に入り大幅に組織を再編する事業再構築を行っている。会社全体および中枢管理機能の変化として，同社は2006年に持株会社制に移行し，「富士フイルムホールディングス株式会社」の下に，事業会社である「富士フイルム株式会社」と「富士ゼロックス株式会社」を配置させた。

　また，富士フイルムの生産拠点の再編が進んだ。液晶用フィルム需要の上昇に伴って，1990年代後半以降，同社は小田原工場や足柄工場，富士宮工場にお

いて，その増産を続けている。さらなる新たな生産拠点として，静岡県吉田町に「富士フイルムオプトマテリアルズ」吉田北工場を建設し，2003年に操業が開始された。西日本や韓国・台湾にある偏光板メーカー工場との近接性や自然災害のリスクを考慮し，熊本県菊陽町に「富士フイルム九州」熊本工場が建設され，2006年に操業が開始された（山口光男，2006）。

　従来，足柄工場では写真用フィルム・印画紙を，小田原工場では写真用薬品，ビデオテープなどの磁気記録製品を，製造してきた。しかし，市場変化に伴う製品転換によって，両工場とも生産体制を効率化するため，運営を一体化し，2005年に名称を神奈川工場とし，足柄工場は神奈川工場足柄サイト，小田原工場は同小田原サイトになった[5]。

　同様に，研究開発拠点においても組織が再編されている。これまで朝霞技術開発センターや宮台技術開発センターのほか，研究開発拠点は工場に併置され，「地名＋研究所」という名称の研究所が地域ごとに置かれていた。しかし，研究開発拠点間での調整はされておらず，たとえば富士宮と吉田南で同様の偏光フィルターを開発するといったような，重複する研究開発が行われることもしばしばあった（富士フイルムに対する聞き取り調査による）。そのため，「R&D統括本部」の下，事業分野ごとに研究所が置かれるようになった。

　このように，富士フイルムの事業再構築では，市場変化に対応させて，組織の**スクラップアンドビルド**が行われ，とくに写真フィルムの生産拠点であった足柄地域では抜本的に実施された。

3.3　足柄地域における事業再構築

（1）研究開発機能の強化

　富士フイルムにとって「写真感光材料研究の総本山」（桑嶋健一，2005）であった足柄研究所は，その一部門を改組し，2003年に「フラットパネルディスプレイ材料研究所」が新設された[6]。このように，足柄研究所を中心に培われてきた技術が液晶用フィルム製造に活用されている。

　また，2006年，全社横断的な先端研究，新事業・新製品の基盤となるコア技術開発を推進することを目的に，「富士フイルム先進研究所」が新たに設立された（富士フイルム株式会社，2007）。これは，富士ゼロックス竹松事業所の東隣

（神奈川県開成町）に建設され，2009 年現在，富士フイルムの研究開発拠点で働く約 6,000 人の 15%にあたる約 900 人が勤務している（富士フイルムに対する聞き取り調査による）。

　富士フイルムに対する聞き取り調査によると，この研究所の立地要因は，第 1 に自治体による誘致策があったことである（後述）。第 2 に他の生産・研究開発拠点との近接性を重視したことである。富士フイルムの主要な生産・研究開発拠点は，神奈川県西部から静岡県に分布しており，それらへのアクセスが容易である。第 3 に研究員の居住移動に配慮したためである。既存の研究組織から新研究所へ転勤する持家のある研究員にとって，転勤に対する抵抗感を低減させるためであった。足柄地域には，富士フイルムの研究開発拠点が集積しており，富士フイルム全体の研究開発機能にとって中核的な位置を占めている。

(2) 製品転換に伴う生産拠点の変化

　足柄サイトは，創業以来，写真用フィルムや印画紙などの写真感光材料の主力生産拠点であったため，大幅な再編を迫られた。足柄サイトは，写真感光材料の製造ラインのうち，人員削減策として，社員の早期退職を進めるとともに，一部の製造工程を子会社に移管した。富士フイルム国内 4 工場の出荷額の推移をみると，小田原サイト，富士宮工場，吉田南工場の出荷額は維持されているものの，足柄サイトの 2005 年度の出荷額は 2000 年度の半分以下にまで落ち込んでおり，

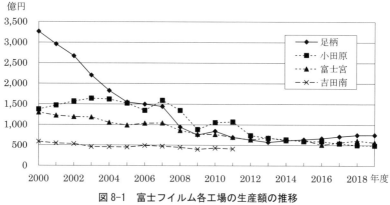

図 8-1　富士フイルム各工場の生産額の推移
出典：富士フイルム株式会社『社会・環境レポート』『サステナビリティレポート』各年版より作成。

富士フイルム国内4工場の中で最も影響を受けたことがわかる（図8-1）。

　一方で，液晶用フィルムの生産量は増加している。2001年，70億円を投じて足柄工場内にある映画用フィルムの工場棟を衣替えした一貫生産プラントを建設した。さらに，240億円を投じてTACフィルムの新工場が足柄サイト内に建設され，2008年に稼動を開始した。富士フイルムに対する聞き取り調査によると，新工場の立地要因は，研究所との近接性や後述する自治体による誘致策のためであるという。足柄サイトの新工場は，同サイト内にある「フラットパネルディスプレイ材料研究所」との近接性を活かした新たな生産技術や新フィルム開発のためのパイロットラインとしての役割も担うことになる。

　「フジタック」は，足柄サイトと富士フイルム九州熊本工場において生産されているが，その機能に差異がある。すなわち，製造ラインの増設が続く熊本工場ではそれを量産する一方で，足柄サイトの製造ラインでは，研究所との近接性を活かして高付加価値な製品である横幅2メートルに達する超広幅のTACフィルムを生産する。これは，従来品の1.5倍の大きさであり，需要が伸びている大型液晶テレビに適した，張り合わせ継ぎ目のない偏光板製造を目的としている。

　このように，写真感光材料の開発に注力してきた足柄研究所で培われてきた技術が活かされ，TACフィルムの生産においても，足柄サイトはマザー工場としての位置を占めるに至った。

4　富士フイルムの事業再構築による自治体・下請企業の対応

4.1　自治体に対する影響と政策展開

　南足柄市は，1990年代まで富士フイルム，富士ゼロックスからの税収を中心に，財政状況はきわめて良好であった。豊かな財政状況に加え，まとまった工業用地も少なかったため，南足柄市は企業誘致に対してあまり積極的でなかった。「南足柄東部工業団地（テクノネット湘南）」や，アサヒビール神奈川工場の企業誘致に対して，主導的な役割を果たしていたのは神奈川県であった。

　ところが，富士フイルムの事業再構築に伴って，こうした状況は一変する。南足柄市は，2000年代に入り，法人市民税が大幅に減少し，財政難に苦しんでい

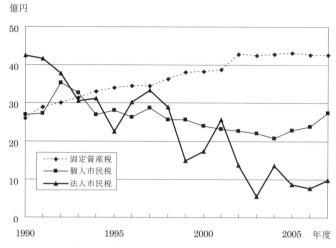

図 8-2　南足柄市の財政歳入における固定資産税，市民税の推移
出典：南足柄市役所資料より作成。

る（図 8-2）。こうした事態は，中核企業 1 社の動向により税収が大きく左右さ
れるという企業城下町特有の財政構造が原因であるといえる。

　2003 年に行われた市長選挙で当選した沢　長生氏は，当市初の富士フイルム
出身の市長である。一般に企業城下町では，中核企業の社員や OB など企業出身
者が，中核企業，労働組合や下請企業等の強い支援により市議会議員の多数を占
めることや市長に就任することが知られている（宮川泰夫，1977；外枦保大介，
2007）。しかし，南足柄市議会議員になった富士フイルム社員は，過去最大で 3
人であり，議員定数約 25 人の中で多数派を形成したことはなく，市長を輩出し
たこともない。これは，豊田市や延岡市などと異なる状況である。富士フイルム
やその労働組合は，これまでも市議会議員選挙や市長選挙において目立った支援
をせず，当市において中核企業と地方政治との関係は希薄であった。2003 年の
市長選挙においても，富士フイルムの労働組合は候補者 3 人いずれとも支援する
立場をとらなかった。沢氏は，地元出身であったため地縁血縁を活かすとともに，
富士フイルム社員時代の同僚や OB ら支持者の結束を活かして選挙活動を展開し
た[7]。中核企業の強い後押しにより市長に送り込まれたわけではないが，結果的
に富士フイルム経営者と強いパイプを持つ市長が誕生したことになった。これに

より，富士フイルムの意向が南足柄市政に反映されやすくなったといえる。

　市長選挙直後，富士フイルムの大幅減益が報道された。このため，南足柄市が将来の財政状況を推定したところ，何も手段を講じない場合，2006年度，2007年度に多額の赤字を計上し，財政再建準用団体に転落する可能性があると判明した。そこで，市は2005年に，「財政健全化プログラム」を策定した。

　2006年2月の南足柄市議会において，沢市長は，「70年以上の企業城下町という在り方を見直し，南足柄の持っているいろいろな財産をいかし，新しい街の将来像を作っていく必要があります。その意味で，今年度が見直し元年であります。」と答弁する「脱企業城下町宣言」を発表した。ただし，この宣言は，富士フイルムだけに頼る政策からの転換を意味するものであり，富士フイルムとの関係を断ち切ることを意味するものではない。実際，富士フイルムに対する引き留め策は，これまで以上に行われるようになっている。

　研究所を新設するためのまとまった用地が南足柄市内になかったため，沢市長は，土地区画整理により発生していた開成町内の空地を紹介した。このような働きかけは，南足柄市内の下請企業への仕事の受注増加や，研究員が市内に居住することによる波及効果を期待したため行われた。また，南足柄市は，富士フイルムから長年要望のあった，足柄サイトから東名高速道路大井松田I.C.までを結ぶ道路を建設し，インフラ整備に尽力した。これらの南足柄市の誘致策が奏功した結果，足柄サイト内の新工場建設や研究所新設に伴う独身寮の建設が南足柄市内で実現した。

　さらに大型の投資をひきつけるための政策も進行しており，2006年に「足柄産業集積ビレッジ構想」が打ち出された。「足柄産業集積ビレッジ構想」は，南足柄市と開成町，企業，教育・研究機関などが協力し産業集積を進め，足柄地域全体の発展・活性化を図ることを目的としている。

　「足柄産業集積ビレッジ構想」が進展する中，2007年に「企業の立地の促進等に関する条例」が制定された。この条例制定により，工場の新設・拡大再投資に対して，固定資産税の減免，都市計画税の減免，雇用促進の補助金といった優遇措置が行われる。2008年に，足柄サイトの工場新設に対して，この条例が適用されている。

　富士フイルムの事業再構築に対して，南足柄市の他に神奈川県の産業政策「イ

ンベスト神奈川 [8]」も，富士フイルムの投資誘引に関係している。「インベスト
神奈川」により，2004 年に投資額 460 億円の研究所新設に対して 69 億円が助成
され，2006 年に 244 億円を投じた足柄サイト内の TAC フィルム工場新設に 24
億円が助成された。このような県の政策は，南足柄市からの働きかけが影響して
いたという。富士フイルムは急激な市場変化の中，短時間での事業再構築を求め
られていたため，南足柄市は富士フイルムの意向を汲んで，スピーディな政策対
応を行った。

4.2　下請企業に対する影響とその対応

　富士フイルム神奈川工場足柄サイトと取引のある業者のうち，労働災害対策と
して構内外注に入る企業を中心に「安全協力会」が組織されている。この安全協
力会に所属する会員企業のうち，南足柄市に担当事業所を置く企業の所在地の分
布を示したものが図 8-3 である。この「安全協力会」は，富士フイルムと取引関
係のある全ての企業を示したものではないため，企業の空間的分布を示すものと
しては限界があるが，目安の 1 つとなる。「安全協力会」は，機械，空調，土建，
電気，運輸・環境の 5 部門があり，全 88 社で構成されている。そのうち，30 社
が南足柄市，32 社が小田原市に担当事業所を設けている。

　富士フイルムは，自社の工場内で生産が完結するため，取引関係は一定程度の
技術力を持った企業に限定されており，自己完結型生産体系の産業集積を形成し
ている。このような産業特性を鑑み，製品加工や薬液回収のような生産工程に直
接関わる業務に従事する企業 N 社と P 社 [9] を取り上げて，検討する。

　両社とも，富士フイルムが排出する写真感光材料のリサイクル事業を契機に
取引関係を構築した。両社とも富士フイルムの構内外注業務にも従事しており，
研究所において実験補助や調合・調液などの業務を請け負った経験を有してい
る。

　富士フイルムとの関係では，両社に対応の違いがみられる。N 社は，製造機械
の設計や立ち上げ段階に関わるなど富士フイルムとの関係はきわめて密であり，
富士フイルムに対する依存が強い。一方，P 社は，1980 年代まで富士フイルム
から技術指導や設備の無償貸与を受けていたが，徐々に自社対応を始め，1990
年代にはコニカ日野事業所との取引関係を構築し，依存脱却を進めてきた。

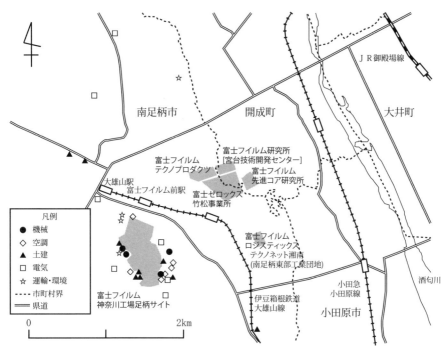

図 8-3　富士フイルム安全協力会所属企業の分布（2007 年）
出典：富士フイルム株式会社資料より外枦保作成。

　両社とも富士フイルムの事業再構築の影響が強く現れているが，上述した富士フイルムとの関係により状況が各社で異なる。N 社の売上高は，68 億円（2005 年）から 47 億円（2007 年）へと減少が著しく，その影響を強く受けている。これは，同社が写真用フィルムや「写ルンです」の包装加工など，富士フイルムが事業を縮小している仕事に大きく依存してきたためである。一方 P 社では，売上高に占める富士フイルムの割合は，全盛期の 1990 年代前半には約 95％であったが，徐々に縮小し，2007 年現在，約 50％になっている。

　両社とも，取引先を拡大する努力を続ける一方で，富士フイルムによる足柄サイト内の新たな TAC 工場の動向に注目し，下請業務の発生を期待している。N 社は，ペットボトルのリサイクルなど産廃関連事業を拡大していく方針である。N 社の海外生産拠点では，今後も富士フイルムを中心に据える一方で，電気・

自動車メーカーの業務も請け負っており，今後も取引先を拡大する方針である。一方 P 社は，ポリカーボネートや銀関係の買い入れ・販売事業などの新事業を進めるとともに，樹脂メーカーとの取引拡大を目論んでいる。このように，下請中小企業は，富士フイルムだけに頼らない取引先の拡大や新事業展開，技術力の強化が課題となっている。

　南足柄市は，富士フイルムに対する引き留め・再投資を積極的に促す一方で，販路開拓や新事業展開，技術力強化が求められている中小企業に対しては，そのような課題克服のための直接的な支援を行っていない。富士フイルムの再投資の波及効果により，中小企業への発注増加を期待するという間接的な支援にとどまっている。

　たとえば自動車工業の企業城下町であれば，部品を製造する下請中小企業の衰退は，中核企業の競争力低下に直結する問題となる。しかし，化学工業のような自己完結型生産体系の企業城下町では，中核企業のパフォーマンスこそが何より重要である。そのため，下請中小企業が地域経済においてもつ意味は相対的に低く，自治体の支援対象となりにくい。これは，宮崎県延岡市でも同様で，1990 年代後半以降，大企業の投資の促進が主眼に置かれている（外枦保，2007）。自己完結型生産体系の企業城下町では，構造的に中核企業の投資意向に左右されやすく，投資を呼びこむ地域間競争に巻き込まれやすいといえる。

5　企業城下町の課題と展望

　本章で取り扱った南足柄市は，1990 年代まで企業城下町であったし，富士フイルムの事業再構築以後もそうであるけれども，その意味合いは変わった。逆説的ではあるが，南足柄市は，自治体財政が悪化し企業城下町として危機的状況になったにもかかわらず，結局のところ，中核企業との結びつきを強め，企業城下町として生き残る道を選択したのである。この事例は，企業城下町からの脱却が容易でないことを物語っている。

　企業城下町の将来を考えると，中核企業に過度に依存し，企業業績に地域全体が左右されてしまう構造はリスクが高い。中核企業一社依存から脱却する方向を指向し，体質改善を図ることが望ましいと考えられる。常日頃からの，企業の技

術力強化・取引先拡大等への支援や，域外からの多様な企業の誘致が重要である。

　南足柄市の事例では，中核企業へのスピーディな対応が投資を引き付ける決め手の 1 つとなったことがわかった。今後，グローバル化の進展に伴う市場競争のさらなる激化によって，製品の**ライフサイクル**の短縮化がさらに進むことが予想されている。製品のライフサイクルの短縮化にあわせて企業組織を適時に再編するという企業の意向が，いっそう自治体政策に影響を及ぼすようになってきたことが，今日の自己完結型生産体系の企業城下町が有する特質の 1 つであると考えられる。

（外枦保大介）

注

1) 1962 年，富士写真フイルムと英国ランク・ゼロックス社は合弁会社「富士ゼロックス」を設立した。当初，製造を富士写真フイルムが，販売を富士ゼロックスが担当していたが，電子複写機「ゼロックス」の出荷量が急成長を遂げたため，1968 年に建設された富士写真フイルム竹松工場（現在の竹松事業所）は，1971 年に富士ゼロックスに移管された。2021 年に富士ゼロックスは，富士フイルムビジネスイノベーションに社名を変更した。

2) 『富士フイルム株式会社朝霞技術開発センター社会・環境レポート 2007 年版』による。

3) たとえば，2001 年におけるカラーフィルムの日本国内の市場シェアは，富士写真フイルム（当時）が 69%，コニカが 20%，日本コダックが 10% であった（シーエムシー出版『ファインケミカル年鑑 2003 年版』による）。

4) 日経産業新聞 2007 年 4 月 23 日付けによる。

5) 日経産業新聞 2005 年 9 月 2 日付けによる。なお，2018 年以降，富士フイルムの各工場は事業場へ名称を変更している（例：神奈川工場→神奈川事業場）。

6) フラットパネルディスプレイ材料研究所は，液晶用フィルム事業を手掛けていた産業材料部を「フラットパネルディスプレイ材料事業部」に格上げすると同時に新設された。

7) 神奈川新聞 2003 年 4 月 28 日付けによる。

8) 「インベスト神奈川」とは，神奈川県が 2004 年に策定した産業振興策であり，「神奈川の優れたポテンシャルである研究機関の集積を一層促進するとともに，こうした研究機関の集積を生かし，研究開発型企業や先端技術を活用した新たなものづくり産業の創出・集積を進める」（神奈川県，2004）ことを目的にしている。

9) N 社は南足柄市，開成町および山北町に 475 人，P 社は南足柄市，開成町に 200 人の従業者（いずれも 2007 年現在）を抱える企業である。南足柄市において富士フイルムと取引関係のある下請企業は，この 2 社を除いて従業者 100 人を下回る企業である。N 社は，安全協力会（運輸・環境部門）に所属しているが，P 社はそれに所属していない。

演習課題

①各社の『社史』をもとに，企業城下町の中核企業が，その都市にどのような生産
　設備，住宅，インフラ，文化・教育施設を整備したのか，調べてみよう。
②鉄鋼業の企業城下町である岩手県釜石市と，千葉県君津市との違いはどこにある
　のか，『市史』をもとに検討してみよう。

入門文献

1　日本人文科学会編（1955）：『近代鉱工業と地域社会の展開』東京大学出版会.
2　都丸泰助・窪田暁子・遠藤宏一編（1987）：『トヨタと地域社会－現代企業都市
　生活論－』大月書店.
3　岩間英夫（2009）：『日本の産業地域社会形成』古今書院.
4　松石泰彦（2010）：『企業城下町の形成と日本的経営』同成社.
5　中野茂夫（2009）：『企業城下町の都市計画－野田・倉敷・日立の企業戦略』筑
　波大学出版会.

　1は，日立市と安中市を事例に，鉱工業の展開と地域社会との関係を論じた研究
書。2は，豊田市を事例に企業と地域社会との関係を論じたもの。3は，日立市な
どを事例に企業城下町の形成過程を検討したもの。4は，釜石市を事例に日本的経
営の視点から企業城下町を分析したもの。5は，企業城下町の都市計画を比較検討
したもの。

第9章

自動車工業都市：三重県鈴鹿市

1 自動車産業と自動車工業都市

　自動車産業は，現代の日本の製造業において中心的な産業である。産業としての規模が大きいだけでなく，自動車生産にはさまざまな製造業が関連する。機械工業のみならず繊維，ガラス，プラスチック，鉄鋼などにも関連する総合産業である。そして，自動車メーカー自身で製造（＝内製）しているのは一般に30%ほどと言われ，70%ほどの部品などは外部から調達している [1]。いわゆる「自動車工場（＝完成車組立工場）」は，多くの素材メーカーや部品メーカーの工場と，日々結びついていることになる。

　そのため自動車産業が形成する空間構造としては，生産についてみれば，完成車組立工場を最終的な到着点として，多くの素材工場，部品工場，加工工場が，**ジャスト・イン・タイム**生産方式に適するように完成車組立工場の周辺に集積する工業地域を形成している。自動車工業都市として，その地域経済の特徴を考える場合，まずは完成車組立工場が立地している都市ということになるだろう。

　ここで1つ留意する必要がある。完成車組立工場が立地する地域には，多くの自動車関連工場が集積して立地していることは確かにそのとおりである。しかし，集積している範囲の工場との関係のみで成り立っているわけではない。完成車組立工場が立地する市町村内，都府県内のほかに，さらに遠方から供給される部品も多い [2]。自動車工業都市と呼ばれる地域の地域経済を考える際に，この点に留意する必要がある。確かに自動車工業都市における完成車組立工場の存在は，雇用の面においても取引の面においてもきわめて大きいものがある。一方，自動車の生産連関においては，完成車組立工場とその周辺の工場集積は存在としては大きいものの，ほぼ全体を占めるというわけではない。別の見方をすれば，自動車

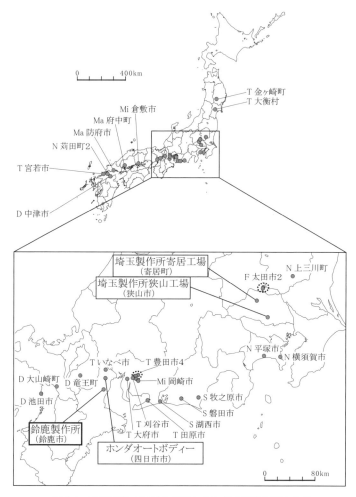

図 9-1　完成車組立工場の分布とホンダの四輪車組立工場

注 1：主に乗用車の完成車組立工場を示している。
注 2：所在市町村名の後ろの数字は同一市内に複数工場がある場合の工場数。
　　　所在市町村名の前のアルファベットは次の企業。
　　　T：トヨタ自動車とそのグループ企業（ダイハツ工業は後掲），N：日産自
　　　動車とそのグループ企業，S：スズキ，D：ダイハツ工業とそのグループ企
　　　業，Ma：マツダ，Mi：三菱自動車とそのグループ企業，F：Subaru
注 3：生産拠点名を示してあるものはホンダの四輪車組立工場である。
注 4：少量生産工場は示していない場合がある。
出典：各社ホームページより伊藤作成。

産業の影響は，完成車組立工場が立地する地域に限定されず，広範な地域に波及
効果があるということになる。

　まず，自動車工場（完成車組立工場）の分布をみてみよう（図 9-1）。主に乗
用車を生産している工場が国内には 33 工場あり 17 府県に立地している。都道府
県単位でみた場合に，工場数が多いのは，愛知県が 8 工場，静岡県，三重県，福
岡県が 3 工場，群馬県，埼玉県，神奈川県が 2 工場，岩手県，宮城県，栃木県，
滋賀県，京都府，大阪府，岡山県，広島県，山口県，大分県が 1 工場である。各
自動車メーカーの拠点地域からの外延的拡大と，それとは別に九州地方と東北地
方での新規立地がみられる。

　自動車工業都市，自動車産業の集積地としてみた場合，豊田市や刈谷市を中心
とする愛知県西三河地域が代表的である（図 9-2）が，西三河地域のように自動

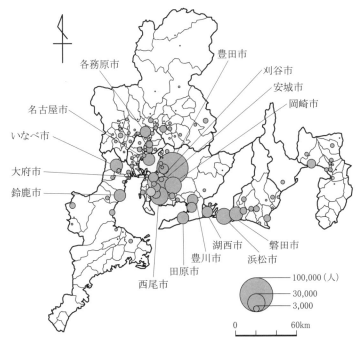

図 9-2　東海地方における輸送用機械従業者数の分布（2019 年）
注：輸送用機械のため航空機や鉄道車輌など自動車以外も含んで
　　いる。従業者数 4 人以上の事業所。
出典：各県の工業統計資料より伊藤作成。

車メーカーの本社，生産拠点，研究開発拠点，さらに主要部品メーカーもそろって集積している地域がすべてではない。既存の工業基盤がそれほどでもない地域に完成車組立工場の立地をきっかけとして形成された自動車工業都市も多い。本章では，およそ 60 年前に本田技研工業鈴鹿製作所が立地して以降，自動車工業都市として持続している三重県鈴鹿市を例として，自動車工業都市の地域経済について考えてみたい。

2　事例地域の概要

2.1　鈴鹿市の概要

鈴鹿市は，三重県北部にある人口約 19 万 6 千人（2020 年国勢調査）の工業都市である（図 9-3）。第二次世界大戦中の 1942 年に 2 町 12 村が合併して鈴鹿市

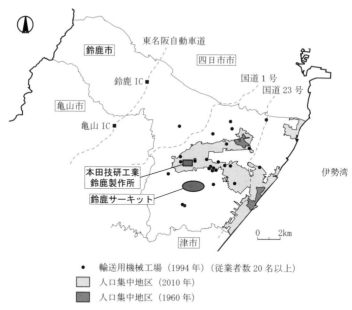

図 9-3　鈴鹿市概要（2014 年）と輸送用機械工場の立地（1994 年）
出典：通商産業大臣官房調査統計部編（1996）『1996 ～ 1997 年版　全国工場通覧』（日刊工業新聞社）より伊藤作成。人口集中地区は，国土数値情報「人口集中地区データ」（国土交通省）による。

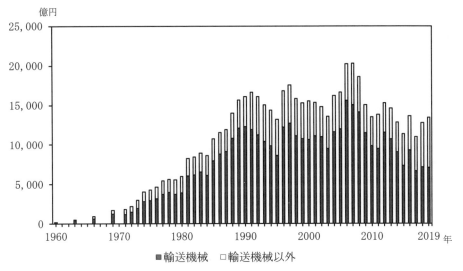

図 9-4　鈴鹿市における製造品出荷額等の推移

注：工業統計表の市町村編が発行された年について示してある。従業者数 4 人以上の事業所。
出典：『工業統計表』（各年版）により作成。2011 年と 2015 年は『経済センサス』による。

となった。戦時中は海軍工廠など軍需産業の拠点となった。戦後，その跡地に繊維産業や輸送用機械産業などが誘致され，工業都市として発展することとなった。2019 年の製造品出荷額等 3) は 1 兆 3,430 億円で，四日市市（2 兆 7,570 億円）といなべ市（1 兆 7,227 億円）に次いで県内第 3 位である。

　とくに，1960 年に操業を開始した本田技研工業鈴鹿製作所を中心とした自動車産業が発展した。図 9-4 は，1960 年以降の鈴鹿市の製造品出荷額等の推移を示している。全業種での出荷額をみると，バブル経済期の 1990 年頃までほぼ増加を続けた後は，数年ごとに増加減少を繰り返している。自動車産業を中心とした輸送用機械が占める割合は高く，1960 年代以降，60 数％～ 70 数％を継続しており，図 9-4 をみても輸送用機械の動向が鈴鹿市の製造業全体に大きな影響を与えている様子がわかる。1990 年代前半のバブル経済崩壊後の不況，2008 年のリーマンショック後の不況，2000 年代中頃の円安基調期の輸出拡大などを反映していると考えられる。しかし，自動車産業においては，地域内の工場で生産している車種の売れ行きや変更の影響も大きいと考えられる。

2.2　鈴鹿市周辺の製造業の特徴

　鈴鹿市がある三重県北部には製造業が盛んな都市がいくつもあり，それぞれに特徴がある（表 9-1）。

　鈴鹿市の北側にある四日市市は，三重県最大の工業都市であり石油化学コンビナートで知られるが，大規模な半導体工場があり，近年，電子部品・デバイスの製造品出荷額が最も大きくなっている。西側の亀山市は液晶パネルを製造するシャープ亀山工場が 2004 年に操業を開始し，電子部品・デバイスの構成比が高い。いなべ市は，近年，鈴鹿市よりも製造品出荷額等が多くなり四日市市に次ぐ規模になった。いなべ市ではトヨタ系車体メーカー完成車組立工場（トヨタ車体いなべ工場）が 1993 年に操業を開始し，トヨタ自動車向けのワンボックス車やミニバンなどを生産している。大規模な自動車部品工場も立地し，鈴鹿市以上に輸送機械が占める割合が高い。

表 9-1　鈴鹿市とその周辺地域における製造品出荷額の業種構成（2019 年）

鈴鹿市（13,430 億円）		いなべ市（17,227 億円）		桑名市（4,060 億円）	
業種	構成比(%)	業種	構成比(%)	業種	構成比(%)
輸送用機械	52.8	輸送用機械	83.1	はん用機器	18.4
電気機器	18.7	非鉄金属	8.0	電子部品・デバイス	16.3
プラスチック製品	5.2	窯業・土石	3.2	食料品	13.3
業務用機器	2.6	生産用機器	1.3	業務用機器	9.7
非鉄金属	2.4	プラスチック製品	0.9	鉄鋼業	9.7

四日市市（27,570 億円）		亀山市（9,573 億円）		津市（8,236 億円）	
業種	構成比(%)	業種	構成比(%)	業種	構成比(%)
電子部品・デバイス	31.4	電子部品・デバイス	37.5	輸送用機械	16.7
化学工業	29.4	非鉄金属	16.8	電気機器	11.9
石油・石炭製品	17.4	プラスチック製品	16.5	食料品	11.2
電気機器	3.7	輸送用機器	7.9	はん用機器	8.1
食料品	2.8	電気機器	5.1	金属製品	8.1

注 1：（　）内は全業種の製造品出荷額等。
　　2：従業者数 4 人以上の事業所。
　　3：鈴鹿市の 3 位以下，亀山市の 5 位，津市の 2 位以下には，秘匿値となっている業種が該当する可能性がある。
出典：『工業統計表』より作成。

2.3　本田技研工業の事業所立地

　自動車工業都市についてみる場合，その地域の視点からみると特定の完成車組立
工場の影響を強く受けることになるが，その完成車組立工場は，自動車メーカーの
国内および世界での生産体制の中で一部の機能を担っている。そのため鈴鹿市のこ
とをみる際にも，本田技研工業の展開と事業所配置を踏まえておく必要がある。

　本田技研工業は，終戦直後に浜松市で創業した。1949 年に二輪車の生産を開
始し，1963 年には四輪車にも参入した。四輪車への参入は後発であったが，特
徴ある自動車づくりで成長した。2020 年の国内生産台数と海外生産台数の合計
では，日本メーカーの中で，トヨタ自動車に次いで多かった。2020 年の国内生
産台数では第 5 位（84 万 3 千台：本田技研工業ニュースリリースによる。以下
同じ），国内販売台数では第 2 位（72 万 2 千台）であった。四輪車では世界第 7
位（中日新聞 2019 年 10 月 7 日付）の大手自動車メーカーであり，二輪車では
世界最大のメーカー [4] である。

　当初，浜松市で生産拠点を展開したが，創業してわずか数年しか経っていない
1952 年に本社を東京都中央区に移転した [5]。さらに数年後（1960 年）には，研
究開発部門を本田技術研究所として分離し，その拠点は現在の埼玉県和光市に置
かれた。

　生産機能については，初期段階は浜松市で始まったが，1950 年に東京工場（1952
年閉鎖），1952 年に白子工場（埼玉県大和町：現・和光市），1953 年に大和工場（埼
玉県大和町：現・和光市）が開設され関東地区で生産拡大を進めた。1954 年に
浜松市に葵工場（現・浜松製作所），1960 年に三重県鈴鹿市に鈴鹿製作所，1964
年に埼玉県狭山市に埼玉製作所を開設した。1976 年には二輪車生産拠点として
熊本県大津町に熊本製作所を開設した。1990 年には栃木工場（栃木県高根沢町）
でスポーツカーの「NSX」の生産を開始したが，少量生産拠点としての高根沢
工場での四輪車生産は 2004 年に終了し，その生産機能は鈴鹿製作所に移管され
た。近年，2009 年に埼玉県小川町にエンジン工場（埼玉製作所小川工場），2013
年には同じく埼玉県の寄居町に完成車組立工場（埼玉製作所寄居工場）を開設し
た。完成車組立については，自社での組立の他に生産を委託している部分があり，
1972 年から一時期，八千代工業 [6] 柏原工場（埼玉県狭山市），1985 年から同社
四日市製作所（2018 年からホンダオートボディー，三重県四日市市）で組立が

行われている[7]。

　本田技研工業の国内での拠点配置をみると大きく5つのまとまりがある。東京都心部，北関東地域，浜松地域，三重地域，熊本地域の5地域である。東京には本社があり，北関東地域（埼玉県・栃木県）では，四輪車の生産の他，研究開発，生産設備の開発・生産，そしてサーキットやホンダコレクションホールを有する「ツインリンクもてぎ」がある。創業地の浜松地域は現在オートマチックトランスミッションの生産拠点となっている。鈴鹿市も含まれる三重地域は乗用車（登録車）および軽自動車の生産拠点と「鈴鹿サーキット」[8]がある。そして熊本地域は二輪車の生産の拠点となっている。

3　鈴鹿市における製造業の展開と機能変化

3.1　鈴鹿市における製造業の展開：地域の視点からの展開・空間構造

　鈴鹿市が工業都市として成長していくきっかけとなったのは，戦時中に開設された軍工廠や軍需関連工場であった。鈴鹿市には鈴鹿海軍工廠，鈴鹿海軍航空隊，三菱航空機三重工場などがあった（鈴鹿市役所，1962）。戦後，軍工廠などは閉鎖され，広大な跡地は民間産業への転換が図られた。鈴鹿市では1950年に，全国最初といわれる工場誘致の条例（鈴鹿市工場設置奨励条例）が公布され（鈴鹿市教育委員会編，1989），1950年代には，いくつもの大規模な繊維工場が操業を開始した。繊維産業は，1970年代のオイルショックや円高の影響を受けて縮小した。1960年に本田技研工業鈴鹿製作所が立地したのも海軍工廠の跡地であった。

　その後，1970年には東名阪自動車道が一部開通し，市の西部に鈴鹿インターチェンジが設置された。市内には輸送用機械以外にも大規模工場としては食品工場，製薬工場，事務機器工場も立地した。本田技研工業も含めて主要工場の多くは市外の企業によるものである。

　鈴鹿製作所が操業を開始した当時，鈴鹿市周辺には自動車工業を支える関連工業は全くないという状況で，既にホンダの工場があった浜松地域や埼玉県にある協力企業に分工場による進出を要請した（大塚昌利，1994，pp.249-250）。鈴鹿製作所操業開始直後の1961年時点では，輸送用機械器具製造業は13工場にすぎ

なかった（鈴鹿市役所，1962，p.293）。大塚昌利（1994）は1980年代初期における鈴鹿製作所の生産体系を示している。それによると一次下請工場の多くは進出工場であった。空間的な広がりでみると一次下請工場（30工場）のおよそ半数は鈴鹿市内に，それ以外も亀山市や四日市市，関町（現・亀山市），安濃町（現・津市）など比較的近隣に立地していた。二次下請工場は鈴鹿市内にも多いが，四日市市や桑名市にも広がっていた。

　現在についてみると，鈴鹿市内には，燃料タンク，インストルメントパネル，バンパー，シートなど体積が大きい部品をはじめとして多くの工場がある。

　また，大型部品も近隣からの供給とは限らない面もある[9]。たとえば，軽自動車のエンジンやトランスミッションは，2000年代においては本田技研工業の熊本製作所で生産され，鈴鹿製作所や八千代工業四日市工場に供給されていた（本田技研工業広報発表2008年3月11日）。

3.2　本田技研工業における鈴鹿製作所の機能変化：企業の視点からの展開

　本田技研工業の生産体系の中での鈴鹿製作所の位置づけの変化をみてみたい。同社の主な生産拠点は，前述のように鈴鹿製作所の他，埼玉製作所，浜松製作所，熊本製作所があり，大きな枠組は30年以上継続しているが，生産内容については，その時その時の状況に柔軟に迅速に対応して，大きく変化してきている。

　鈴鹿製作所は1960年に二輪車製造拠点として生産を開始した。1967年からは四輪車の生産も始まり，1970年代，80年代を通じて二輪車と四輪車の両方を生産する拠点であった。

　1991年には二輪車生産が浜松製作所と熊本製作所に移され，鈴鹿製作所は四輪車のみの生産となった。本田技研工業の二輪車の生産は，さらに2008年には浜松製作所での大型二輪車の生産も終了し，熊本製作所に集約された[10]（本田技研工業ホームページによる）。

　一方，四輪車のうち軽自動車（＝届出車）の生産については，前述のように1985年から四日市市の八千代工業四日市工場での委託生産も始まった。そして2007年には軽自動車の生産が同工場に集約され，鈴鹿製作所は登録車のみの生産となった。2000年代に入っての円安基調もあり，この時期は輸出が増加しており，輸出向け生産への対応のためという側面もあると思われる。また，2004

年には，高級スポーツカーの「NSX」などを生産していた栃木製作所高根沢工場の少量生産機能が鈴鹿製作所に移された[11]。

　そして近年では，いったんは八千代工業に集約された軽自動車の生産について，2011 年から再び鈴鹿製作所でも始まった。軽自動車用エンジンの生産も熊本製作所から三重地区に移されることになった（日本経済新聞 2012 年 1 月22 日付）。2021 年秋の時点で，ホンダの軽自動車のうち，「N-BOX」，「N-ONE」，「N-WGN」，「N-VAN」が鈴鹿製作所で生産され，「N-VAN」と「S660」がホンダオートボディーで生産されている（本田技研工業鈴鹿製作所ホームページ，ホンダオートボディーホームページ）。

　ホンダの 2000 年以降の生産や販売の構成は大きく変化している[12]。リーマンショック前の 2007 年は 133 万 2 千台の国内生産に対して輸出は 70 万 7 千台であったが，2020 年は 73 万台の国内生産に対して輸出は 9 万 2 千台で輸出台数としては 7 分の 1 以下に減少した。現地生産の進展を背景に輸出が大きく減少している。国内販売についてみると 2020 年は 61 万 9 千台のうち，登録車が 29 万 4 千台，届出車（軽自動車）が 32 万 5 千台となり，台数としては届出車が半数以上を占めるようになった。

4　自動車工業都市の課題と展望

　自動車工業都市においては，完成車組立工場と関連企業の存在が大きいがゆえに，自動車産業に高い割合で依存することになるという，ほとんど避けることができない課題が存在する。一方で，自動車生産は，その地域内で完結しているのではなく広範囲から部品を調達している。この相互依存関係の非対称性という点が，自動車工業都市について地域経済の自立と競争力を考える場合に理解を難しくする点であり，一方で，自動車工業都市の今後を考えていく際の端緒になる部分でもある。

　そうした背景を持ちつつ自動車工業都市の地域経済は，自動車産業の動向とそれに対するメーカーの対応の影響を受けることになる。もう少し具体的には新興国市場の拡大のような市場動向，景気変動や為替変化，人口動向なども含めた社会経済環境の変化，あるいは自動車のさまざまな面での電化の進展のような技

術面での変化などに対する自動車メーカーの対応ということになる。自動車メーカーの対応としては，生産品目の変更であったり開発・生産体制の再編であったりする。

　そのような環境の中での方向性について，事例地域としての鈴鹿市を想定しながら考えてみる。

　まず，その地域での自動車製造を前提として持続していくための取り組みである。国内での自動車生産台数は，年によって変動はあるものの，大幅な減少が継続的に進むことは考えにくい。短期・中期的には一定量の生産規模は続くと考えられる。生産拠点の海外移転なのか，国内生産をある程度維持しながらの海外生産の拡大なのかによって意味は異なる。自動車産業以外の産業育成に取り組むことは必要だが，まずは，自動車工業地域として進歩していくこと，選ばれ続けていくことが必要である。現在取引があるということは優位なことであり，それを基盤とした展開が優先されるのがよいだろう。

　次に，部品工場，部品メーカーの充実・強化である。鈴鹿市にも多くの部品メーカーの工場があるが，その本社や研究所は多くない。完成車生産が漸減する場合にも，重要部品の輸出は増加を継続する可能性がある。近接立地する完成車組立工場のみを供給対象とするのではなく，他メーカーも含めた国内他地域あるいは海外への供給が拡大できれば継続性が高まる。海外展開している自動車メーカーは，一次サプライヤー段階での現地調達率を上げるだけでなく，二次サプライヤー段階まで含めてさらに現地調達を行う取り組みを進めている。しかし，ある程度の生産規模も必要になり，現地企業の状況もあるため，世界各地に展開している現地工場全体ですぐに実現するわけではないと考えられる。そのため日本からの自動車部品の輸出は中期的に継続すると考えられる。

　さらに鈴鹿市についてみるならば，自動車工業都市から自動車産業文化都市への展開が考えられよう。自動車産業のソフト化である。鈴鹿市には前述のように「鈴鹿サーキット」があり，レースが開催されるほか，乗り物をテーマとした遊園地，また宿泊施設もある。これらは，フォルクスワーゲングループが本拠地であるドイツのウォルフスブルクで運営している「アウトシュタット」（自動車の街）のような工場，博物館，ホテル，そして納車センターなどを連携させた場所を展開できる素材となりうるであろう。ソフト面も含めて，都市としての魅力を高め

ていくことにつながる可能性がある。

（伊藤健司）

注

1) 本田技研工業の場合，1988 年度において，製造原価に対する外注依存度は約 73%（四輪車・二輪車）であった（同社第 65 期有価証券報告書 p.22）。

2) 松橋公治（1982），友澤和夫（1990），藤井佳子（1992），小川佳子（1995），藤川昇悟（2001）などは，部品メーカーの工場が完成車組立工場の近くに多数立地していることと同時に，広範囲から調達されていることもあわせて示している。

3) 工業統計表による。対象は従業者数 4 人以上の事業所。以下同じ。

4) 2019 年の世界の二輪車生産台数は 5,336 万台であり，ホンダは 1,954 万台で 36.6% を占めて首位であった（日経産業新聞 2020 年 8 月 27 日付）。

5) 本田技研工業グループの事業所展開については，水野鏡治・杉村一夫編（1955），本田技研工業株式会社（1975），広報部・社内広報ブロック編（1999），本田技研工業有価証券報告書，本田技研工業ホームページ，八千代工業ホームページによる。

6) 主に本田技研工業向けの自動車部品メーカーであり，2006 年に本田技研工業の子会社となった。その後，本田技研工業から八千代工業への生産委託は 2018 年に終了した。四日市市の工場では，2018 年以降はホンダオートボディーとして引き続きホンダの軽自動車の一部を生産している。

7) 自動車（完成車）は，いわゆる自動車メーカーが自社工場のみで生産しているわけではない。たとえば，「トヨタ」ブランドの自動車でも，国内ではトヨタ自動車や同社の 100% 子会社であるトヨタ自動車九州，トヨタ自動車東日本（岩手工場，宮城工場），トヨタ車体（富士松工場，吉原工場，いなべ工場）の他，豊田自動織機（長草工場）などで生産されている。また，ダイハツ工業，Subaru でも共同開発車などが生産されている。

8) 1962 年開設。ロードサーキットの他，宿泊施設，モータリゼーション普及のための遊園地，交通教育センターなどがある（広報部・社内広報ブロック編，1999，pp.262-265）。本田技研工業の子会社であるモビリティランドが運営している。

9) 国内に限ってみてみても，トヨタ自動車はトヨタ自動車北海道（北海道苫小牧市）で生産したトランスミッションを，東北地方，東海地方，九州の完成車組立工場に供給している（トヨタ自動車北海道ホームページによる）。ダイハツ九州は，完成車組立工場の大分(中津)工場(大分県中津市)とエンジンやトランスミッションを生産する久留米工場(福岡県久留米市) との間が 100 km 以上離れている。

10) 国内での二輪車生産の縮小に合わせて生産拠点を集約した意味合いもあるが，浜松製作所ではオートマチックトランスミッションの生産を拡大しており，単なる縮小ではない。

11）本田技研工業有価証券報告書，日経産業新聞 2004 年 8 月 30 日付。
12）2007 年の数値は日本自動車工業会の資料による。2020 年の数値は本田技研工業ニュー
　スリリース（2021 年 1 月 28 日）による。

演習課題
①近年，完成車組立工場が新規立地した地域について，輸送機械工業の広がりがど
　のようにみられるか，工業統計表の市町村編により確認してみよう。
②タイヤ，カーエアコン，サンルーフ，シートベルトなど，関心を持った自動車部
　品について，それを生産するメーカーの日本国内における生産拠点を調べ，完成
　車組立工場の分布（142 ページの図 9-1）と比較してみよう。

入門文献
1　大塚昌利（1986）：『地方工業都市の地域構造』古今書院.
2　中村剛治郎編（2008）：『基本ケースで学ぶ地域経済学』有斐閣.
3　平岡昭利・野間晴雄編（2000）：『中部 I 地図で読む百年　愛知・岐阜・静岡・
　山梨』古今書院.
4　伊東維年・柳井雅也編（2012）：『産業集積の変貌と地域政策』ミネルヴァ書房.
5　福野礼一郎（2013）：『クルマはかくして作られる 4　レクサス LFA の設計と生
　産』カーグラフィック.

　　1 は浜松地域を事例に地方都市の工業の展開が示されている。2 の中では，自動
車産業が盛んな愛知県西三河地域を典型事例として，地方工業都市の特徴について
検討している。3 は，中部地方のさまざまな地域について，100 年という時間の流
れの中での変化が示されており，地域と産業との関わりがよく分かる。4 は，第 2
章で新興集積地九州における自動車部品の域内調達とグローバル調達が明らかにさ
れているほか，半導体産業などの集積についても紹介されている。5 は，自動車と
自動車部品の生産について多くの写真と解説により分かりやすく具体的に示されて
いる。素材から部品が形作られていく過程，1 台の自動車を生産するにあたりどの
ような工業が関連しているのかよく分かる。

第 10 章

分工場経済：山形県米沢地域

1　分工場経済論

　地方圏の経済は，高度経済成長後期から 1980 年代前半にかけて進展した工業の地方分散によって成長してきた[1]。最大の牽引役は労働集約的な部門を多くかかえていた電機・電子産業であり，複数立地企業の量産組立工程を中心とした立地展開であった。その帰結として，地方圏の各地に進出工場を中心とした，大小さまざまな地域的集積が形成され，農村部の地域開発とともに地域労働市場などに影響を及ぼしてきた[2]。

　こうした地方分散による工業化を経てきた地域経済において，重要な視点は立地単位と地域の関係である。**立地単位**とは，複数立地企業における事業所の組織的な特性を考慮に入れた概念である。地方圏における主導産業であった電機・電子は，管理部門と生産部門，研究開発部門と量産部門，製品組立工場と部品工場，などの組織的な機能分化が進み，既存工業地域である大都市圏を中心地域として，こうした機能分化が地方圏へ外延的に展開していく**階層的立地**（locational hierarchy）を特徴としていた。電機・電子企業の階層的立地において，各地の工場は製品別分業や工程間分業で組織的に結びついており，系列・グループ企業や下請などの協力企業群などと一体化した全国的な生産システムが形成され，**企業内地域間分業**として発展してきた[3]。言い換えれば，地方圏の経済を支えてきた電機・電子の各工場は，かつては全国規模，1990 年代以降はグローバル規模の生産システムの一分肢として位置づけられてきたといえる。そのため，地方圏に分散した工場立地の波及効果を考えるには，規模や生産品目だけでなく，工場の組織的位置や生産システムにおける機能をとらえることが欠かせない。

　立地単位の組織的な位置についてはマザー工場と分工場の対比が注目されてき

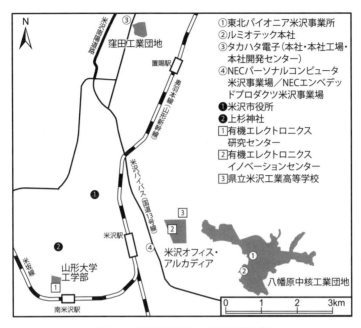

図10-1　米沢市概要図（古川智史作成）

た。**マザー工場**は製品の設計開発，試作，量産準備などの重要な機能を備え，他の生産工場への技術支援能力や展開能力をもつ工場をさす一方，**分工場**は投資や調達機能などの事業戦略に関わる意思決定権（間接部門）をもたない，自立性の低い工場をさす。それゆえ，分工場の立地地域では，経済環境の変化に対応する適応や内発的なイノベーションに制約があり，**分工場経済**（branch-plant economies）として問題視されてきた（Watts, H.D., 1981）。その理由は次の3点に集約される（宮本憲一ほか，1990）。①地域に意思決定機能をもたず，域外管理（external control）を受けるため，利潤の域内再投資が限定的である。その結果，波及効果が小さくなる。②企業内地域間分業として域外との連関は密である一方，域内の取引連関や地域内循環は発展しにくい。③分工場には低熟練低賃金の職場が多く，研究開発など知識労働の職場がないため，技術の移転効果は小さく，域内のイノベーション創発能力が低位にある。

　分工場経済はもともと1970年代のイギリスで観察された現象であり，日本に

おいても同様の観点から事例研究が蓄積されてきた[4]。そこでは，地方開発の文脈で**外来型開発**の問題点があげられ，地域内連関や波及効果の制約から内発的な地域経済への転換が困難であることが明らかにされてきた。しかし，工場の規模拡大に伴う機能高度化，企業組織の再編による工場の位置づけの変化，産学連携などによる新たな取引連関の形成など，分工場経済のステレオタイプな理解とは異なる経路も観察されるようになってきている[5]。このような背景にもとづき，本章では山形県米沢地域を事例として，電機・電子産業の進出による外来型開発から地域イノベーションを軸とした内発的発展への転換を取り上げ，分工場経済地域の発展可能性とその課題を考察する[6]。

2　米沢地域の概要

　山形県米沢市は，福島県と県境を接する山形県最南部に位置し，県境の東部には東北地方の背骨をなす奥羽山脈がそびえ，南部には吾妻連峰が連なっている。県内を貫流する最上川の源流域である吾妻連峰は，大部分が磐梯朝日国立公園に指定されており，四季折々の雄大な自然景観を特徴とする。米沢の奥座敷である小野川温泉のほか，吾妻連峰には古くから奥州三高湯の1つである白布温泉など豊富な温泉群があり，湯治場としての観光地の側面ももつ。市域の面積は 548.74 km^2 となっており，吾妻連峰の裾野に位置する米沢盆地に市の中心部が位置している。

　もともと上杉氏が歴代藩主を務めた城下町である米沢は，1889（明治22）年に市制が施行され，山形県内では県庁所在地である山形市と並ぶ市制の歴史を有するとともに，日本で最初に市制を施行した全国39都市のなかの1市である。城下町の歴史をもつ米沢は藩政時代より交通の要衝であり，現在においても山形県の南北を縦断して秋田市と福島市を結ぶ大動脈である国道13号と，福島県会津地方を縦貫して米沢市と栃木県益子町を結ぶ国道121号線，長井方面に至る国道287号線の結節点に位置する。また，2017年11月には，東北中央自動車道の福島大笹生ICと米沢北IC間が開通し，高速道路によって他都市との時間距離が大幅に短縮した。鉄道に関しては，市制施行10年後の1899（明治32）年に奥羽本線が開通した。起点である福島駅から米沢駅までの区間は難所としても名高い板谷峠を越える。1992年には福島駅から米沢駅を通り山形駅に至る，新在直通

方式のミニ新幹線として山形新幹線が開通した。これにより米沢は東京から 3 時間ほどで結ばれることとなった。

　山形県の一般的な地域区分は，山形市を中心とする村山地域，酒田市と鶴岡市の位置する日本海側の庄内地域，最上川中流域に広がる最上地域，米沢市を中心とする置賜地域に分類される。このうち，置賜地域は米沢市を中心に南陽市，長井市，高畠町，川西町，小国町，白鷹町，飯豊町の 3 市 5 町から構成される。置賜地域の全人口は 201,846 人（2020 年国勢調査）であり，村山地域（約 62 万 7 千人），庄内地域（約 26 万 3 千人）に次ぐ規模である。また，都市雇用圏（Urban Employment Area）でみると，置賜地域は米沢都市圏（約 11 万 8 千人），長井都市圏（約 5 万 7 千人），南陽都市圏（約 3 万人）に分けられる。米沢都市圏は米沢市，川西町，高畠町から成り，長井都市圏は長井市，小国町，白鷹町，飯豊町から構成され，南陽都市圏は南陽市の単独である。

　米沢市の人口は，多くの地方都市と同様，減少傾向が続いている。2010 年の国勢調査では 89,401 人であり，2000 年までの過去 40 年間で人口はほぼ横ばいで推移してきたものの，2000 年に比べると 2010 年は約 6,000 人の減少を記録，直近の 10 年間で約 6％の人口減となった。人口構造でみると，1970 年をピークに幼年人口と生産年齢人口が減少しており，他方 65 歳以上の老年人口の比率が上昇している。高齢者の割合は 2010 年には全国平均を上回る 25％超となっており，少子高齢化が進んでいる。2020 年の国勢調査では 81,252 人であり，2010 年の 89,401 人から約 7,000 人の減少となった。県内の人口規模でみれば，山形市（約 25 万人），鶴岡市（約 12 万人），酒田市（約 10 万人）に次いで米沢市は県内第四位である。

3　外来型開発から内発的発展へ

3.1　米沢地域の産業構造

　米沢地域では長らく織物業が主要産業であった[7]。1767（明和 4）年に米沢藩第十代藩主となった上杉治憲（藩主隠居後の号は鷹山）が藩財政の建て直しのための殖産興業策として，当時の先進地であった越後（新潟県）の小千谷から導入した絹織物業がその端緒である。「米織」と知られる米沢織物業は，自然の染料

を活かした草木染めによる先染を特徴とし，養蚕による製糸から意匠，染色，製織など多くの関連工程を地域内で行ったことから，関連業種も含めた集積が米沢地域の経済を支えてきた。高度経済成長期以降，主力であった小巾の需要減少や，安価な輸入品の流入などによって次第に衰退することとなり，1980 年代以降には洋装化に対応した広巾を主力品とするものの，衰退傾向は一層顕著になっている。

　織物業に代わって，1970 年代後半以降，電機・電子産業を主力とする機械工業が米沢地域の主力産業となった。こうした産業構造の変化には，疎開工場の成長と工業分散化政策の一環として全国各地に工業団地が造成され，積極的に企業誘致が行われるようになったことが背景にあった。とくに，工業再配置促進法に基づく全国第 1 号の中核工業団地として，地域振興整備公団（現（独）中小企業基盤整備機構）により造成された「米沢八幡原中核工業団地」をはじめ，米沢南，窪田，東松原の 3 カ所に農工団地が建設され，それらの内陸型工業団地を受け皿として域外資本である在京の大手電機・電子メーカーの関係会社などが多数立地することとなった。こうして電機・電子産業の分工場経済が形成され，その後の米沢地域の経済を支えてきた。

　1980 年代に入ると，域外から進出した誘致企業と疎開工場から成長した地元企業との交流を促すための組織として，米沢電機工業会（通称，工業会），米沢市電子機器・機械工業振興協議会（電振協）などが複数設立され，民間企業間の多層的なネットワークが全国的にも注目された[8]。1990 年代に入ると，電機・電子産業の海外進出などによる国内生産規模の減少によって当該地域の従業者数も縮小傾向となった。その中で，米沢市に立地する山形大学工学部の城戸淳二氏を中心に有機 EL の研究開発で全国的に脚光をあび，2000 年代に入ってから山形県の「有機 EL バレー構想」の中心地として米沢地域は期待されるようになった。かつての分工場経済から地域イノベーションの先駆的な事例として，電機・電子産業の地域的な集積を基盤として，次世代技術の実用化に向けた産学官連携が活発化している。

3.2　地域産業構成の変化と現状

　米沢市の産業別人口をみると，全国比で第 2 次産業のウェイトが高く，地域経済は製造業が中心であることが読み取れる（図 10-2）。1960 年から 10 年単位

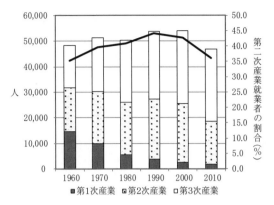

図 10-2　米沢市の産業別人口の推移

出典：『国勢調査報告』各年版により作成。

表 10-1　米沢市の工業の推移

	1960	1971	1980	1990	2000	2010	2019年
事業所数	602	614	582	549	410	287	242
従業者数（人）	12,769	14,137	13,627	17,623	14,804	12,924	10,650
製造品出荷額等（百万円）	9,895	43,564	134,503	373,362	661,750	819,935	586,537

出典：『工業統計表（市区町村編）』により作成.

で推移をみると，就業者数のピークは 2000 年の 54,008 人であり，2010 年には
7,160 人の減少となっている。とくに，第 2 次産業の就業者数の減少幅が大きく，
2000 年の 23,069 人から 2010 年には 16,952 人となっており，直近の 10 年間で約
26.5％の減少率を記録した。産業別人口比率でみると，第 2 次産業の比率は 1980
年には 40％を超え，1990 年には 44.2％に達したが，そこをピークにしてその後
の 20 年間で 36.2％まで比率が下がっている。

　工業統計表による米沢市の工業推移は表 10-1 で示した。事業所数のピークは
1971 年の 614 であり，その後減少しているものの，従業者数は 1990 年まで増加，
その後減少している。他方，製造品出荷額等では 1960 年〜 2010 年まで右肩上が
りであり，2010 年には約 8,200 億円に達した。ところが，2010 年代に大幅に減少し，
2019 年には約 5,800 億円になった。事業所数と従業者数の変化をあわせて考察す
ると，事業所単位の従業者数と製造品出荷額等の規模が拡大しており，地域経済

表 10-2　米沢市における製造業業種別事業所数・従業者数・出荷額の変化

		1960	1971	1980	1990	2000	2010	2019年
事業所数	食料・飲料	34	45	52	51	41	39	27
	繊維	441	385	280	203	123	69	53
	木材・紙・パルプ	63	74	62	41	29	23	18
	化学	0	3	5	22	23	16	16
	金属	9	17	24	32	28	31	23
	一般機械・精密機械	18	12	32	36	51	42	47
	電気機械	3	26	62	93	67	34	30
	輸送用機械	0	4	2	5	4	3	4
	その他	34	48	63	66	44	30	24
	合計	602	614	582	549	410	287	242
従業者数	食料・飲料	582	707	729	797	719	799	770
	繊維	8,390	6,131	4,406	3,631	1,992	1,214	1,009
	木材・紙・パルプ	766	1,163	1,025	873	619	385	322
	化学	6	0	50	670	584	623	732
	金属	438	240	362	811	837	1,293	1,006
	一般機械・精密機械	679	812	1,018	1,338	1,872	1,945	2,207
	電気機械	784	2,425	4,177	8,011	6,748	5,433	3,321
	輸送用機械	0	68	0	67	57	45	66
	その他	1,124	2,591	1,860	1,425	1,376	1,187	1,217
	合計	12,769	14,137	13,627	17,623	14,804	12,924	10,650
製造品出荷額等（百万円）	食料・飲料	1,462	3,289	6,775	10,260	11,728	14,849	18,183
	繊維	5,497	16,500	29,509	33,163	20,868	10,631	8,194
	木材・紙・パルプ	465	4,048	10,294	12,838	10,029	6,177	7,331
	化学	2	0	212	16,983	18,876	13,435	18,701
	金属	365	498	4,594	13,404	16,725	44,717	35,011
	一般機械・精密機械	475	1,570	7,353	25,297	42,770	35,196	45,973
	電気機械	717	10,625	57,518	243,533	500,004	639,533	415,687
	輸送用機械	0	79	0	741	665	483	548
	その他	913	6,955	18,249	17,143	40,086	54,914	36,910
	合計	9,895	43,564	134,503	373,362	661,750	819,935	586,537

注：秘匿とされた業種の数値は「その他」に一括している。
食料・飲料…食料品製造業，飲料・飼料・たばこ製造業
繊維…繊維工業（衣服，その他の繊維製品を除く），衣服・その他の繊維製品製造業
木材・紙・パルプ…木材・木製品製造業（家具を除く），家具・装備品製造業，パルプ・紙・紙加工品製造業
化学…化学工業，石油製品・石炭製品製造業，プラスチック製品製造業（別掲を除く），ゴム製品製造業
金属…鉄鋼業，非鉄金属製造業，金属製品製造業
一般機械・精密機械…一般機械器具製造業，はん用機械器具製造業，生産用機械器具製造業，業務用機械器具
　　製造業，精密機械器具製造業
電気機械…電子部品・デバイス・電子回路製造業，電気機械器具製造業，情報通信機械器具製造業
輸送用機械…輸送用機械器具製造業
その他…出版・印刷・同関連産業，なめし革・同製品・毛皮製造業，窯業・土石製品製造業，武器製造業，そ
　　の他の製造業
出典：『工業統計表（市区町村編）』各年版により作成.

における一部大手電機・電子メーカーの地域的な「寡占」が進んできた点が示唆される。

　また，置賜地域（米沢市，長井市，南陽市，高畠町，川西町，小国町，白鷹町，飯豊町）の産業中分類別にみた特化係数（対全国）をみると，最も特化係数が高いのは，情報通信機械器具製造業の16.52であり，次いで窯業・土石製品製造業の2.63，電子部品・デバイス製造業の2.53など当該地域を支える電機・電子産業関連の特化係数が高くなっている。また，かつての主要産業であった繊維工業が現在においても特化係数で1.61で，米沢地域において産業構造の変化によって電機・電子産業が中心となった現在においても，米沢織物業の脈々とした歴史が続いており，こうしたものづくりの伝統のうえで米沢地域の工業が成り立っていることを物語っている。なお，産業中分類別でみた米沢市の工業では，製造品出荷額等において電気機械器具製造業が圧倒的な割合を誇る（表10-2）。1980年以降の製造品出荷額等の伸びは電気機械によるものであり，大手電機・電子メーカー数社の生産規模が拡大したことによる。

3.3　産業団地と主要企業の立地

　米沢の工業中心地は米沢八幡原中核工業団地である。1978年より分譲が開始され，工業団地別の製造品出荷額等で山形県第1位，東北第4位を誇り，2012年時点の分譲率は90%を超え，57社が立地している（未操業社3社を除くと操業企業は54社）。工業団地の総面積は384 haであり，うち工場用地は153 haの規模に及ぶ。団地内の従業者数は約4,000人弱であり，従業者規模で200人を超える主な立地企業としては，東北パイオニア，SUMCO，サクサテクノ（元・田村電機），AGCディスプレイグラス米沢（旭硝子の100%子会社），米沢電線，日本インテグリス（半導体関連外資），などがあげられる。

　もう1つのインダストリアルパークとして米沢オフィス・アルカディアがある。「地方拠点法」にもとづき，東京大都市圏に集中している事務所や研究機関等の業務施設（オフィス）を地方に移転することを目的とした「受け皿」で地域振興整備公団（現（独）中小企業基盤整備機構）により造成された。2000年より分譲が開始され，2013年現在で42区画のうち10区画が分譲されている。しかし，全国的に地方圏の機能高度化を目指したオフィス・アルカディア構想は，

米沢地域だけでなく他地域においても空き地が目立っており，地方圏における知識労働の集積が進んでいないことを示唆している。

　米沢地域の電機・電子産業においては，地元で「大手6社」と呼ばれる企業が大きな影響力を有してきた。それらは疎開工場を起源とする米沢電線，田村電機（現・サクサテクノ），NEC米沢（現・NECパーソナルプロダクツ，NECエンベデッドプロダクツ），企業誘致策によって進出してきた明電通信（現・シワードテクノロジー），日立米沢（ルネサス北日本セミコンダクタ米沢工場），東北パイオニアの6社である。これら6社は現在の会社名が変更していることからも示唆されるように，1990年代以降，親会社の業績悪化や事業再編などの影響を受け，出資関係などが変化してきている。これら6社に加え，当該地域に立地する「大手企業」の多くは域外に本社や管理機能を有する分工場であり，子会社・下請企業への波及効果や企業間関係の域内の発展については限定されたものであった[9]。こうした分工場経済を基本的な性格とする米沢地域において，2000年代以降に有機EL技術を軸として次世代産業の育成でブレークスルーを目指す動きとして，有機ELバレー構想が注目されている。

3.4　有機ELバレー構想と米沢モデル

　2003年から山形県が主体となって「有機エレクトロニクスバレー構想」が立ち上がった[10]。もともと日本の有機エレクトロニクス分野では世界的な研究成果を発信してきており，有機ELバレー構想の契機となったのは山形大学工学部の城戸淳二教授らの世界初となる有機EL白色照明の開発である[11]。山形大学工学部のある米沢市に有機エレクトロニクス研究所（以下，有機エレ研）を設立し，2003年11月から2010年3月までの7年間で約50億円弱を県が補助した。基礎研究および要素技術開発のうえで有機エレ研の果たした役割は大きいものの，地元産業界から事業化までは山形県が支援すべきとの声を受け，2010年7月には有機エレ研の成果を県内企業へ還元することを目的に，財団法人山形県産業技術振興機構の下部組織として産学官連携有機エレクトロニクス事業化推進センター（以下，事業化推進センター）が設立された。その後，2013年4月には再び山形大学との連携を強化する形で，米沢オフィス・アルカディア内に「有機エレクトロニクスイノベーション推進センター」として改組された。

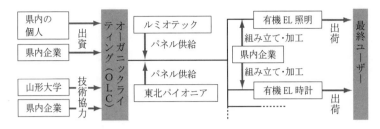

図10-3　有機 EL の事業化における「米沢モデル」
出典：日本経済新聞地方経済面（2010 年 8 月 24 日付）

　米沢地域では，他地域に比べて米沢電機工業会をはじめとする民間企業間のネットワークが多層的に構築されており，有機エレ研設立後は山形大学工学部を中心とした産学官連携の効果的な媒介として機能した。たとえば，有機エレ研の研究成果を事業化すべく，共同研究を進めてきた三菱重工業，ローム，凸版印刷等が出資して 2008 年 5 月に「ルミオテック」が設立され，2009 年 6 月には城戸教授や地元企業のタカハタ電子などが出資して大学発ベンチャーである「オーガニックライティング」社を設立，域内で有機 EL 照明の要素技術の開発生産を進める「米沢モデル」が構築されつつある（図 10-3）。また，事業化推進センターでは有機 EL 関連分野で今後事業化を目指す県内企業等の研究会組織である「OELD ヤマガタ」を主催している。2013 年現在，会員数は 85 団体であり，うち県内企業が 75 団体，置賜地域内企業が全体の 4 割を占め，地元での有機 ELへの期待は高い。有機 EL 照明はまだ市場が本格的に成長しておらず，カーオーディオ表示用有機 EL パネルを 1997 年から生産している東北パイオニアをはじめ，ルミオテックやオーガニックライティングなどほとんどの企業では，十分な利益が出ていない状況である。こうした市場の萌芽期においては，国や県など公的支援のもたらす中長期的な効果は大きい。

　有機 EL の事業化に向けた産学官の取り組みでは，とくにルミオテック社が注目されている。域内の研究開発をベースに誕生した地元のベンチャービジネスであるとともに，世界初の有機 EL 照明専業会社であるからである [12]。ルミオテックの特徴は，まずそれぞれ主要 4 社の強みを融合させた異業種連携にある。三菱重工業は広島製作所で内製した高効率連続真空蒸着技術を織り込んだ製造装置を提供し，ロームはデバイス技術として照明に適した有機 EL 素子製造技術による

素子開発，凸版印刷は高度な光取り出し技術を用いた成膜後のパネル仕上げ，三井物産はマーケティングの支援，とそれぞれの優位性を融合させている。これらの連携のもと，高効率で高速の大型リニア蒸発源式インライン成膜装置を中核とし，8 時間稼働で年間 6 万枚（150 mm 角のパネル換算）の生産能力を有する。素子構造は高輝度化と長寿命化を両立させる MPE（Multi Photon Emission）方式であり，MPE の特許は日本をはじめ，欧州，米国，韓国，台湾，中国の 6 カ国・地域で出願・登録されている。

　しかし，有機 EL 照明の用途はまだ一部に限られており，地域発のイノベーションとしてはまだ十分な規模に達していない。課題は製造コストであり，LED に比べると価格差は 10 倍ほどある。そのため，専門的な需要にとどまっており，本格的な市場の成長を待つ段階にある。生産活動による地域への波及効果は限定的である。他方，「有機 EL バレー構想」や「米沢モデル」の象徴的企業であるルミオテック社が拡大基調であることにより，地域内の企業へ大きな「顕示」的な効果がある。たとえば，地元の旅館や団体・企業などがコスト度外視で有機 EL 照明を導入する動きなどは，こうしたルミオテックの「頑張り」に触発された面が大きい。産学官連携から地域社会を巻き込んで，中長期的に大きな波及効果になる可能性を有している。

4　地域経済の展望と課題

　米沢の特産品として「ABC」といわれることがある。A は舘山林檎（Apple）で主に「ふじ」が有名であり，B は日本三大和牛の 1 つといわれる米沢牛（Beef），C はタンパク質不足を補うために導入された米沢鯉（Carp）を指す。こうした古くからの伝統が息づく米沢地域において，現代では ABC に次いで DE がこの地域の主力になるかどうかが問われている。D は山形大学工学部を中心とした産学官連携による開発（Development）であり，E は電機と有機エレクトロニクスの E である。1970 年代より電機・電子の分工場が進出し，外来型開発によって米沢地域は発展してきた。その後，全国的な電機・電子産業の再編と縮小のなかで，これまで蓄積してきた地域的集積の強みを活かして，新たな地域発のイノベーションへと産官学連携が進んできている。産官学連携によって一定の製品

開発に成功し，ルミオテック社や大学発ベンチャーであるオーガニックライティング社など新たな産業の芽吹きが出てきている。それを支える OELD ヤマガタなど地域内の企業間ネットワークも米沢地域の特徴といえる。

　一方，依然として米沢地域は電機・電子産業のウエイトが大きく，内発的発展の駆動力として期待される有機 EL バレー構想は未だ途上である。有機 EL は映像ディスプレイ用でようやく市場が立ち上がったものの，有機 EL 照明の市場は未発達である。世界初の専業会社であるルミオテックも親会社からの出資に依存している状況で，パネルの受発注に伴う部材の調達なども域内では小さい規模にとどまっている。こうした先端的な要素技術の事業化には域内外の企業間連携と公的な支援が欠かせない。内発的発展に向けて米沢地域のシーズを事業化していくには，研究開発と市場開拓の「谷間」をいかにつなぐかが重要である。公的支援の規模もさることながら，山形県が 7 年間で総額 50 億円を補助した後，一旦打ち切ったように，費用対効果の面で中長期的な公的支援には困難が伴う。歴史的に形成されてきた地域的集積の強みを活かして域内の「ドミノ効果」を引き出す方途が，産業，政府，大学のそれぞれに求められている。

（近藤章夫）

注
1) 工業統計表によれば，1970 年の製造品出荷額では三大都市圏（東京，大阪，名古屋）は 90.7％を占めていたのに対し，その他地方圏は 9.3％にすぎなかった。1985 年になると，三大都市圏は 78.6％に下がる一方，その他地方圏は 21.4％に上昇した。従業者数においても，1970 年ではその他地方圏は 16.0％であったが，1985 年には 28.8％となり，地方圏への分散が顕著となっていた。
2) 工業の地方分散による地域経済への影響については，安東誠一（1986）が包括的に論じており，経済地理学の成果としては末吉健治（1999）や友澤和夫（1999）などが代表的である。
3) 電機・電子企業の立地展開と地域間分業の形成過程については，近藤章夫（2007）を参照のこと。
4) 分工場経済の問題点や日本における動向をまとめた論考としては，松橋公治（1988；1990）が参考になる。
5) 1980 年代後半からはイギリスの景気回復ともあいまって，分工場経済を再評価する動きも一部にあった。Phelps, N.A.（1992）はフレキシブルな生産システムへの適応のなか

で，イギリス南東部において地域内だけではなく空間的に分散したネットワークの結合
による分工場経済の新たな展開を論じ，また Potter, J.（1995）や Pike, A.（1998）もイギ
リスの分工場経済がフレキシブルな連関構造を有していることを明らかにして，内発的
な地域発展へ結びつく可能性を論じた。日本においても Yamamoto, K.（1992）が山形県
における分工場の発展する可能性について論じた。ただし，藤川昇悟（2001）は分工場
を主要な構成要素とする地域的集積において波及効果の弱さを指摘している。

6）内発的発展論の観点から地域経済を体系的に論じたものとして，宮本憲一ほか（1990）
　や中村剛治郎（2008）などがある。なお，内発的発展論は地方財政論や自治体経済をベー
　スに議論されてきた歴史がある。

7）米沢商工会議所（1998）によると，明治以来の米沢市は米沢織物（米織）を基幹とする
　工業都市の性格をもって推移してきたという。1954 年時点でも，米織関連の紡織業が圧
　倒的ウェイトを占めており，米沢市の工業全体に対する紡織業の割合は工場数で 66.1%，
　従業員数で 70.0%，出荷額で 64.5% を占めていた。米沢地域の工業化の歴史については，
　日本政策投資銀行東北支店（2003）が詳しい。

8）米沢市の企業間ネットワークについては，福嶋　路（1999），松橋公治（2002），末吉健
　治（2002）などを参照。

9）たとえば，同じ山形県内に進出した山形日本電気（現・ルネサス山形セミコンダクタ）
　は 1964 年に当地に進出したが，これは日本電気（NEC）の地方進出工場の先駆けであっ
　た。日本電気は企業内地域間分業モデルの代表的企業であり，こうした「地方日電」の
　多くは製造子会社に特化し，低廉な労働力を活用してきた。さらに地方日電の分工場や
　衛星工場が周辺に立地し，米沢地域においても NEC 系の協力工場群がみられた（山形日
　本電気，1984）。こうした分工場を軸にさらに協力工場や衛星工場が周辺に立地すること
　で，組織的な系列化がみられ，農村の地域労働市場に影響を及ぼしていった（末吉健治，
　1999）。

10）有機 EL を中心にした産官学連携の経緯と地域イノベーションへの課題については野澤
　一博（2011）が詳しくまとめている。また有機 EL の開発史については城戸淳二（2003；
　2013）が興味深い。

11）有機 EL の EL とは「Electro-Luminescence（エレクトロ・ルミネセンス＝電界発光）」
　の略で，電流を流すと光る性質をもつ物質（発光体），もしくはその構造体をいう。有機
　EL はその発光体が炭素を含む化合物（有機物）であり，無機の発光体である LED（発光
　ダイオード）とは材料とその構造が異なる。LED に比べると，有機 EL 照明は面光源で
　あり（LED は点光源），発熱が少なく蛍光灯のようなちらつきも気にならない。また太陽
　光のスペクトルに近いため演色性が高く，眼に優しいという特徴をもつ。

12）ルミオテックの資本金は設立当初，14 億円（うち資本準備金 7 億円）であったが，
　無借金経営のため毎年増資を行っており，2013 年 2 月現在で 31.7 億円（払込資本 63.5

億円）に至っている。株主（出資比率）は，三菱重工業（51%），ローム（34%），凸版印刷（9%），三井物産（5%），城戸淳二（1%未満），となっており，過半数を所有する三菱重工業の出身である重永久夫氏が代表取締役社長を務める。従業者数は 2013 年現在で 55 名であり，うち男性 42 名，女性 13 名，平均年齢は 42 歳である。地元で雇用した従業者が 26 名となっており，従業者規模は小さいものの，当社は積極的に地元から雇用する姿勢をもっていることも期待されている理由の 1 つである。

演習課題

①日本の分工場経済地域を取りあげ，立地企業の歴史や現状を把握し，課題と展望を考えてみよう。

②地域の内発的発展につながるような地域資源やシーズについて具体的事例を探し出し，今後の可能性を調べてみよう。

入門文献

1　安東誠一（1986）：『地方の経済学－「発展なき成長」を超えて』日本経済新聞社.

2　山川充夫編（2014）：『日本経済と地域構造』原書房.

3　辻　悟一編（1999）：『変貌する産業空間』世界思想社.

4　藤本隆宏・柴田孝編著（2013）：『ものづくり成長戦略－「産・金・官・学」の地域連携が日本を変える』光文社新書.

5　Massey, D.（1995）: *Spatial Divisions of Labour: Social Structures and the Geography of Production, Second edition.* London: Macmillan Press. ［マッシィ著，富樫幸一・松橋公治監訳（2000）：『空間的分業－イギリス経済社会のリストラクチャリング』古今書院］.

　1 は工業の地方分散について批判的に論じた名著。2 は第 5 章で米沢を取り上げ，地方工業地域の変容を検討している。3 は滋賀県の事例ではあるが，企業誘致と地域経済を体系的にまとめており参考になる。4 は地域の内発的発展について現場レベルでの事例が載っており，米沢地域も取りあげられている。5 はイギリスの空間的分業の特徴についてまとめられた専門書で，入門レベルを超えるが，分工場経済の理論と実際を理解する一助となる。

第 11 章

新興工業都市：長崎県諫早市

1　新興工業都市の特徴

　日本の製造業は，大都市を中心に立地・集積がみられてきたが，それ以外の地方都市においてもさまざまな産業が立地・集積してきた。明治〜昭和初期（第二次世界大戦終戦）まで，繊維産業や鉄鋼業，化学工業，電気機械工業などの発展が地方都市でもみられた（太田　勇ほか，1970a；1970b）。

　高度経済成長期以降も，工場の地方分散はみられ，**新興工業都市**[1] が形成された。新興工業都市は，以下のような特徴があったといえる。第 1 に，低廉な労働力を求めて，労働集約的な工場が地方都市に進出することが多く，研究開発部門や設計部門などの進出は少なかった。この結果，**分工場経済**による問題が発生することになる。第 2 に，大企業工場の雇用が多く，地域全体の雇用に占める割合も高い。大企業の業績により地域経済が左右されるため，この意味では企業城下町と同様の性格を持っているといえる。すなわち，地方にある 3 〜 5 万人程度規模の市町村は，表面上，農業を基盤にしているようにみえるものの，1970年代以降，誘致した特定企業の**企業城下町**を形成し，地域の雇用，税収の基盤としてきたのである（関　満博，1997）。第 3 に，産業集積の特性として，工場の地方分散が顕著であった電気機械工業では，大企業工場の単独立地にとどまることが多く，産業集積の形成にあまり至っていない。他方，部品メーカーの近接立地が重要な自動車・二輪車工業では，工場進出に伴って，地方でも産業集積の形成がみられた場合もある。また，新興工業都市の工場は，グローバルなサプライチェーンに組み込まれており，域内や周辺地域との工場との取引よりは，原材料の質・量や配送時間を勘案してグローバルに調達する方が一般的となっている。地域との関係は部分的にとどまっているともいえる。第 4 に，かつての企業

城下町では，企業が中心となり，社宅や学校，道路などを整備していたが，新興工業都市では，企業よりはむしろ地方自治体が，公営団地の建設や社会基盤の整備で主導的な役割を果たしている。第 5 に，新興工業都市の工場は，高速道路のインターチェンジや空港・港湾の近くなどに建設された工業団地に企業誘致されて立地したものがほとんどである。地方都市の中には，企業誘致を試みるものの，なかなか立地が進まず工業団地が塩漬けになったものも少なくない。

　1990 年代初めのバブル経済崩壊以降，多くの日本企業が新興国へ工場を進出するようになると，多くの新興工業都市では「**産業空洞化**」にさらされることになった。新興工業都市では，企業の経営戦略・業績に翻弄されやすく，増産から減産へ生産体制が大きく変動する場合もある。

2　事例地域の概要

　長崎県諫早市 [2] は，九州の北西にあり，長崎県の中央に位置する都市である。諫早市は，傾斜地の多い長崎県の中では比較的平坦地に恵まれ，また，JR 長崎本線等の鉄道や高速道路が市内を通り，長崎空港にも比較的近く，東京や福岡など大都市との交通アクセスにも恵まれた都市である（図 11-1）。

　1940 年に市制を施行した諫早市は，2005 年に，周辺の飯盛町・森山町・高来町・小長井町・多良見町と合併し，新設合併として，諫早市が成立した。

　諫早市の人口は，133,852 人（2020 年現在，国勢調査）であり，少子高齢化による人口減少が進んでいる。2015 年現在の諫早市と周辺市町との通勤流動をみると，流動量が多いのは，隣接する長崎市である。諫早市から長崎市への就業者数は 8,115 人であり，長崎市から諫早市への就業者数は 5,661 人である。これは，諫早市が県庁所在地長崎市のベッドタウンになっている一方で，長崎市居住者にとって製造業が集積する諫早市が就業の場にもなっていることを示している。

3　新興工業都市の形成・変容と課題

3.1　新興工業都市としての発展・変化

　諫早市は，もともと農漁業を中心とする地域であったが，工業団地の整備に

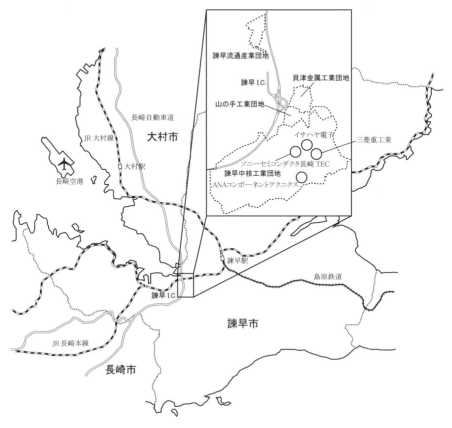

図 11-1　諫早地域における交通網・主要企業の分布（外杤保作成）

よって，製造業の立地が進んできた（表 11-1）。1960 年時点では，工場の立地は
少数で，食料・飲料工場が，市全体の工場数の 4 割を占めていた。すなわち，諫
早市の製造業は，農漁業と関連した食料品製造業を中心に存在していた状況で
あった。

　1962 年に，国の工場等集団化事業によって，企業体質の近代化・合理化を図
るべく，長崎市内から三菱重工業長崎造船所関連を中心として企業 20 社程度が
移転・集団化してきたものが，「貝津金属工業団地」である。次に，1973 年から
も貝津金属工業団地の南隣に「山の手工業団地」の造成が開始され，製造業者の

表 11-1　諫早市における工業団地の概要（2012 年現在）

名称	貝津金属工業団地	山の手工業団地	諫早中核工業団地	諫早流通産業団地
時期	1963年団地設立	1973年造成完了	1980年分譲開始	2009年分譲開始
全体面積	14ha	15ha	226ha	8.5ha
立地企業数	7社	32社	143社	6社
就業者数	約700人	約700人	約8,000人	約210人

出典：諫早市「諫早市の工業」(2012 年) により作成。

ほか，運輸業者や卸売業者が進出した。さらに，1980 年に，山の手工業団地の南隣に地域振興整備公団を事業主体として，「諫早中核工業団地」が分譲を開始した。この工業団地は，1982 年に至近距離にある長崎自動車道路の諫早 I.C が供用を開始したこともあって，企業立地が着実に進んできた。1985 年に三菱重工業長崎造船所の諫早工場が竣工し，1987 年にはソニー長崎および ANA 長崎エンジニアリングが設立され，1990 年には ANA エアロテック[3] が設立された。さらに最近では，2009 年に「諫早流通産業団地」の分譲が開始され，2012 年時点で6 社がすでに進出している。

　このような工業団地の整備の結果，1988 年に諫早市の製造品出荷額等は，佐世保市を凌駕し，長崎市に次ぐ県下第 2 位の工業都市となった（諫早市「諫早市企業誘致ガイド」2012 年による）。1990 年代以降，諫早市製造業の成長の原動力となってきたのが，電気機械工業である。2010 年時点では，電気機械工業の工場数は市総数の 1 割にも満たないが，従業者数では 3 割，製造品出荷額等では 6割を占めている。

　諫早市の製造業の中で，主要工場といえるのは次の企業である。まず，ソニーセミコンダクタマニュファクチャリング長崎テクノロジーセンター(以下，ソニー長崎 TEC という）である。当社の動向については，次項で取り扱う。また，三菱関連の企業である。市内に立地している企業としては，三菱重工業長崎造船所諫早工場，三菱長崎機工などがある。三菱重工業長崎造船所諫早工場は，「防衛機器の組み立てを行う工場と，太陽電池工場，ロケットや人工衛星用の姿勢軌道制御装置を製作する宇宙機器工場[4]」と紹介されている。また，長崎県諫早市に本社を置く半導体メーカーであるイサハヤ電子は，1973 年に三菱電機の出資を受け，小信号トランジスタを製造する協力企業として設立された企業である。

さらに，食品関連企業の立地も多く，日本ハムや福砂屋，たらみなどの工場がある。このほか，ANA の機材の補修・メンテナンスなどを行う ANA コンポーネントテクニクスが立地している。

3.2 中核工場「ソニー長崎 TEC」の動向

諫早市にとって，市内最大の工場は，ソニー長崎 TEC である。長崎 TEC の特徴を述べる前に，ソニーセミコンダクタマニュファクチャリングについて紹介しておこう。

ソニーセミコンダクタマニュファクチャリングは，表 11-2 にあるように，2001 年に，九州においてソニーの半導体生産拠点であった国分（鹿児島県），大分，長崎の 3 社を合併して設立された企業である（設立当初の企業名は，ソニーセミコンダクタ九州）。その後，熊本，白石（宮城県），東浦（愛知県），山形な

表 11-2　ソニーセミコンダクタマニュファクチャリングの沿革

1969年	ソニー白石セミコンダクタ(株)創立(宮城県白石市)
1973年	ソニー国分セミコンダクタ(株)創立(鹿児島県国分市，現・霧島市)
1984年	ソニー大分(株)創立(大分県国東町，現・国東市)
1987年	ソニー長崎(株)創立
1991年	ソニー国分セミコンダクタ(株)から、ソニー国分(株)に社名変更
2001年	九州3事業所(ソニー国分、ソニー大分、ソニー長崎)を統合し、ソニーセミコンダクタ九州(株)を設立。それぞれの事業所名を国分TEC，大分TEC，長崎TECに改称。 熊本TEC(熊本県菊池郡菊陽町)を設立
2004年	(株)ソニー・コンピュータエンタテインメントの「Fab」を、当社に統合(長崎TECに含む)
2006年	国分TECの事業所名を、鹿児島TECに改称
2011年	ソニー白石セミコンダクタ(株)を吸収合併。社名を，ソニーセミコンダクタ(株)に変更。 ソニー白石セミコンダクタ(株)の事業所名を，白石蔵王TECに改称。
2012年	愛知県知多郡東浦町にある(株)ジャパンディスプレイウェスト内に，東浦サテライトを新設 ソニーケミカル&インフォメーションデバイス(株)のラミネート基板の製造事業を会社分割(吸収分割)にて承継。根上サイト(石川県能美市)を新設。
2013年	ソニーセミコンダクタ(株)の本社所在地を熊本県菊池郡菊陽町に変更
2014年	ラミネート基板事業の収束に伴い，根上サイトを閉鎖 ルネサス(株)鶴岡工場を買収し，山形TEC(山形県鶴岡市)を設立
2016年	社名をソニーセミコンダクタ(株)からソニーセミコンダクタマニュファクチャリング(株)に変更 大分市に大分TECを新設。国東市にある工場の名称を大分TEC国東サテライトに変更。

出典：https://www.sony-semicon.co.jp/company/history/ より外枦保作成。

どにも生産拠点を広げた。2021 年現在の同社の生産拠点は，計 6 つのテクノロジーセンターと，2 つのサテライトから構成されている。長崎 TEC は CMOS イメージセンサーの開発・生産，熊本 TEC は CMOS イメージセンサー・ディスプレイなど映像デバイスの開発・生産，山形 TEC と大分 TEC は CMOS イメージセンサーの生産，鹿児島 TEC はアナログ LSI の開発・設計・生産，白石蔵王 TEC は半導体レーザーの開発・生産，東浦サテライトは有機 EL ディスプレイの生産と位置付けられている。これらのうち，山形 TEC はルネサス鶴岡工場（旧・山形日本電気）の買収，大分 TEC は東芝大分工場の一部編入によるものであり，変化の激しい半導体業界の現状を物語っている。

　ソニーが諫早に進出した契機は，もともと当地に立地していたフェアチャイルド社の工場をソニーが買収したことである。諸泉俊介（1995）によると，設立当初の従業員数は 230 人に過ぎなかったが，CCD チップ・組立の生産が開始されると，1991 年には社員数が 1,000 人を超え，1995 年時点で 1,609 人の社員数となっていた。

　その後，1990 年代後半以降は，プレイステーション向け CPU の生産拠点としても推移してきた。2008 年には，東芝に長崎テクノロジーセンター内，Fab 2 の 300 mm ウェーハラインの製造設備を譲渡するとともに，プレイステーション 3 にも使用されている高性能半導体 Cell Broadband Engine（Cell / B.E.）などを生産するための東芝，ソニー，ソニー・コンピュータエンタテイメント 3 社による合弁会社（長崎セミコンダクターマニュファクチャリング）が設立されるなどの経緯があった[5]。

　2010 年には，ソニー長崎 TEC では大規模な投資が行われた。ソニーのニュースリリース（2010 年 12 月 27 日付け）[6]によると，(i) 2008 年に譲渡した東芝の半導体製造設備の取得，および (ii) 当該半導体製造設備の一部を CMOS イメージセンサーが製造できるウェーハラインへ整備するための投資に加え，(iii) 長崎 TEC の Fab 3 における，ソニーの CMOS イメージセンサーの差異化にソニー独自の技術により貢献する，ウェーハ加工の一部設備などの設置・整備のための投資が実施された。今回の投資のうち主に (iii) に関して，経済産業省の平成 22 年度「低炭素型雇用創出産業立地推進事業」に基づく助成金が活用されている。この投資における金額は約 1,000 億円で，このうち 530 億円が東芝から

の買収額である[7]。この投資により，より感度の高い裏面照射型 CMOS イメージセンサーが増産されることになった。ソニー長崎 TEC のイメージセンサーに対する投資は，その後も続いており，2012 年 6 月[8] には更なる投資が発表された。この投資に対しては経済産業省の平成 23 年度「国内立地推進事業費補助金」が活用されている。

3.3　地域産業集積の特徴と課題

諫早市における主要企業に対応する関連・下請企業の状況は，以下のようにまとめられる。

第 1 に，ソニー長崎 TEC の関連・下請企業とみられる企業は，市内で 10 社程度にとどまるとみられる。諫早市内の企業との関連性というよりは，ソニーセミコンダクタ本社あるいはソニー本社を介して，ソニーの他地域の工場あるいは半導体メーカー・部材メーカーとの取引が多い[9] とみられる。ソニーグループの事業所配置を検討した青木英一（2000）は，「地元労働力を吸引し，地元との生産連関はできるだけ小さくし，各事業所は製品間分業あるいは工程間分業を行うという点において，ソニーはまさに『部分工程型企業空間』を形成している」と指摘している。ソニー長崎 TEC においても同様であり，サテライト的な分工場の性格が強いと考えられる。

ソニー長崎 TEC は半導体産業であるがゆえ，地域経済への影響は限定的である。半導体工業は装置型産業となっており，投資金額の多寡が雇用の増加にはつながりにくくなっている。また，カスタムオーダーメイドの半導体装置が必要になるため，「一品モノ」の装置を製作できる特定メーカーに発注せざるを得ず，地元企業へ優先的に発注できる状況にはない。建設業や配管業者など地元企業からの調達は，汎用的なものに限られている。

第 2 に，三菱重工業の関連・下請企業とみられる企業は，市内で 20 ～ 30 社程度存在するとみられる[10]。ソニー長崎 TEC と比べると三菱そのものの雇用は少ないが，貝津金属工業団地以来の歴史的経緯や，防衛機器・造船工業特有の裾野の広さが，ソニー長崎 TEC 以上の関連・下請企業の厚みをもたらしていると考えられる。長崎市は三菱重工業長崎造船所の企業城下町といわれることがあるが，いわば，諫早市はその「出島」のような構造になっているといえる。

　そのほか，食品工業や航空機関連工業の主要企業の関連・下請企業は少なく，雇用や産業集積という意味ではソニー長崎 TEC，三菱重工業がそれぞれ際立っている。

　諫早中核工業団地入居企業における地元企業との取引に関しては，「全般に高度な部材メーカーが多く，地元との取引はそれほど多くないという声もあった。イサハヤ電子のように，本社が団地内にあるが，海外向けの事業をやっていることから，地元取引がなかなかできないという企業もある」（日本アプライドリサーチ研究所，2009）。

　諫早市の製造業は，工場の閉鎖や縮小が相次ぐ日本の地方都市の中では，比較的良い状況で推移している。既存の貝津金属工業団地，山の手工業団地，諫早中核工業団地はほぼ埋まっている。また，諫早流通産業団地の分譲も，リーマンショックの影響で一時低迷したが，その後，着々と進んでいる。現時点では，主要工場の撤退に対する懸念もあまりないという[11]。

　諫早市では，2010 年から「諫早市工場等設置奨励制度」を設けている。この制度が開始された経緯として，市の人口減少が進む中において産業活性化策が求められていたこと，農村地域工業等導入促進法の改正により対応が求められたことがある。この制度では，企業誘致促進地区[12]において固定資産税の課税免除や特別奨励措置などが行われており，ソニー長崎 TEC の投資も適用対象になっている。

　諫早市の製造業の構造は，図 11-2 のようにとらえることができる。ソニー長崎 TEC は，工場単体では市内企業の中で格段に雇用数が多く，地域経済の核になっている存在である。しかし，市内の関連・下請企業は少数にとどまっている。もう 1 つの地域経済の核は，三菱重工業の存在である。三菱重工業諫早工場単体の雇用はソニー長崎 TEC と比べると少ないが，三菱重工業長崎造船所または同諫早工場の関連・下請企業はソニー長崎 TEC 以上に厚みがある。これら 2 つの核は，防衛機器・造船工業と半導体工業とが業種的に大きく隔たっていることもあって，それぞれ独立して存在している。これら以外の企業も市内にはあるが，取り立てて産業集積を構成している状況にはないと思われる。

　諫早地域における地域産業政策の課題としては，第 1 に，分工場経済から脱却し，独自の技術力を持った中堅企業をいかに育成していくかが求められている。

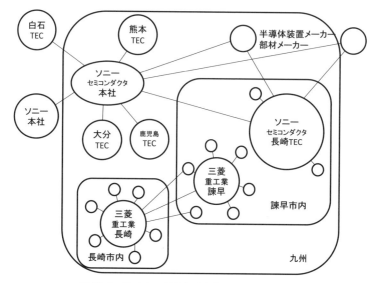

図 11-2　諫早市の地域経済総括図（外枠保作成）

三菱重工業など大企業からの依存脱却を進めるための技術支援が必要となっている。第 2 に，人材の育成である。諫早市は県下第 2 位の製造品出荷額等の都市でありながら工業高校が存在せず，工業技術者の人材育成機関としては，市内にポリテクセンター長崎があるに過ぎない。市内の主要企業も，労働集約的な生産を行うだけではなくなっている。ソニー長崎 TEC のように装置型産業化が進展しているため，オペレータやエンジニアの人材を養成するとともに，九州一円からそのような人材を惹きつける生活環境を整備することも求められている。

4　新興工業都市の課題と展望

　新興工業都市は，本質的に分工場経済地域と同様の特徴とそれに伴う課題を抱えているといえるが，大企業工場が立地している歴史が短いがゆえに，大企業工場と地域との関係が比較的希薄である。地域の側は，大企業との意思疎通を積極的に図りながら，大企業の定着を図り，雇用を維持していくための取り組みが求められるだろう。

　今後，新興工業都市はどのような進化がみられるのか，産業の特性や企業のスタンス，当該工場に対する企業の位置づけによって，大きく明暗が分かれることが予想される。1 つは，グローバルなサプライチェーンの中で，基幹となるマザー工場として位置づけられ，発展するパターンであろう。工場の生産ラインを産業のダイナミズムと適合させることで生き残りが図られていくだろう。もう 1 つは，新興国とのコスト競争によって，淘汰されていくパターンで，工場閉鎖や雇用減少の問題は今後も続くと思われる。

　そもそも，日本の大企業が地方圏に工場を立地させてきた主な要因の 1 つは，大都市圏と比べて安い労働力の確保であった。現在の新興国では，単純労働であれば，日本の地方圏よりもはるかに安い労働力を確保できる状況にあるが，労働者の質・教育レベルや法制度の未整備などさまざまなカントリーリスクがあることも事実である。これらのことを勘案して，日本の地方圏で工場を立地させていることのもつ意味や効果を再考する必要があるだろう。

（外枦保大介）

注

1)　新興工業都市の成長は，地方における新たな成長の極として期待されていた。九州経済調査協会は，「九州経済調査月報」の 1995 年 7 月号から 1997 年 3 月号まで断続的に「台頭する新企業都市」と題したシリーズを 15 回にわたり掲載した。取り上げられた都市は，熊本県大津町，鹿児島県国分市，長崎県諫早市，宮崎県清武町，福岡県筑後市，大分県中津市，佐賀県鳥栖市，沖縄県浦添市，山口県美祢市，熊本県長洲町，大分県日出町，鹿児島県出水市，宮崎県国富町，長崎県大村市，大分県日田市（掲載順）であった。

2)　本章の記述は，公開情報および諫早市役所からの聞き取り調査に基づいたものである。

3)　2012 年 4 月に ANA 長崎エンジニアリング，ANA エアロテックは，ANA アビオニクスと統合し，ANA コンポーネントテクニクスが設立された。

4)　http://www.mhi.co.jp/company/organization/nagasakiw/index.html

5)　http://www.sony.co.jp/SonyInfo/News/Press/200710/07-1018B/index.html

6)　http://www.sony.co.jp/SonyInfo/News/Press/201012/10-165/index.html

7)　http://www.sony.co.jp/SonyInfo/News/Press/201102/11-0228/index.html

8)　http://www.sony.co.jp/SonyInfo/News/Press/201206/12-084/index.html

9)　諫早市役所からの聞き取り調査による。

10)　諫早市役所からの聞き取り調査による。

11)　諫早市役所からの聞き取り調査による。

12）企業誘致促進地区として，貝津金属工業団地，山の手工業団地，諫早中核工業団地，諫早流通産業団地が指定されている。

演習課題

①新聞記事をもとに，新興工業都市の工場新設，増設・縮小，撤退の違いを業種別にまとめてみよう。

②「工業統計」のデータや『社史』をもとに，新興工業都市の工場従業員の変化や生産品目の変化をたどってみよう。

入門文献

1　友澤和夫（1999）：『工業空間の形成と構造』大明堂.

2　末吉健治（1999）：『企業内地域間分業と農村工業化－電機・衣服工業の地方分散と農村の地域的生産体系』大明堂.

3　高橋英博（2004）：『グローバル経済と東北の工業社会－場所の個性・場所への意図・場所の思想』東北大学出版会.

4　小田宏信（2005）：『現代日本の機械工業集積』古今書院.

5　渡辺幸男（2011）：『現代日本の産業集積研究』慶應義塾大学出版会.

　1は，九州や東北を事例に，新しい工業空間の形成と地域労働市場の実態を明らかにしている。2は，山形県最上地域を事例に，工場の地方分散について論じたもの。3は，東北地方の新興工業都市の形成過程とその実態・課題を明らかにしたもの。4は，岩手県北上地域などでの新興工業集積の形成について，5は，岩手や熊本などでの誘致企業と産業集積との関係を明らかにしている。

第12章

農 業 地 域

1 日本における農業地域

　本章では，農業地域における地域経済の特徴を解説する。日本の農業生産額約 4.7 兆円（2015 年）は，国内総生産 530.5 兆円の約 0.9% に過ぎない（2015 年度，内閣府「国民経済計算」による）。また，農業就業者数約 201 万人は，総就業者数 6,376 万人の約 3.2% にとどまる（2015 年度，総務省「労働力調査」による）。このように農業の日本経済全体に占める割合は低い。

　農業地域という用語の明確な定義はない。地域経済の中心が農業である地域は，今日の日本においてきわめて限られている。2015 年の各自治体において，総産業就業人口に占める第一次産業就業者数が第 1 位となっている自治体は，全国 1,896 市区町村の中で 38 町村である。その内訳は，北海道が 14，宮崎県が 5，青森県と鹿児島県が各 3，長野県，徳島県，熊本県，沖縄県が各 2，秋田県，福島県，群馬県，高知県，佐賀県が各 1 であった。最も第一次産業就業者率の高い自治体は，長野県川上村の 79.7% である。

　2015 年における産業別就業人口からみた第一，二，三次産業の特化係数[1] を求めると，第一次産業のみ特化係数が 1.0 以上の道県は 11，第一次産業と第二次産業のそれが 1.0 以上の県は 12，第一次産業と第三次産業のそれが 1.0 以上の県は 6 となっている（図 12-1）。第一次産業に限ってみてみると，特化係数 1.0 以上の道県は 29 を数える。さらに 2.0 以上の県は 14 県におよび、この内 1 県は特化係数 3.0 を超えている。第二次産業や第三次産業と比べて，第一次産業の特化係数は地域によって大きな差があるといえる。

　こうした点から，今日でも農業は就業の場として，地域によって異なった意味をもっていることがわかる。とくに中山間地域においては，サービス業，製造業

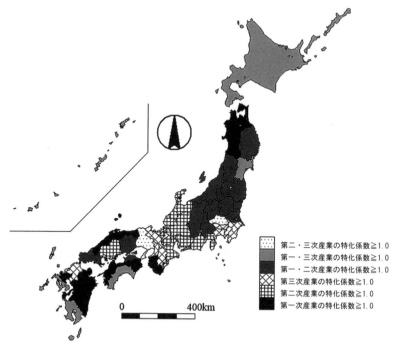

図 12-1　都道府県別にみた産業別就業人口の特化係数（2015 年）
出典：『国勢調査報告』より宮地作成。

に次いで農林漁業の就業者数が多い。また，先に述べたように農林漁業の生産額
は小さいものの，食品工業や資材供給産業を含めた関連製造業，関連流通業，飲
食店等の生産額を合計した農業・食料関連産業の生産額（2010 年）は約 42.5 兆
円であり（農林水産省，2013），同年度の国内総生産の約 8.8％を占めている。さ
らに，農林水産省は産業連関分析を通して，農林水産業から産出される約 10.6
兆円（輸入食用農林水産物の約 1.2 兆円を含む）が，最終消費段階で 73.6 兆円（生
鮮品等：約 13.5 兆円，加工品：約 39.1 兆円，外食：約 21.0 兆円）へと膨らむ実
態を試算し，食関連産業の重要性を説いている。高柳長直（2010a）は，以上の
ような諸点を踏まえて，グローバル化による日本の農林水産業への影響が大きい
と認識する一方で，今日なお農林水産業が地域の産業として重要な意義をもって
いると指摘している。

2　農産物の産地形成

　農業地域の典型として位置づけられるのが，農産物産地である。『農業経営学術用語辞典』によれば，**産地形成**は「特定の農産物の生産が特定地域に集中する過程を示す概念」とある（本田恭子，2007）。また，門間敏幸（2011）は産地を機能的にとらえる必要性を指摘し，中小企業庁の産地の定義を参考として，農業分野における産地および産地形成を，「同質的な自然・社会経済的な立地条件を活かし，単数もしくは複数の農産物およびその加工品を産地の生産者・関係組織が中心となって，あるいは産地・消費地の実需者・流通組織・消費者組織と生産者が連携して生産・販売している地域，またそうした産地を創造するプロセスを産地形成」と定義している。かつて堀田忠夫（1974）は，産地の概念を当該農産物の①総作付面積あるいは収穫面積，②生産量，③販売可能量，④生産農家数などから考えることが一般的であるとしたうえで，生産農家の地域的機能組織体の範囲を産地の尺度として考える必要性を説いている。すなわち，ここでは共同出荷率の高低が「主産地」と「単なる産地」とを分ける基準となり，「主産地」の形成が「個々の生産農家の単独活動から組織活動への移行，あるいは商人支配の排除によって，生産農家全体の経済的合理性を追求するという意味で，産地の近代化の過程と呼ぶことができよう」（堀田，1974，p.25）と指摘している。以上から，産地とは特定の農産物の生産規模，生産密度，地域における基幹的作物としての地位や主要な供給地としての市場からの評価の確立，地域における生産に関わるさまざまな主体の機能的関係の構築などから説明される概念といえる。

　こうした農産物産地の形成は，1961年に公布・施行された**農業基本法**の下で条件づけられて進んできた。同法は，日本経済の高度成長期に顕現した農工間の生産性および所得格差の是正を目的に登場したものであり，他産業並みの労働時間で他産業並みの所得をあげることのできる農家，すなわち「自立経営農家」の育成を通して，農業の発展と農業従事者の地位の向上を目指したものであった。

　農業基本法の下で実施された主な政策の1つが，作物の選択的拡大政策であった。当時，需要の拡大が見込まれた果実，畜産，（一部の）野菜を「選択的」に

拡大することを通して，農家の所得向上を図ったのである。これを受けて，果樹
栽培の空間的な拡大や畜産の規模拡大などが進展した。とりわけ西南日本におけ
るみかん栽培の園地拡大は，この時期の日本農業における象徴的な現象であった。

　果樹や野菜など商品作物の生産拡大は，果樹農業振興特別措置法（1961 年）
や野菜生産出荷安定法（1966 年），卸売市場法（1971 年）に基づいて実施された
生産政策や価格・流通政策の実施とあいまって，具現化していった。とくに野菜
生産出荷安定法に基づく指定産地・指定消費地制度の発足は，野菜産地の大型化
と流通の合理化，卸売市場への安定出荷を実現するうえで，重要な役割を果たし
た（図 12-2）。指定野菜 14 品目の指定産地の要件は，作付面積と共同出荷割合
であったことから，生産規模の拡大と JA による共同出荷割合の増大が進展した。

　農業基本法の下で実施されたもう 1 つの重要な政策が，**農業構造改善事業**の実
施であった。ここでは圃場整備やかんがい施設の設置など，生産基盤の整備が進
められるとともに，農産物の集出荷施設も整備された。圃場整備事業は，農業機

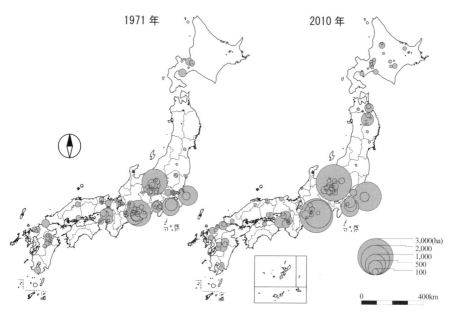

図 12-2　キャベツにみる指定産地の空間的分布の変化（左：1971 年，右：2010 年）
出典：農林水産省『野菜生産出荷統計』（各年次）より宮地作成。

械の使用を前提とした生産様式へ変化させることで労働生産性の向上を目指した
ものであった。一方で，かんがい施設の設置は，農産物の収量の安定もしくは増
加による土地生産性の向上を目指した事業であった。生産性の向上を通して増加
した農産物は，予冷庫など整備された集出荷施設を経て，都市部に立地する卸売
市場へ，大量かつ継続して出荷されるようになった。果実や野菜が主として出荷
される市場は，指定消費地に位置する市場であり，指定産地から指定消費地へ農
産物が安定的に供給される仕組みが構築された。

　農産物の（主）産地形成は，各種の生産性向上を伴いながら，農家の所得向上
を目指した動きであり，農業基本法が目指す農業の発展と農業従事者の地位向上
に一定の役割を果たしたことは事実である。一方で，それは次のような社会的な
役割を担っていたとも考えられる。

　まず，作物の選択的拡大を通して具現化した果樹，野菜，畜産の産地形成は，
当該の農産物を JA の共同出荷によって都市の卸売市場へ安定的に供給すること
で，農産物価格の安定化につながった。こうした実態は，増加する都市住民の生
活の安定を目指した動きとしてとらえることもできる。また，農業構造改善事業
のうち圃場整備事業の実施は，農業機械の普及を通して余剰労働力を生み出すこ
とになった。その結果，当該農作物の規模拡大や新たな商品作物の導入などを進
めた担い手もいた一方で，多くの労働力が他産業への就業を進め，農家の多就業
形態すなわち兼業化が顕現することになった。他産業の就業先は年代によって異
なるが，製造業や建設業，サービス業などが主たるものであったとされている（岡
橋秀典・北村修二，1992）。さらに，余剰労働力を産み出すことにつながった農
業機械の普及は，それだけ農業地域において農業機械の需要を生み出したのであ
り，農業地域が農機具メーカーの市場となったことを意味している。あわせて，
1960 年代から 70 年代半ばにかけて急速に普及した農薬や化学肥料は，農業地域
が農薬や肥料メーカーの市場となったと理解することもできる。

　以上のように，農業基本法は同法の下で実施された諸政策の結果からみると，
農家のための法律であるとともに，製造業を中心に急速な経済成長をとげる日本
経済を下支えする社会的な役割をも果たしたといえよう。

3　農産物産地にみる地域経済の特徴－群馬県嬬恋村を事例として－

　本節では，群馬県嬬恋村を事例に，農産物産地における地域経済の特徴をみることにする。群馬県の北西端に位置する嬬恋村（図12-3）は，周囲を浅間山，四阿山，白根山など標高2,000mを超える火山に囲まれており，吾妻川や万座川流域の小規模な河岸段丘を除いて村域の多くが火山山麓の斜面地にある。農地は概ね標高約750m〜1,400mに広がっている。1960年の15,214人をピークに減少傾向にあり，2015年には9,780人となっている。産業別就業人口（2015年）をみると，農業の1,183人（総産業就業人口の32.7%）が筆頭であり，これに宿泊業の1,010人（同17.8%），卸売業・小売業の502人（同8.8%），建設業の428

図12-3　嬬恋村の概観図

人（同 7.5%），医療・福祉の 330 人（同 5.8%）などが続いている。後述するように，嬬恋村はキャベツ生産の日本一の産地であるが，第一次産業就業人口はほぼ一貫して減少している一方で，近年では第三次産業に分類される就業人口が増加傾向にある。

　2010 年の嬬恋村のキャベツ作付延べ面積は 2,990 ha（『群馬県農林水産統計年報』による，以下の数値も同資料のもの）であり，はくさいの 44 ha，豆類（花豆など）の 35 ha，いも類の 24 ha，レタスの 10 ha などを大きく引き離し，キャベツ栽培に特化した農業が展開している。キャベツの作付延べ面積は，1970 年の 1,414 ha から 1985 年の 2,470 ha，2000 年の 2,720 ha とほぼ一貫して増加している。

　農家の特性をみると，専業農家と第 1 種兼業農家をあわせた「専業的農家」の割合が，1960 年代以降 6 割から 8 割を占めるほど高い点に特徴がある（図 12-4）。2015 年の基幹的農業従事者の平均年齢は 57.5 歳であり，これは県内市町村の中で最も若い年齢となっている。群馬県平均の 66.8 歳，全国平均の 67.0 歳と比べても，嬬恋村の農業は県や国よりも若い労働力によって担われていることがわかる。また，近年では外国人技能実習生の受け入れも進み，大規模な野菜生産が

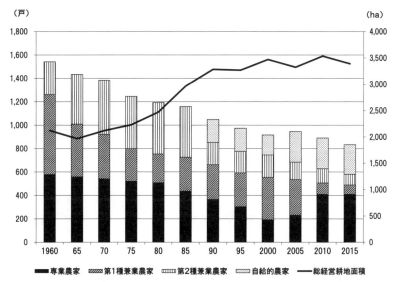

図 12-4　嬬恋村における専兼別農家数および経営耕地面積の推移
出典：農林水産省『農林業センサス』（各年次）より宮地作成。

継続している（宮地忠幸，2018）。

　嬬恋村では，1970 年代と 1990 年代に国営の農地開発事業が二次にわたって実施されたこともあって，経営耕地面積が大きく拡大している（図 12-4）。その結果，浅間山北麓斜面では標高差約 500 m の垂直的な環境を利用した農業が展開するようになった（丸山浩明，1990）。農業構造改善事業の一環として実施された国営，県営等の農地開発事業の実施は，今日における嬬恋村農業の生産基盤を形づくることになった。また，あわせて野菜集出荷施設や野菜予冷施設，堆肥生産施設などが 1970 年頃から順次整備されたことも，野菜（キャベツ）の産地形成に重要な役割を果たした（宮地忠幸，2006）。さらに，生産規模の拡大に伴って JA 嬬恋村がキャベツの出荷先を中部，中京，北陸，京阪神，中・四国，九州の各地方へと拡大することで，嬬恋村は夏秋キャベツ産地として各地方の卸売市場において市場占有率を高めてきた。

　このような農業地域の典型事例としての嬬恋村は，農業の成長が次のような関連産業との連関を生んできた点に，地域経済の特徴がある。第 1 の特徴は，既述した農地開発事業をはじめとして圃場整備事業，灌漑施設整備事業，排水路整備事業，野菜の集出荷施設等の整備事業など，農業基盤整備に関わる事業が建設業との連関を生みながら進展してきた点にある。市町村内純生産額をみると，建設業の生産額およびその構成比は，サービス業，不動産業，農業に次いで 4 番目に位置している（表 12-1）。

　第 2 の特徴は，農業サービス業，運輸業，小売業などとの連関がある点である。農業サービス業は主として JA が担うさまざまな「サービス」のことを指している。嬬恋村は，JA 嬬恋村が今日なお農協合併をすることなく，村内のさまざまな農業関連サービスを提供している。周知のとおり，JA が担う「サービス」は幅広い。JA 嬬恋村においても，①指導相談事業（営農指導，食生活改善等の生活指導，農業所得課税における記帳指導など），②販売事業（農畜産物の一元集荷，販売に関わる事業），③購買事業（肥料，農薬，ダンボールなどの生産諸資材，日用品，家電製品，燃料など，営農と生活に必要な購買品の供給＝販売），④信用事業（貯金，貸付など地域金融事業），⑤共済事業（各種の保険に関わる事業），⑥特産センター事業（野菜の予冷事業，農産物の選別，農産物加工に関わる事業），⑦利用事業（祭壇の貸し出し，精米加工，食材の宅配などの事業）など，

表 12-1　嬬恋村における産業別就業人口の推移と村内純生産額

	合計	農林漁業	鉱業	建設業	製造業	卸小売業	金融・保険・不動産業	運輸・通信業	電気・ガス・水道業	サービス業	公務	分類不能
1965	6,862	3,432	1,018	471	236	459	59	249	40	824	65	9
1970	6,580	3,268	673	498	236	514	92	264	15	933	86	1
1975	5,926	2,651	20	654	185	651	127	240	30	1,252	111	5
1980	5,887	2,447	17	640	240	683	179	188	21	1,329	139	4
1985	6,202	2,345	17	695	221	707	166	208	15	1,680	136	12
1990	6,234	2,161	18	807	188	730	187	250	17	1,734	141	1
1995	6,428	1,987	37	752	144	680	148	276	22	2,229	151	2
2000	6,084	1,932	21	721	125	736	160	242	19	1,960	162	6
2005	6,233	1,940	18	578	114	603	163	274	18	2,387	137	1
2010	5,654	1,823	14	444	122	537	175	256	19	2,077	146	41
村内純生産額	46,653	6,166	42	4,147	484	2,336	11,746	2,368	2,833	13,385	3,148	—

注：1) 産業別就業人口の単位は人。村内純生産額は100万円。
　　2) 村内純生産額は，2006年度から2010年度の平均値。
　　3) 村内純生産額の「合計」「サービス業」は，産業，政府サービス生産者，対家計民間非営利サービス生産者の合計値。
　　4) 「電気・ガス・水道業」は，産業，政府サービス生産者の合計値。

出典：『国勢調査報告』および群馬県 (2013)：『平成22年度市町村民経済計算』より宮地作成。

農業生産や農産物の販売のみならず，農村生活全般を支えるさまざまな「サービス」関連事業が実施されている[2]。

また，運輸業は村内で産出された農畜産物を市場へ届ける重要な役割を担っている。嬬恋村のキャベツをはじめとした農畜産物の出荷は，村内の運輸業者のみで担われているわけではないとはいえ，こうした業者の存在も農産物産地の地域経済の特徴となっている。

さらに，小売業の存在も重要である。嬬恋村における小売店舗数は 1980 年代以降減少してきているものの，2016 年現在でも 92 ある（『商業統計』各年次による）。こうした小売店のなかには，農業用機械等の販売店，ガソリンスタンド，コンビニエンスストアや弁当屋などが含まれる。これらは，農業生産に関わる商品の販売（一部修理も含まれる）と同時に，地域での消費生活を支える重要な役割を果たしている。キャベツの出荷の最盛期となる 7 月以降，農家は早朝から圃場での出荷および選別作業を行うことになる。経営規模の大きい嬬恋村の農家は，食事を小売店で販売されている惣菜類で済ますこともままあるという（筆者の聞き取りによる）。あわせて嬬恋村では少数ながら卸売業の事業所も 16 ある（2016 年『商業統計』による）。このなかには，農畜産物の卸売業者も含まれている。JA とは別に，こうした青果物等の卸売業者が農畜産物の商品化を担う役割も小さくない。

第 3 の特徴は，農業生産を支える試験場との連関である。1947 年に農林省嬬恋馬鈴薯原原種農場（現在の独立行政法人種苗管理センター嬬恋農場）が，馬鈴薯生産の安定と向上のために必要な健全無病な馬鈴薯原種を生産・配布することを目的に，村内の田代地区に設立された。また，1980 年に群馬県園芸試験場高冷地試験地（現在の農業技術センター　高冷地野菜研究センター）が，田代地区に置かれた。この試験場では，これまで高冷地野菜の振興や農業経営の安定を図るために，栽培技術や品種の開発に取り組んできた。とりわけ，嬬恋村農業の基幹作物であるキャベツの連作障害対策に関わる技術開発と支援を行ってきた点は，特筆に値する。

第 4 の特徴は，観光関連産業との連関である。嬬恋村は，村の西部に位置する鹿沢温泉や北部に位置する万座温泉などが温泉観光地として，また万座スキー場をはじめ村内に点在するスキー場が雪質のよいスキー観光地として，それぞれ知

られている。さらに，1970年代から浅間山北麓の浅間高原を中心に別荘やゴルフ場開発が進んだ。こうした「観光資源」の存在が，産業就業人口のサービス業や不動産業の多さにつながっている（表12-1）。嬬恋村では，従来からの「観光資源」とあわせてグリーンツーリズムなどの体験型観光の推進や広大な農村景観を資源として観光客の誘致および関連諸産業の振興を進めている（第五次嬬恋村総合計画策定委員会，2010；嬬恋村，2013）。嬬恋高原キャベツマラソン（7月）やキャベツ畑の中心で妻に愛を叫ぶ（キャベチュー：9月[3]）などは，村のキャベツ畑を資源とした観光事業である。このような新たな観光事業は，従来の嬬恋村における観光地域としての「立地条件」による地域振興という視点だけでなく，地域の主要産業である農業の存続が観光関連産業の成長に役割を果たしうる可能性を背景に実施されたものである。

　以上のように，農産物産地としての嬬恋村は各種産業が連関し，あるいは模索されながら農業地域としての地域経済が形づくられてきた。しかし，こうした農業地域としての地域経済には，岡田知弘（2005）らが指摘する「地域内再投資力」や「内発的地域づくり」の論点からみると，次のような課題がある。

　第1は，農業生産に投入される関連産業（農薬や肥料，農業機械など）との地域内連関がほとんどない点である。また，嬬恋村で産出された農畜産物は，加工されることなくそのまま地域外へ移出されている。地域内で加工し付加価値をつけることはほとんど行われていない。その意味で，嬬恋村は地域外の第二次産業の化学や機械工業によって製造された諸資材を使いながら農産物を生産し，それを市場へ供給する「食料供給地」としての性格が強い。

　第2は，住民の消費生活を支えるサービス供給を果たす産業の立地および集積が進んでいない点である。嬬恋村第五次総合計画を策定するにあたって2010年1月に実施されたアンケート調査結果では，日常生活における問題として，①道路や交通機関が不便である，②働く場所が少ない，③病院などの医療機関が整っていない，④買い物や外食が不便である，との回答が多く寄せられている[4]。これらの多くは，住民生活の利便性に関わる問題である。

　以上のような諸点は，農業地域が共通して抱える問題である。こうした地域経済上の特徴をもつ農業地域は，これまで基本的に農産物の価格動向に大きな影響

を受けざるを得なかった。それゆえ，農林水産省による価格政策が農業地域における住民生活に大きな意味をもっていたのである。しかし今日，次節で述べるように国際貿易に関する枠組みの再構築や農産物の国際的な市場競争の進展，国や地方自治体の財政問題深刻化の下で，従来のような価格政策を維持することは難しくなってきている。その一方で，地域経済全体の「底上げ」は，住民生活の利便性向上という点においても，重要な課題となっている。

4　農産物産地が直面する課題と今後の農業地域

　農業地域を支える農業は，今日大きな岐路に立たされている。農林水産省（2013）は，「構造改革の大きな節目の到来」と指摘している。2012 年の基幹的農業従事者数約 177.8 万人のうち，40 歳代以下の基幹的農業従事者は約 18.2 万人（全体の約 10.2％）であるのに対して，65 歳以上のそれは約 106.0 万人（全体の約 59.6％）となっている（数値は，組替集計結果）。また，基幹的農業従事者数は，1960 年代以降，一貫して減少してきている。こうした実態が，今日の日本農業において大規模経営体や法人など特定の担い手へ農地を集積させる構造改革を進める（進めざるを得ない）節目を迎えているという根拠になっている。

　日本の農業は，諸外国と比較して小規模で分散錯圃を特徴とする零細な経営を特徴とし，多くの労働力や生産資材を投入することによって高い生産性を実現している（田林　明，2008）。労働・土地・資本集約的な農業を特徴とする日本は，アメリカ合衆国に代表される「農業大国」と比較して，産出される農産物の価格競争力に乏しい。したがって，生産性の向上は，国内における産業間の生産性とそれに起因する所得の格差是正とともに，グローバルな農産物の市場競争への対応という意味でも重要な課題となっている。

　農林水産省は，1975 年に農用地利用増進事業を創設し，利用権（賃借権等）設定による農地流動化を推進してきた。とくに 1992 年に公表された「新しい食料・農業・農村政策の方向」は，効率的かつ安定的な農業経営を育成するため，より一層担い手への農地の利用集積を促すことを明記した。これを受けて，1993 年には農業経営基盤強化促進法が施行され，認定農業者制度が発足し

た。また翌 94 年には，この認定農業者への低利融資制度が創設された。さらに，1999 年に「食料・農業・農村基本法」が，「国民生活の安定向上および国民経済の健全な発展を図る」ことを目的として公布・施行された。同法は，「農業の発展と農業従事者の地位の向上」を目的としていた 1961 年の「農業基本法」とは異なり，「国民のための基本法」（飯國芳明，2011）として施行された。こうした法の変化を受けて，1990 年代半ば以降，農地の権利移動面積は増加傾向で推移するとともに，大規模農家および法人への農地集積が進んでいる。このような特定の担い手への農地集積は，とくに北海道，北陸，九州の各地方で進展している（田林　明，2007；農林水産省，2013）。

　WTO 農業交渉のみならず，TPP に代表される EPA（経済連携協定）や FTA（自由貿易協定）の進展は，日本の農業（地域）に新たな対応を求めている。しかし，特定の担い手への農地集積にも 2 つの点で留意すべき問題がある。第 1 は，規模の経済性を追求できる地域とそれが困難な地域があるという地域差の問題である。とりわけ傾斜地を生産の場とする中山間地域などは，そもそも特定の担い手への農地集積による労働生産性の向上におのずと限界がある。第 2 は，平場農村において特定の担い手への農地集積が進んだとしても，その一方で規模縮小農家の円滑な他産業就業化が実現されないと，人口減少とそれに伴う地域経済の縮小が問題化する点にある。このことは，農業問題が農村問題へ転化することを意味しており，前節で指摘した農業地域の課題の 2 点目と重なる。

　それゆえ，今日，新たに注目されるようになっているのが多様なイノベーションによる地域経済の再構築へ向けた議論である。このイノベーションは，農業者主体によるもの，農業者と公的機関の連携，農業者と民間企業との連携，公的機関主体，民間機関主体等，多彩な形態があると指摘されている（津谷好人・稲本志良，2011）。こうした多様な主体によるイノベーションの中には，新品種の開発や新たな農法の確立，商品開発，生産された商品の新たな販路開拓などが含まれる。いずれにしても，関係主体間の連携を通して，新たな生産や販売へ向けた取り組みが求められている。このような連携の取り組みは，近年政策的にも誘導されている。2001 年度から始まった「産業クラスター計画」や 2008 年に施行された「農商工等連携促進法（通称）」と「改正企業立地促進法」，2010 年に施行された「六次産業化法（通称）」は，連携の取り組みを政策的に支

援する根拠となっている。近年では，農外資本の出資を受けて農産物の加工や消費者への直接取引の開始，観光農園などの新たな事業展開を図る農業経営体もみられる。

　地域間の主体間連携も注目されている。グリーンツーリズムなどの交流の取り組みは，生産者（農家）と消費者（非農家）との間で互いの思いや考えの理解を深めるうえで重要な意義をもっている。それとともに，近年注目されているのが，農業生産者の新たなネットワークの構築である（金沢夏樹編，2005；門間敏幸編，2009）。また，外食産業や量販店が産地を「選択」しながら，農産物調達戦略の中に取り込む「ネットワーク化」もある。前者の取り組みは，生産者間で内発的な連携を図りながら，取引先への安定供給の実現と価格交渉力の向上等を目的としている。後者は，アグリビジネスによる産地や生産者の新たな垂直的統合が構築されることになる。後藤拓也（2013）が明らかにしたように，「アグリビジネスによる産地の形成・再編」という視点も重要になってきている。

　こうした新しい地域間の主体による連携は，高柳長直（2010b）が指摘するように従来の市町村を基本とした産地概念の再考を促すことになる。あわせて，農業経営者のネットワーク化による「脱産地化」が，地域経済の単位としての農業地域の今後にどのような影響を与えるのかは，さらに検討を要する研究課題となっている。

（宮地忠幸）

注
1) 特化係数（立地係数）とは，地域のある産業が，全体のなかでどれだけ特化しているかをみる係数のことである。係数 1.0 を超えると，ある地域の産業が全体に比べて特化していることになる。
2) JA 嬬恋村ホームページによる。最終閲覧日：2013 年 10 月 30 日。
3) 嬬恋村の名前は，日本武尊（ヤマトタケルノミコト）が妻である弟橘姫（オトタチバナヒメ）の訃報を旅先で聞き，碓日坂（現在の鳥居峠）で「吾が妻恋し……」と叫んだことに由来があるとされている。このことを踏まえて，2004 年に「日本愛妻家協会」が発足した。同協会は，2008 年に「キャベツ畑の中心で愛を叫ぶ（キャベチュー）」を，映画化やテレビドラマ化された小説家・片山恭一氏の青春恋愛小説を参考に，村名の由来と生産量日本一のキャベツを活用したイベントとして立ち上げた。
4) このアンケート調査は，「第五次嬬恋村総合計画」の策定にあたり，村民の意識を反映

した計画づくりを行うことを目的に，2010 年 1 月に実施されたものである。16 歳以上の村民から無作為に抽出した 1,000 名を調査対象として実施され，回答数は 508 人（回答率 50.8%）であった（第五次嬬恋村総合計画策定委員会，2010）。

演習課題

①日本における農産物産地の形成過程を、第二次世界大戦後の農業政策の変化の中で整理してみよう。

②特定の農産物を事例として取り上げ，その農産物産地の空間的（地域的）分布の特徴を調べてみよう。また，そのような産地の空間的（地域的）分布がどのような背景や要因で形づくられてきたのかについても調べてみよう。

③特定の農産物産地を事例として取り上げ，産地内の産業間連関の特徴について調べてみよう。

入門文献

1　暉峻衆三編（2003）:『日本農業 150 年－1850 ～ 2000 年－』有斐閣ブックス.
2．長岡　顕・中藤康俊・山口不二雄編（1978）:『日本農業の地域構造』大明堂.
3　竹内淳彦・小田宏信編（2014）:『日本経済地理読本 第 9 版』東洋経済新報社.
4　経済地理学会編（2018）:『キーワードで読む経済地理学』原書房.
5　岡橋秀典（2020）:『現代農村の地理学』古今書院.

　1 は，幕藩体制末期から農産物の総自由化時代までの日本経済の動向と農業・農村問題の変転を解説した一冊である。文末に示された「年表・日本資本主義と農業」も大変参考になる。2 は，高度経済成長期以降の農業，農村の地域的展開を諸市場との関連で多角的にとらえた一冊である。本書で示された研究の視角や対象は，今日に受け継がれるべきものも多い。3 は，経済活動の地域的展開や日本の経済地域，国土開発，経済政策の動向について丁寧な解説がなされている。4 は，経済地理学会創設 60 周年を記念して発刊された一冊で，農業問題をとらえる理論や諸概念を学ぶことができる。5 は，農業を含めた農村地理学のテキストであるとともに，農村地理学の研究課題を提示した必読の一冊である。

第13章

過疎山村地域

1　過疎と山村

　ひところの「限界集落」論（大野　晃，2005）に続いて，「むらおさめ」（作野
広和，2006, 2010）や農村の「撤退計画」（林　直樹・斎藤　晋，2010）といっ
たテーマが話題を呼んだ。国土の周辺で，ひっそりと長い歴史を刻んできた山村
社会を葬送すべきときがきたかのような議論である。しかし，そうした議論によっ
て山村で暮らす人々が地域社会に対して抱いてきた「ほこり」を失わせてしまう
ことも危惧されている [1]。問題をより深刻にさせると考えられるためである。
　国土の周辺にある地域社会で生活している人々が，将来の行く末に不安を抱え
ているだろうことは確かだとしても，実態を踏まえた上での対策が議論されるべ
きである（山下佑介，2012）。地域が存続すべきか否かを問う以前に，現状を慎
重に見つめ直す必要がある（小田切徳美編，2013）。本章では，過疎山村を対象に，
その実態を探る。
　本章で取り上げる**過疎山村**という語について検討しておこう。「過疎」地域と
「山村」は，重複する地域も多いが，異なる範疇の概念である（表13-1）。
　藤田佳久（1981）は，「過疎」を人口概念とし，「山村」を位置に基づく概念あ
るいは平野部とは異なる歴史的過程を持った地域概念とした。すなわち「過疎」
とは，高度経済成長期に急速な人口減少を経験し，その後も地域の社会生活の維
持に困難を来している状況をいう。1980年代以降，人口の自然減が顕著になり，「新
過疎」が論じられるようになった（藤田，1986；岡橋秀典，1988）。今日いわれる
少子高齢化が，「過疎」を経験した地域ではいち早く問題化していたのである。また，
小規模な地域社会では集落そのものが消滅する怖れがあるという，社会的空白地
域論も早い段階で唱えられた（藤田，1986）。「過疎」が，国土や生態系の保全の

表 13-1　過疎法と山村振興法の比較（付 中山間地域対策）

区分	過疎地域自立促進特別措置	山村振興法	特定農山村地域における農林業等の活性化のための基盤整備の促進に関する法律（中山間地域対策）
施行年月日	1970（2000）	1965	1993
延長期間	2021	2015	ー
目的	・地域の自立促進 ・住民福祉の向上 ・雇用の拡大 ・地域格差の是正	・経済力の培養 ・住民福祉の向上 ・地域格差の是正 ・国民経済の発展	・地域の特性に即した農林業，その他の事業の振興 ・豊かで住みよい農山村の育成
指定地域	過疎地域	振興山村	中山間地域
指定要素	・人口減少率と高齢化率または少子化率 ・財政力指数および公営競技収益	・旧市町村単位での林野率（75％以上） ・旧市町村単位での人口密度（1.16／町歩未満）	・傾斜地の耕地の割合または林野率75％以上 ・農林業就業者数の割合（10％以上） ・3大都市圏の既成市街地ではない ・人口が10万人未満
共管省	国交・総務・農水	国交・総務・農水	総務・農水・経産・国交
計画	過疎地域自立促進方針（都道府県） 過疎地域自立促進市町村計画（市町村）	山村振興基本方針（都道府県） 山村振興計画（市町村）	農林業活性化基盤整備計画（市町村）
地域指定数 対象都道府県数 対象市町村数 人口（千人） （全国比） 面積km² （全国比）	922 45 776 11,116 8.70％ 216,193 57.20％	2,104 44 735 4,325 3.40％ 178,450 47.20％	2,124 47 960 11,486 9.30％ 196,380 52.00％

出典：総務省地域力創造グループ過疎対策室 Web 資料（http://www.soumu.go.jp/main_content/000124486.pdf）に中川加筆。

面から問題であり，国民的な課題であることに警鐘を鳴らしたものであり，今日の限界集落論における「沈黙の林」（大野　晃, 2005）に先駆けた指摘でもあった。

　また，「過疎」は，改正を重ねながら 10 年ごとに延長されてきた**過疎法**によって規定されている政策概念でもある。総務省が管轄する過疎法では，人口減少率，人口密度などの指標に基づいて「過疎地域」を規定してきた。現在は，「過疎地域の持続的発展の支援に関する特別措置法」が 2021 年から施行されている。本法によって指定されている「過疎地域」は，国土面積の 60.1％，人口の 8.9％を占める（令和 3 年 4 月 1 日現在の過疎市町村（820 市町村）に関する平成 27 年度国勢調査による）。

　それに対して「**山村**」の概念は，「山」という位置に基づく地域概念である。

農村や漁村が農耕や漁労という生業と結び付いた地域概念であるのに対し，特徴的である。「山村」では，その立地のために林業だけではなく，多様で複合的な生業が営まれてきた。たとえば，狩猟や木工（木地）のような生業はその端的なものであり，斜面耕作としての焼畑が長期にわたって存続し，林業ともあいまって複合的な経済的基盤により成立してきた地域なのである。

　各種の政策転換は，こうした地域の経済的基盤を弱体化させてきた（斉藤晴造編，1976；藤田，1981）。石油へのエネルギー転換は薪炭需要の激減をもたらし，西南日本に挙家離村を伴う激しい人口流出現象をもたらした。米価政策と減反政策などのコメ政策の転換は農家の経営基盤の安定を揺るがせ，東北地方の「山村」における出稼ぎや転出に拍車をかけた。一次産品の市場開放は，木材，畜産，果樹などの産地をグローバル化の波にさらし，とくに，東海・近畿地方の新興林業地では，外材輸入拡大の影響を強く受けた。

　山村振興法（1965年）は，こうした山村のおかれた位置的条件を踏まえ，産業，生活基盤の整備を図ることによる振興を目的とした法律であり，林野率などの土地利用の指標を用いて，政策対象である「振興山村」を指定している[2]。

2　国土構造上の位置づけ

　「過疎地域」と「振興山村」の関係を示したのが図13-1である[3]。「過疎地域」を含み，また，「振興山村」をも含む市町村数は，518市町村に上る。こうした市町村を，本稿では，ひとまず過疎山村としておきたい。過疎山村は，山間地にあって「過疎」による問題状況を深化させてきた地域である。因みに，「振興山村」を含むが「過疎地域」を含まない市町村（非過疎－山村）は213市町村，「過疎地域」を含むが「振興山村」を含まない市町村（非山村－過疎）は198市町村である。

　図13-1には，都道府県ごとの「過疎地域」を含む市町村の割合と「振興山村」を含む市町村の割合の関係をも示している。日本では山村であることと過疎問題とが相互に深い関係性を持つことが読み取れる。また，これらの都道府県をA〜Cおよびそれ以外の県に分類し地図化した（図13-2）。Aは首都圏および大都市を含む府県に該当し，Bはそれに準ずる都市圏あるいはその周辺の府県である。Cはここでいう過疎山村を含む市町村比率が高い県である。過疎山村に関する指標

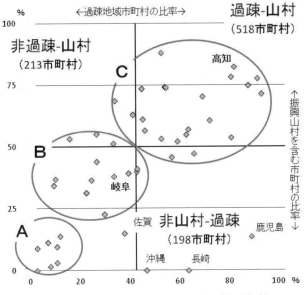

図 13-1　過疎地域と振興山村（2009 年）（中川作成）

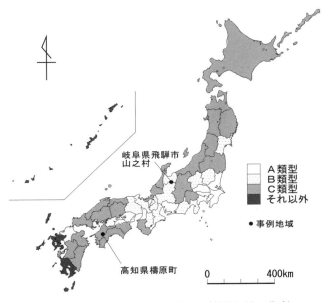

図 13-2　都道府県別にみた過疎ー山村類型（中川作成）

によって，大都市を中心とする日本の国土構造が浮き彫りにされているといえよ
う。高度経済成長期以降，旧来の経済的基盤を弱体化させてきた過疎山村は，経
済構造の変動に伴い，大都市圏を中心とする国土構造の「周辺」へと再編されて
きた（岡橋，1997，2004）。それは，大都市圏からの工業の分散や公共事業の拡大
によって，山村にも製造業や土木建設業による新たな雇用がもたらされたからで
あり，低廉で熟練を要しない，分業関係の底辺に位置づけられる部門の立地によ
る雇用の拡大は，「中心－周辺構造」を強化するかたちでの「発展なき成長」（安
東誠一，1986）に過ぎなかったのである。その後，円高の進行などにより，過疎
山村に分散立地した工業の多くは，労働力市場が競合する，より賃金の低い海外
へと立地移動した。グローバル化の進展によって，過疎山村に立地していた産業
分野で国境を越えた空間的分業が推し進められた結果，過疎山村の産業は空洞化
したといえよう。こうした動向に対し，一村一品運動に象徴される，地域資源に
根ざした**内発的発展**の重要性も注目されるようになった（保母武彦，2013）。

　また，財政投融資による公共事業に依存した土木建設業も「国土の均衡ある
発展」を図る国土政策を背景に，過疎山村の主要な産業となった。その結果，
過疎山村の社会・生活基盤は急速に整備されてきた（表 13-2）。こうした公共事
業の役割は景気対策として 1990 年代前半まで継続し，過疎山村の就業や自治体
財政の補助金への依存構造を深めた（梶田　真，1998 など）。他方，「**リゾート法**」
（総合保養地域整備法，1987 年施行）の下で，ゴルフ場，スキー場，テニスコー
トに高級ホテルを伴うリゾート開発が，34 府県，国土の 20％に相当する規模で
構想された。折からのバブル経済下での投資先として，農山村の農地や森林に対
する開発規制の緩和を促し，過疎山村の土地所有権を流出させ，農山村の自律性
の基盤が損なわれた。こうした動向は「リゾート列島」として後に厳しく批判さ
れることとなった（佐藤　誠，1990）。

　1998 年に施行された「国土のグランドデザイン」では，国土保全における過
疎山村の機能をクローズアップし，国民生活の豊かさを実現する場としての役
割への期待を明確に打ち出した。その考え方は「多自然居住」という語に集約
される。それは，都市型の乱開発に対する反省に立ち，農山村においては都市と
は異なる価値を創造することを提唱するものでもあった（宮口侗廸，1998；矢田
俊文，1999）。過疎山村を含む地域像を，これからの国民生活が創造される新た

表 13-2　過疎対策事業実績の事業種別割合（単位：％）

区分	産業振興	交通	右のうち通信・情報化	生活環境	高齢者・福祉	医療	教育	地域文化	集落整備等	その他	合計（億円）
緊急措置法（1970〜1979）	22.18	49.61	0.20	11.32		1.21	11.98		0.24	3.47	79,018
振興特別法（1980〜1989）	27.79	49.49	0.44	10.35		1.41	9.84		0.24	0.88	173,670
活性化法（1990〜1999）	29.34	39.27	0.68	17.63	3.11	1.71	6.84		0.33	1.76	363,287
自立促進法（2000〜2010）	28.41	37.50	2.06	20.26	3.88	2.17	5.42	0.87	0.41	1.07	245,128
H.22 実績	29.26	34.41	5.63	15.18	6.57	4.29	7.96	0.82	0.55	0.96	22,191
全体	28.13	41.59	1.10	16.30	2.52	1.80	7.53	0.26	0.33	1.53	883,294

注：産業振興；農業経営近代化事業，港湾，企業誘致対策，地場産業振興対策，商店街振興対策等。
　　交通；市町村道，住民の交通利便性確保等。
　　通信・情報化；テレビ放送中継施設，ブロードバンド・携帯電話等エリア整備等。
　　生活環境；上下水道，ごみ処理，消防等。
　　高齢者福祉；高齢者福祉施設，児童福祉施設，認定子ども園，母子福祉施設等。
　　医療；無医地区対策，へき地医療，巡回診察，保健指導等。
　　教育；学校教育関連施設，幼稚園，公民館，集会所，体育館等。
　　地域文化；文化財の保存，人材育成等。
　　集落整備等；UJIターン推進，定住団地の整備。
　　その他；太陽光その他自然エネルギーを利用するための施設等。
出典：『過疎対策の現況』（総務省過疎対策室）2012年による。

な舞台として提示したのである

　現在の「国土形成法」における「自然共生地域」の考え方も，基本的に「国土のグランドデザイン」における「多自然居住地域」の理念を継承している。しかし，その地域区分の手法は，中心都市からの交通条件を主要な指標として行政サービス供給範囲を区分することに腐心しているようにみえる[4]。公共事業の縮小が余儀なくされ，行政サービスの供給範囲の制約が強まる中で，過疎山村は大きな転機に置かれているといえるだろう。

3　集落消滅への臨界点と地域存続

　さて，冒頭に述べた限界集落論は，まさにそうした転機にある今日の過疎山村の置かれた政治的状況の中で脚光を浴びた議論であった。「むらおさめ」や「撤退の農村計画」もそれに付随したものであった。図 13-3 は，限界集落と「むらおさめ」との関係を示したものである（作野，2006）。集落の規模と集落機能と

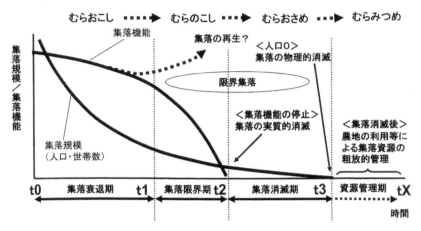

図 13-3　集落消滅のプロセスと地域的対応
出典：作野，2006，p.278 をもとに作成。

が相互に関係していることを表している点が注目される。端的にいえば，集落が
実質的消滅に至るような臨界点に立ち至った際に求められる対策が「むらおさめ」
なのである。確かに，臨界点を超えつつある集落もみられる。その意味で，「む
らおさめ」を考慮する必要がある。ただし，実際にこうしたプロセスをたどって
集落消滅に至る事例は現段階では限られているため，「限界集落は消滅する」と
いう「自己予言成就」を促すような論じ方には慎重でなければならない（山下，
2012）。図 13-3 にみられるように，集落規模が縮小する中でも集落機能が維持さ
れ（この図では増大するように描かれているが），そのことが集落の存続に結び
つく契機となることも考えられる。依然として，過疎山村には多くの集落が存続
していることを踏まえた議論が重要であることには変わりがないのである。

　たとえば，高齢化に着目した限界集落論に対し，西野寿章（2010）は，非限界
化の観点から若年層の動向に着目して分析している。すなわち，全国の振興山村
（全部山村）の中には，若年層の比率が高く，人口減少が緩やかな非限界化山村（市
町村）がある。その特徴は，個人所得が高く，第三次産業比率が高いことであり，
東海地方，北陸地方，甲信地方，そして関東地方に多く分布しているという。

　他方，**市町村合併**による自治体の広域化は，地域の問題状況に対応するための
地方議会における過疎山村住民の発言機会を著しく阻害してしまった。過疎山村
における問題状況への対応や地域管理機能の維持のための行政的対応は困難さを

増し，住民の自発性や内発性がますます必要とされるようになった。

　2011 年 3 月 11 日の東日本大震災は，日本社会全体の大きな転換点となりつつある。過疎山村のあり方にも今後，さらに影響をもたらす可能性があり，その 1 つのポイントは，エネルギーをめぐる中央と地方の関係であろう。分散型エネルギー社会への展望や再生可能な新エネルギー利用の拡大の検討によって，過疎山村の土地利用の多くを占める森林が広くエネルギーなどの資源として利用されるようになるならば，蓄積されてきた地域資源を活用した経済基盤の確立に向けて，過疎山村の未来への展望が大きく変わることも考えられる。

　そこで次に，地域社会存続の困難に直面しながらも，限界化への圧力に抗して新たな局面を切り拓きつつある地域事例を 2 つ紹介したい。1 つは，外来型開発の頓挫を住民の内発的取り組みによって乗り越えようとする事例であり，もう 1 つは資源活用の地域内循環に自然エネルギー利用を位置づけ，地域資源の価値増大とともにエネルギー地域自給 100％を目指す取り組みである。

4　抵抗する過疎山村

4.1　内発的取り組みによりアグリパーク閉鎖を超える：岐阜県飛騨市山之村

(1) 地域の概況

　山之村は，岐阜県飛騨市の旧神岡町にある地域である。飛騨市は 2004 年 2 月に，吉城郡古川町，神岡町，河合村，宮川村の 4 町村が合併して生まれた人口 25,000 人あまりの市であり，富山県との県境に位置している（図 13-2）。山之村の位置する旧神岡町は，養老年間に採掘が始まった亜鉛や鉛，銀等の三井金属鉱業（神岡鉱山）の鉱山町であったが，2001 年に採掘は停止された。山之村は，旧神岡町の市街地である船津から自動車で 40 分程度の標高 1,000 m 付近の高地に位置する，総人口数 200 名弱の 7 つの集落から成る小地域一帯のことである。1960 年前後には 1,000 人以上の人口を擁しており，人口減少とそれに伴う高齢化が進んでいる。飛騨牛飼養の畜産業が営まれており，ほうれん草，寒干し大根などが特産品であるが，船津に通勤就業する者もいる。また，山之村には農協の購買所や診療所があり，船津には病院やショッピングセンターが立地し，通院や日常的な消費機会へのアクセスは確保されている。ただし，冬季は積雪が 3 m を超え，

表 13-3　山之村の内発的地域経済組織

名称	設立年	概要
すずしろグループ	1985	1985年に発足した寒干し大根研究会を前身とする主婦による農産加工グループ。
山之村観光（株）	2000	2000年に発足した山之村のキャンプ場，道の駅「天空の里」を管理運営する会社。
夢づくりの会	2002	農業公園計画策定に伴い，住民13名で発足。山之村の各種事業計画を住民主導で行う。
山之村牧場（株）	2008	2008年に発足した「天空の里　山之村牧場」を管理運営する住民有志の共同出資による会社。

出典：聞き取りにより中川作成。

交通が遮断されることもある。

　教育施設には，飛騨市立山之村小中学校があり，2017 年 4 月 1 日現在，小学生 8 名，中学生 1 名が在籍する小中学校併設校である。山之村保育所は，定員 20 名であるが，未満児保育は行っていない。高等学校は，船津に県立高校がある。

（2）取り組みの沿革

　山之村では，1988 年に農村リゾート構想が策定され，1992 年に第三セクターによる「神岡高原開発」が発足したが，バブル崩壊により頓挫している。しかし，2000 年には，地域活性化を目的に神岡町によって再び「農場公園計画」が策定された。一方，住民の間では，以前の開発計画頓挫の経験から，自分たち自身が取り組む必要があるとの考えが生まれ，有志によってむらおこし活動に取り組む「山之村夢づくりの会」が創設された。それを機会に人口 200 人にも満たない山之村の，経済組織の活動が活発に展開されるようになった（表 13-3）。

　農業公園計画は，飛騨市への合併後の 2005 年に，飛騨市と岐阜県等の出資による第 3 セクター「山之村牧場」として実現した。愛媛県西条市に本社のある㈱ファームが経営を行う，官設民営型の運営であり，20 ha の敷地に，ジャージー牛十数頭を飼育し，ソーセージやヨーグルトなどの加工品を製造するプラントとそれらの販売施設，レストランを併設する複合的農業公園施設であった。

　奥飛騨山之村牧場の入園者数は，初年度こそ 10 万人を超えたものの，徐々に減少し，2007 年には，㈱ファームが観光部門からの撤退を表明したことから，飛騨市との運営方針の対立が生まれ，㈱ファームは山之村牧場の事業そのものか

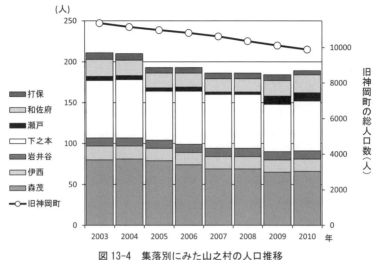

図 13-4　集落別にみた山之村の人口推移
出典：「住民基本台帳」により作成。

ら撤退してしまう。ところが 2008 年には，夢づくりの会のメンバーを中心に，住民有志が出資し合って，「山之村牧場㈱」が発足するのである。

(3) 現在の状況

　事業者は撤退したが，その間に山之村の人々はいろいろなものを得た。1 つは牧場そのものである。住民有志による事業としては規模が大き過ぎるため，現在も経営は難航しているが，それでも地域に観光客を呼び込み，新たな雇用を生み出している。また，牧場開設に伴う従業員の住居として市営住宅が建設された。さらに，岐阜県の地域支援ガンバル隊事業で数人の若者が周年的に居住し活動した。こうした結果，3 組の若い夫婦が市営住宅に来住し，内 2 組は，牧場の就業機会を得た。また内 1 人はガンバル隊のメンバーだった。3 組の夫婦はこの 2 年ほどの間に次々と出産しており，山之村はベビーラッシュに沸いている状況にあり [5] 人口は微増傾向に転じている（図 13-4）。

4.2　エネルギー 100％地域自給を目指す：高知県檮原町

(1) 地域の概況

　高知県檮原町は，町総面積の 91％を森林が占める奥地山村である。森林面積

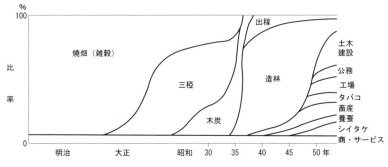

図13-5　四国山地高知県檮原町における生業構成の変化（概念図）
出典：藤田，1981，p.150。

のうち，63％は民有林の人工林であるが，かつては日本で最も遅くまで生業的な焼畑耕作が行われており（1960年頃まで），焼畑跡地に造林が展開してきた（藤田，1975）。また，日本で初めて棚田オーナー制度を始めた町でもあり（1992年），近年は，FSC（森林管理協議会）森林認証を最も早く取得した団体であることでも知られている（2000年）。高度成長期以降の変動の中で，住民は就業を変化・多様化させつつ対応を図ってきたが（図13-5），今日も時代の変化に積極的に応じた資源利用のあり方を探求し続けている。しかし，1958年に11,224人を数えた人口はすでに4,000人を切る水準にあり，人口減少が著しい「過疎地域」でもある。また，65歳以上人口が40％以上を占めている（2011年現在）。

（2）取り組みとその意義

　檮原町では，1999年から風力発電を開始した。現在2基の風車が四国カルストに設置されており，約3,500万円／年の売電益を得ている。2000年には，森林の機能発揮と林業の持続的発展を基本理念とした「森林（もり）づくり基本条例」を公布し，「水源地域森林整備交付金」を設けて，間伐を行った所有者に10万円／haを交付している（図13-6）。この交付金には，風力発電による収益が充てられている。また，2007年にはゆすはらペレット㈱が，森林組合を運営母体とする第三セクター方式で設立され，製材端材や残材類を用いて，年間1,800tのペレットの製造販売を開始している。その結果，森林整備と風力発電を結びつけ，図13-7にみられるような循環が生まれつつある。ほかに，太陽光発電や小水力発電，木質バイオマスの利用を図っている。現在の電力の町内自

給率は 28.5％に上るが，2050 年までにはさらに 100％自給を実現する計画である。

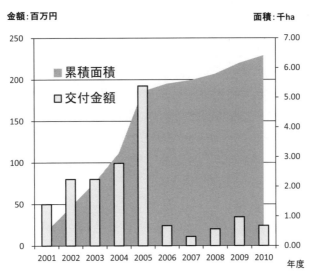

図 13-6　森林整備交付金の実績と森林整備（間伐）面積の推移
出典：檮原町資料により作成。

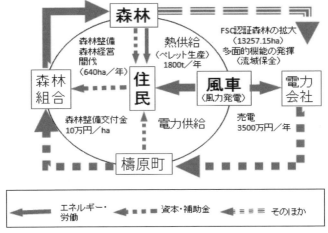

図 13-7　檮原町における森林整備と風力発電との結合による循環
出典：檮原町資料より中川作成。

5　過疎山村の課題と展望

2 つの事例に過ぎないが，上記の過疎山村の事例を通して，今後の課題と展望の考察を試みたい。

まず，山之村の事例は，過疎山村における人口再生産に関連している。山之村では，官設民営型の外部企業が運営する観光牧場の立地を契機として観光施設の整備が進められ，市営住宅も整備された。しかし，重要なのは，外部企業撤退後の，住民の自発的な組織形成による再生への取り組みであった。牧場経営再建に向けた住民の取り組みによって雇用が維持されたのである。高齢化が進み，規模の縮小した集落であっても，複数の集落が一体となった地域での取り組みが若い新規住民の流入をもたらし，人口再生産に結びついている。

ただし，これは観光牧場が立地し得る地域の条件が前提になっている。すなわち山之村は，マクロにみれば，北陸地方の都市部やさらには名古屋大都市圏からの観光客をも見込むことができる B 類型の過疎山村である（図 13-1）。こうした過疎山村は，規模が小さく，高齢化が進んでいたとしても，外部との人の交流を図り，適切な経済基盤による雇用が維持されれば，一定規模での存続が可能であろう。ただし，山之村の場合，旧神岡町における消費機会や医療・教育サービスの供給が住み続ける要因の 1 つとなっていることも考慮する必要がある。近隣中心地のサービス機能の維持如何を含めて，「多自然居住」や「自然共生地域」としての整備・発展が望まれる地域なのである。

櫟原町は，C 類型に分類される国土の周辺部の過疎山村である。櫟原町の取り組みは，広大な森林の整備を風力発電による売電益で推進することによって FSC 認証森林面積を拡大し，さらには製材端材や残材類のエネルギー化を図ることによって，資源利用の地域内循環を生み出そうとする。自然の営力のみでは結びつけにくい，風と森とを，資本でつなぐ，斬新なアイディアである。地域のエネルギー自給率を高め，さらには森林のもたらす価値を高めようとする試みでもある。日本のエネルギー政策が，再生可能な自然エネルギー利用をより重視するようになれば，櫟原町のモデルは，多くの過疎山村への適用可能性が開けそうである（中川秀一，2012）。こうした構想は，すでにヨーロッパでは実践段階にあることが紹介されてきており，国内の他地域でも試行されている（藻谷浩介ほか，2013；

古谷　豊ほか，2014)。過疎山村の将来は，必ずしも暗く閉ざされているわけではなく，縮小する日本社会に，展望を拓くものでさえあり得るだろう。

（中川秀一）

注

1) 小田切（2009）は農山村の問題状況を人，土地，むらの「空洞化」として段階的に把握することを提唱し，その深層で進行する「ほこり」の空洞化こそ本質的な問題だと指摘する。

2) 同様の趣旨から，それぞれの位置的条件による不利な状況を踏まえた法律に，離島振興法や半島振興法がある。中山間地域対策も位置的条件を考慮しているが，主として農林業経営の条件に関係している（表 13-1）。

3) ここでは，2009 年現在の数値によって作成している。

4) 国土形成計画においては，都市の人口規模とそこへのアクセスを考慮して「生活圏」が設定されている。将来的に都市的なサービス供給が維持される生き残る生活圏とそうではない圏域とを区分し，後者を自然共生地域とし，自律的な発展が要請されている。

5) 3 組のうち夫婦で牧場で働く 1 組は，未満児の保育機会がないことから，一時的に船津に居住地を移して，牧場に通勤している。夫は山之村の集落の消防団に入り，子どもが山之村の保育園に預けることができる年齢になれば，また転入する予定である。

演習問題

①過疎地域に指定されている市町村の人口変動について，国勢調査などで調べてみよう。なるべく長い期間について動向を整理した上で，地域の経済条件に照らし合わせて，その変化の要因を考察してみよう。

②山村振興調査会の調査報告書から，任意の振興山村に関する調査報告書を探してみよう。報告書の内容と現在の状況とを照らし合わせてみて，合致している点とそうではない点とを取り上げ，その理由を考察してみよう。

入門文献

1　藤田佳久（1981）:『日本の山村』地人書房.
2　宮口侗廸（2020）:『過疎に打ち克つ─先進的な少数社会をめざして』原書房.
3　小田切徳美（2021）:『農村政策の変貌　その軌跡と新たな展望』農文協.
4　筒井一伸編著（2021）:『田園回帰がひらく新しい都市農山村関係』ナカニシヤ出版.
5　西野寿章（2020）:『日本地域電化史論：住民が電気を灯した歴史に学ぶ』日本経済評論社.

1 は，日本の山村へのさまざまな研究領域からのアプローチを整理し，山村の本質

の豊かな歴史性，文化性を描いたうえで，今日に至る山村問題が政策による経済基盤の脆弱化によってもたらされたものであることを明らかにしている。では，山村問題の核心である過疎に政策はどう向き合っていくのか。2 は，過疎対策の前線で格差から価値への転換を唱えた著者が，都市とは異なる低密度な居住地域の価値の存在を各地の具体的な事例を通じて示している。3 は，こうした動向を価値地域問題として従来の地域格差を問題にする課題地域問題と区別し，さらにグローバルな競争的環境から遠ざけられている農村問題があらわれていることを指摘している。こうした課題に対して，国内での都市農村関係の再構築が新たな地平を切り開く可能性について検討したのが 4 である。「田園回帰」の具体像と理論的な位置づけを探求している。地域間の関係性が新しいエネルギーをめぐって変革されていく可能性はすでにひらかれつつある。5 は，戦前日本の農村地域における内発的な地域電化の過程を明らかにしている。地域を変革していく力は，日本の農山村に内在していたものであることを気づかせてくれる。

第 III 部

地域経済の政策

第 14 章

地域経済政策の基礎理論

1　地域政策の定義と類型

　第 I 部では地域経済の理論，第 II 部では地域経済の実態についてみてきた。これまでの記述を踏まえて第 III 部では，地域経済政策[1]を考えていくことにしたい。具体的な政策内容については，次章で詳しく取り上げるが，その前にそもそも地域政策とは何か，この点を確認するとともに，地域経済政策を考える上で重要となる基礎理論を整理しておくことにしたい。

　川島哲郎（1988）は，地域開発政策と比較しそれを否定することで，**地域政策**の基本的性格を以下の 3 点にまとめている（p.5）。すなわち，①「フィジカルな手段による経済発展を唯一の目的とする政策ではなく，開発の抑制や現状の保全も含んで，総合的な福祉水準の向上を目指す政策」，②「個々の地域に対する個別的施策の単なる集合ではなく」，「国土全体の総合的かつ合理的利用についての理念に裏付けられた政策」，③「資本主義経済の下にあっては，自生的にはその成熟段階以前には期待できない政策」としている。

　その上で，地域政策が国内の**地域問題**の発生とその深刻化に対応しているとし，1930 年代のイギリスの特定地域の開発やアメリカの TVA を先駆とし，本来的には地域間の平等を究極的理念とする福祉政策的色彩の濃いものとして位置づけている。ここで地域問題を，個々の地域の抱える特殊な問題ではなく，「地域間の相互関係をふくむ一国全体の地域構造を視野の内に収め，国民経済全体の地域的編成」（古賀正則，1976，p.10）の問題としてとらえている点に留意する必要がある[2]。川島はまた，「地域政策の指向の重点や具体的形態は，各国の自然的，歴史的条件，経済発展の段階や水準，経済の構造や体制などによって異なる」（p.7）とし，とりわけ日本のような後発資本主義国では本来的性格か

らの逸脱が著しく，戦後の高度成長期の日本の地域政策は，「産業政策の一翼を
担う地域政策，あるいは成長政策としての地域政策とでも呼ぶべきものに他な
らなかった」（p.9）と述べている。

　これに対し，宮本憲一ほか（1990）は，**内発的発展**による地域政策を提起して
いる。内発的発展の内容としては，①「大企業や中央政府による開発事業ではな
く，地元の技術・産業・文化を土台にして，地域内市場の発展を重視し，地域の
住民が学習し計画し経営するもの」，②「環境保全の枠の中で開発を考え，自然
の保全や美しい街並みを創出するアメニティを重視し，福祉や文化の向上によっ
て住民生活を豊かにする総合目的をもっている」こと，③多様な産業連関構造を
地域内でつくりあげ，付加価値が地元に帰属するような地域経済の質をつくりあ
げる」こと，④「住民参加を制度化し，自治体が住民の要求に基づいて，資本や
土地所有を公共的に規制しうる強力な自治権をつくりあげるもの」といった諸点
があげられている（佐々木雅幸，1990，pp.134-135）。

　このように地域政策は，その目的により成長政策的なものと福祉政策的なもの
とに，またその手法により企業誘致を通じた外来型発展と地域の資源を活かした
内発的発展とに大きく分けられる[3]。表 14-1 は，横軸に外来型発展と内発的発展，
縦軸に産業発展と「建造環境」[4]整備をとり，日本の地域政策において採られて
きた手法を整理したものである。そうした区分に従うと，これまでの日本では，
外来型発展による成長政策的な色彩が強かったといえよう。

　もちろん，地域問題は時代によって変化し，地域政策の内容も変わってきた。
日本国内に限っても，1970 年代の地域間の所得格差や過疎・過密問題，公害問

表 14-1　地域政策の類型と新たな展開方向（松原作成）

	外来型発展	新たな方向（統合型）	内発的発展
産業発展	工場誘致（新産都・テクノポリス等）	産業集積政策（産業クラスター・地域イノベーション等）	金沢モデル 一村一品 地域ブランド
建造環境整備	大型公共工事 財政トランスファー		まちづくり 景観整備

題に代わって，1980 年代後半以降は，グローバル化の進展や人口減少，財政危機を背景に，地域の自立や国際競争力の強化，地域の持続的発展や地域イノベーションが中心的な課題になってきている。地域間格差のとらえ方自体も多様となり，時代とともに比較すべき視界も変化してきた[5]。表 14-1 では，新たな方向として，外来型発展と内発的発展，産業発展と建造環境整備を対立的にとらえるのではなく，それらを統合する方向として，新たな産業集積地域政策を示している[6]。本章では，地域政策の中心的な課題であった地域間格差に関する理論的な考え方の変化をたどるとともに，地域政策をみていく上での新たな分析視角を検討することにしたい。

2　地域間格差に関する基礎理論

地域間の成長格差に関する理論は，格差が収束に向かうとする均衡論的立場に立つ議論と格差の拡大を主張する不均衡論とに大きく分けることができる（図 14-1）。均衡論の代表的見解は，新古典派経済学によるものである。これに対し不均衡論の代表的な見解としては，マルクス主義の不均等発展論[7]や一部の開発経済論があげられる。以下では，新古典派の地域経済成長論とミュルダール（Myrdal, G., 1957）の「累積的因果関係論」を取り上げるとともに，最近注目を集めている内生的成長理論とクルーグマン（Krugman, P., 1991）の「地理的集中モデル」の特徴をみていくことにする。

2.1　新古典派地域経済成長モデル

地域間の成長格差を測定する研究は，ボーツ・スタイン（Borts, G. H. and Stein, J.L., 1964）のアメリカ合衆国での研究をはじめ多く行われているが，その理論的基礎は，1 人当たりの産出量の伸びに対する新古典派成長モデルを地域の成長モデルに置換する試みに依拠するといってよいであろう。新古典派の地域経済成長モデルの基本的内容は，地域の産出量の増大が，技術進歩の度合と労働の増加率，そして資本・労働比率に依存するというものである[8]。

地域経済においては，資本・労働移動の自由度が高いので，こうしたモデルに地域間の資本・労働移動が与える影響を考慮することが重要となる。資本・労働

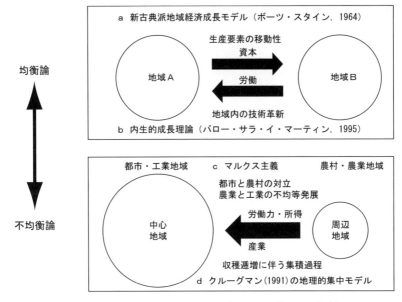

図 14-1　地域間格差に関する均衡論と不均衡論（松原作成）

の移動を自由と仮定すると，資本も労働も最も高い期待収益率を提供する地域へ向かうとする新古典派の世界においては，資本・労働比率の高い地域では賃金が高く，資本投資の収益率が低くなることが一般に認められ，その結果低賃金地域から高賃金地域に労働力の移動が起き，逆に高賃金地域から低賃金地域へ資本の移動が生じて，地域間の格差は調整されることになる。

　こうした新古典派の地域経済成長モデルに関しては，前提自体の吟味が必要となろう。労働移動については，居住地移動を伴うことが多く，さまざまな摩擦が生じる。資本移動についても，情報の不完全性下では，逆の流れが生じることもある。過疎地域対策としての集落再編などのように，人の移動によって格差を解消しようとする議論は今日でもよくなされるが，自動調節機構はそう簡単には働かない。

2.2　開発経済論

　新古典派の均衡論に対する**不均衡論**の代表的見解に，ミュルダールの**累積的因**

果関係論がある[9]（図 14-2）。ミュルダールは，国際間・国内間の地域間格差の形成要因として，①市場諸力の累積的効果，②波及効果と逆流効果のバランス，③国家の民族主義的政策と平等主義的政策の 3 点をあげている。国際間の地域間格差については，市場諸力の累積的効果，世界国家の欠如，人類相互の連帯性の欠如といった理由によって，不平等が累積的・循環的に増大するという傾向を指摘している。

　ただし，ミュルダールの議論は，格差拡大一辺倒の議論ではない点に注意する必要がある。彼は，開発国と低開発国に分け，それぞれの地域間格差を検討している。開発国では，波及効果が逆流効果を上回るため地域間格差が縮小，これとは反対に低開発国では，逆流効果が波及効果を上回るため地域間格差が拡大する傾向にあることを指摘している。そこでは，波及効果と逆流効果双方への政策的な関与が重視され，そうした政策の背後にある主体の意識に言及がなされている

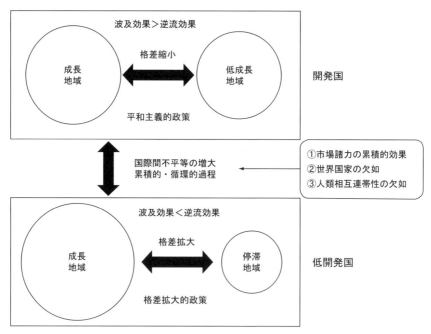

図 14-2　ミュルダールの循環的・累積的因果関係論
出典：矢田俊文，1990，p.194 をもとに作成。

点にも注目すべきであろう。

　ところで，開発経済学の代表的な研究成果をみてみると，それぞれの論者による地域政策の戦略は必ずしも同じではないことがわかる（表 14-2）。ヌルクセ（Nurkse, R., 1953）は，「貧困の罠」から抜け出すために，同時多発型の産業発展・地域発展をめざす**「均整成長理論」**を提起した。これに対しハーシュマン（Hirshman, A.O., 1958）は，**「不均整成長理論」**を提起し，投資は部門的にも地域的にも特定の部門，あるいは特定の地域に集中させた方がよいとした。また，直接生産活動を先行させて，社会的な間接資本をそれに追随させていく考え方，そして産業連関上，前方連関効果よりも後方連関効果を重視する考え方，さらには地域的には，後述の「成長の極」理論とも関連して，成長拠点への集中投資を重視する考え方を主張している。

　さらには，ペルー（Perroux, F., 1955）により提起された**「成長の極」理論**も，各国の地域開発政策に影響を与えるなど，重要な論点を提示している[10]。そこでは推進力工業の立地とその誘導効果が強調されるが，ここで推進力工業とは，成長率が高く，影響力の非常に大きい産業部門を指し，そうした推進力工業が規

表 14-2　1950 年代における開発経済論と地域政策理論（松原作成）

著者名 （刊行年）	著書・論文名	中心的な理論	主な戦略内容
ヌルクセ (Nurkse, 1953)	後進諸国の資本形成	均整成長理論	低開発均衡から抜け出すため，広範囲の異業種に同時多発型投資を実施。
ハーシュマン (Hirshman, 1958)	経済発展の戦略	不均整成長理論	直接生産活動，後方連関効果を重視し，成長拠点への投資による浸透効果を強め，分裂効果を弱める。
ミュルダール (Myrdal, 1957)	経済理論と低開発地域	循環的・累積的因果関係論	市場諸力の累積的効果，波及効果と逆流効果の強弱，国家の政策により国際間・国内格差が形成される。
ペルー (Perroux, 1955)	成長の極理論に関するノート	成長の極理論	推進力工業による規模の内部経済が他産業を牽引し，工業複合体を形成。寡占的競争による活力や異業種集積のメリットに注目。

模の内部経済を実現することにより，他産業に対して費用削減効果を発揮し，他産業を牽引し，外部経済を創出していくとしている。また，工業複合体の形成を重視している点も特徴的であり，そこでは基軸工業の成長や寡占的な競争による活力の創出，地域的な異業種集積のメリットが指摘されている。

2.3　逆U字型モデル

　ミュルダールらが地域間格差の空間的次元を問題にしたのに対し，ウィリアムソン（Williamson, J. G., 1965）は，世界の主要国における統計数値に基づき地域間格差の時間的推移を検討し，「逆U字型モデル」を提起した。すなわち，国民経済発展の初期段階では，資本や労働力の移動に関して逆流効果が強く働くため，国内の地域間格差は拡大傾向をたどるものの，ある段階でターニングポイントを越えると，集中地域での外部不経済の発生や地域間平等政策の発動などにより，地域間格差は縮小傾向を示すようになるというのである。実際，日本の地域間格差も，長期的にはこうした傾向を示してきた。

　むしろここでは，なぜ初期段階では逆流効果がより強く効き，後期段階では波及効果がより強く効くようになるかが重要となろう。国民経済の統合の程度，交通・通信体系の整備状況，都市間の連結度合，過集積に伴う外部不経済の大きさ，産業や人口の分散促進策や財政トランスファー等々が要因として考えられるが，それぞれの要因を総合した地理的構造の解明は，依然として今後の課題となっている。

2.4　内生的成長理論

　従来の新古典派成長理論では技術進歩を外生的に扱ってきたのに対し，内生的成長理論では，技術進歩を知識の蓄積や人的資本の蓄積などとの関係に着目しモデルの内部に組み込もうとしている。そこでは，国や地域の経済成長率の違いとその要因が分析されるとともに，経済成長や地域所得の収束仮説を実証する研究成果が提示されている（Barro, R.J. and Sala-i-Martin, X., 1995）。

　地域間格差の問題に即していえば，資本・労働の移動に注目する時代から地域内の技術革新の可能性が問われる時代に変わってきたといえる。もちろん，地域内の技術革新にどのような要素が効くかについては，知識の結合やスピルオー

バー，人的資本に関わる教育や学習など，さまざまな議論がありうるが，地域に固着した資源や資産により重心が置かれるようになってきた点は注目に値しよう。

2.5　クルーグマンの地理的集中モデル

　新古典派経済学をベースにしながらも不均衡論につながる議論を展開している論者が，クルーグマン（Krugman, 1991）である。彼は，アメリカ合衆国における製造業地帯への集中を念頭に置き，**収穫逓増**，輸送費，需要が相互に作用しあう地理的集中モデルを提示している。2 地域（東部・西部）・2 部門（農業，製造業）を想定し，農業は移動不可能で両地域に均等に分布，製造業への需要は，農民と製造業労働者の数に比例するものと仮定し，製造業の地理的配置の検討を行い，その結果，①東部への集中，②西部への集中，③両地域への均等な分散のいずれかになるという複数均衡を導き出す。そして，「どの均衡を得るかは，初期条件に依存している。つまり，歴史が重要となってくる」（p.30）点を指摘し，「19 世紀後半になって，製造業の規模の経済性は増加し，輸送費が下落し，非農業従業者の人口比率が増加した。その結果，製造業地帯が形成される運びとなった」（p.31）と述べるのである。

　彼はまた，「収穫逓増がさまざまな規模で経済立地に影響を与えている」，「最も小さい規模では，特定の産業の立地をみた場合，輸送上の便益によって集積がしばしば生じることが明らかである。中規模では，都市そのものが収穫逓増現象の帰結であるということもできる。最も大きな規模では，すべての経済地域の発展に差異が生じるが，これは収穫逓増に伴う集積過程によって引き起こされている」と述べている。こうした議論は，収穫逓増をモデルに取り込んだ新しい格差拡大論ということができよう。

　以上にみたように，新古典派の地域成長論と累積的因果関係論は，ともに資本・労働移動に力点を置いていた。前者が均衡論，後者が不均衡論とに分岐したのは，資本・労働移動のとらえ方の違いによるものということができよう。これに対し，新たに登場してきた内生的成長理論とクルーグマンの地理的集中論は，それぞれ技術革新，収穫逓増といった要素をモデルに導入することにより，地域間格差の理論を刷新したといえよう。すなわち，資本・労働移動の振る舞いでは

なく，地域内部の資源や資産のありように力点を置いた議論を導いたのである。しかも，こうした視点の転換は，地域間格差に関する経済理論と経済地理学との接点を拡げることを意味しているのである。

3　地域間格差への経済地理学的アプローチ

3.1　川島哲郎の地域間格差論

　経済地理学の観点から地域間格差を論じた代表的な研究者は，川島哲郎である。『経済学辞典』（岩波書店）の「地域格差」の項目に，その見解が要約されている（川島哲郎，1992）。

　まず，地域間格差の定義とその計測方法について，「経済の地域間格差は，ふつう地域住民 1 人当たりの所得比較という形で表現されることが多い」，「地域間格差は，それが一種の平均値比較であるという点で」，また「統計技術上の制約によって，事実上，行政地域（都道府県，州など），またはその統合地域を単位にした比較にとどまらざるをえない」（p.865），と述べられている。

　地域間格差が平均値比較であるという意味は，地域間格差の背後に往々にして地域内格差が隠されていることを喚起したものといえる。また，地域間格差を論じる上で対象地域の選定は重要な問題である。空間スケールが変わっただけで，格差の指標としてよく使われる変動係数やジニ係数は違ってくる。こうした点を考慮し，空間スケールを重層的に設定し，地域間格差の指標を多面的に採り，それぞれの変わり様を考察するアプローチも最近では提起されている（Yamamoto, D., 2006）。

　次に，地域間格差の成因に関しては，「地域間格差は，もともと資本主義経済における経済主体間の，さまざまな格差のいわば空間的投影であるから，その最も基礎的な成因も，この社会における階級の存在と，経済発展の不均衡がもたらす産業部門間，業種間，企業間の経済上の懸隔（企業規模，労働生産性，成長速度など）とにあるといわなければならない」，「地域間格差の成因の第 1 は，経済主体間の所得格差そのものにある」（p.865）としている。その上で，「しかし他方，この所得格差が地域に投影され，地域間格差の形態をとるためには，同時に地域の経済構造の差異が必須の前提になる。この意味で地域間格差の成因の第 2 は，

産業構成の相違をふくむ地域経済構造の差異である」との説明が続く。ここで
注意すべき点は，地域間格差が経済主体間の格差の単なる空間的投影ではなく，
地域の経済構造の差異に左右される点である。ここに，地域間格差の議論の難
しさがある。地域の経済構造は，地域の自然・文化・社会等の諸条件，産業や企
業の立地，人口移動などにより歴史的に形成されるものである。それをトータル
にとらえたものが地域的分業体系であり，そうしたマクロな地理的構造との関係
の中で，地域間格差をとらえていくことも必要である。

3.2　地域間格差分析の新局面

　これまでみた川島の議論は，産業部門間の格差と地域における産業部門構成を
中心に展開された。これに対し，グローバル化・人口減少・財政危機が進む日本
の現局面において地域間格差をみていく上では，新たな要素に注目する必要があ
る。

　まず第 1 に，アジアでの製造業の垂直・水平分業の進展を踏まえると，企業内
空間分業視点の導入が求められる[11]。マッシィの空間分業論（Massey, D., 1984)
などによると，本社と研究開発拠点，本工場，分工場といった企業内の管理・生
産の階層性が地域間格差の重要な要因として効いてくることが考えられる。もち
ろん，マッシィも述べるように，立地と地域との関係は複雑であり，本工場が他
のアジア地域への生産移管に伴い閉鎖され，分工場が地域に定着して「マザー工
場化」するケースも少なくない。そうした点では，工場の新規立地だけではなく，
移転や閉鎖，増設や削減といった既存工場の変化について分析してきた「立地調
整論」の研究成果も活用すべきであろう[12]。

　第 2 に，地域の経済構造に関しては，産業部門構成の差異を中心とした静態的
な議論ではなく，新しい産業集積に関する議論を踏まえた動態的な議論が重要と
なる[13]。そこでは，内生的成長理論における技術革新やクルーグマンが取り上
げた収穫逓増の議論との関わりも考慮されよう。地域経済の危機的状況と自立の
必要性が強く意識された際に「イノベーション」が創出される仕組み，関係性資
産としての主体間関係と社会文化的・制度的な「ミリュー」との相互作用の中で
地域固着的な競争力が生み出される仕組み，そうした動態的過程の解明が重要に
なってきている。

　第 3 に，情報・通信革命が進展する一方で，少子・高齢化による人口減少社会に突入し，都市の人口規模や階層性，都市間関係も変わってきており，そうした変化をふまえた都市システム論の新展開が必要になっている。中心地機能や各種サービスの維持について，都市圏の人口規模を中心とした議論が盛んになされる一方で，都市集積のグローバルな競争力に関心が集まり，そこでは都市規模にとらわれない創造性や革新性の議論がなされている。また，階層的な都市システムとは異なる「都市ネットワーク」に関する議論にも注目すべきであろう。そこでは，都市機能の専門化と都市間分業を重視する「補完的ネットワーク」とネットワークにより規模の経済を達成する「シナジーネットワーク」とに分けて，ネットワーク外部性の検討がなされている（Capello, R., 2000）。

4　地域間格差と地域政策

　地域間格差是正の政策としてこれまで主に採られてきたのは，各種産業・機能の地方分散策と財政トランスファーであった。しかしながら，国土政策も産業立地政策も転換期を迎え，地域の自立と国際競争力といった新たな政策的対応の段階に入っている[14]。

　川島哲郎は，「地域間の平等と均衡について」と題した論文で，就業の機会均等，地域間に均衡のとれた経済成長，国土資源の有効利用，消費分野での地域間平等などを重要な項目として取り上げ，産業構造の地域的平準化を重層的な機能地域設定と対応させて進めていく方向性を示唆した（川島哲郎，1978）。

　また矢田俊文は，就業機会の均等，教育機会の均等，文化機会の均等，医療・福祉機会の均等を実現できるよう，広域経済圏をテコにして国土構造を再構築する戦略を打ち出した（矢田俊文，1999）。そこでは，第 1 に，多様な産業の集積によって，産業構造転換，景気変動に強い体質をもった経済をつくること，第 2 に，産学官が一体化した強固な知的連関をつくること，第 3 に，高度な生活機会を系統的に整備する生活機能連関を確立し，中枢・中核都市の連携によって，広域の住民が複数の都市機能を活用できるシステムを確立することを重視し，「自律的経済圏」を政策的に構築することを提起している。

　こうした機会均等論は，国土政策や産業立地政策が地方ブロック圏域を政策空

間として重視してきている中で，存在感を増してきている。今後の具体的な政策形成における目標として，広域経済圏をベースとした地域間均衡は重要な柱になるであろう。その上で再度，地域間格差をとらえる地域の単位には注意を払う必要がある。当然ながら，対象とする地域のスケールを替えることによって，新しくみえてくる事象と逆にみえにくくなる事象とが出てくる。広域経済圏域内での地域内格差の問題をどのように扱うのか，あるいはまたグローバルに展開する企業の企業内空間分業，産業集積地域にイノベーションをもたらす人や知識のフロー，都市ネットワークなど，ネットワーク的な連鎖をどのように広域経済圏の中で位置づけていくか，こうした新たな問いに応えていくことが求められているのである。

（松原　宏）

注

1) 川島哲郎（1988）では，特定の地域について，地域独自の観点から講じられる政策を「地域経済政策」とし，全国的視角から行われる経済的な地域政策を「経済地域政策」と呼んで区別している。本章でも川島と同様に，地域間の関係を考慮したマクロ的な視角から地域問題や地域政策をとらえているが，用語の使われ方を考慮し，後者の意味で「地域経済政策」という用語を用いることにする。

2) 竹内啓一（1998）では，「国内の特定の領域が社会的，政治的あるいは経済的問題として，近代国家において提起されたのが地域問題である」（p.1），「地域問題の提起は社会思想なのである」（p.2）とした上で，「社会思想としての地域問題の研究にとって重要なことは，問題発生の契機のみでなく，それが存続する，すなわち再生産されるメカニズムを，経済格差，文化の相違などの社会的コンテキストと，地域問題を提起する主体および運動との2つの側面についても解明することである」（p.4）と述べている。

3) 西岡久雄（1968）は，問題地域類型別政策論を，後進地域の経済開発，不況＝失業多発地域の経済安定，過密地域の経済発展の調節に分けている。具体的な立地政策手段としては，後進地域や不況地域に対しては，成長産業の立地誘導が，また過密地域に対しては，立地規制が代表的なものといえよう。

4)「建造環境」（built environment）は，Harvey, D.（1982）の資本循環と都市理論の軸をなすもので，「広範な，人工的に創出され，自然環境に合体された使用価値からなる資源体系として機能するもの」，土地に固着されたインフラや建造物群をさす。

5) 国会図書館の雑誌記事索引を使って，「地域格差」をキーワードにして検索してみたところ，最近では，地域間の所得格差に加え，医師不足や介護保険の地域間格差など，

医療や福祉の面での格差に関する論文が目につく。地方農山村などの条件不利地域での生活困難は深刻で，地域経済・地域社会の存立自体が優先課題であり，東京との格差の是正といった地域間比較の観点は後景に退いている感さえある。ただし，1 人当たり県民所得の変動係数やジニ係数をもとにした地域間所得格差に関する分析結果によると，2002 年度以降格差が拡大傾向にあることが指摘されている。なお，『経済地理学年報』第 59 巻 1 号は，「地域格差の経済地理学」の特集号となっている（豊田哲也，2013）。

6) 川島哲郎（1988）では，国際化，情報化，創造化といったキー・ワードをもとに地域政策の将来を展望し，いずれも集中よりは分散に結びつき，「集権は分権にとって代わられる」（p.21）と述べていた。こうした川島の地域政策論は，2 重の意味で再検討が必要であるように思われる。1 つは，グローバル化の下で国民経済の重要性が相対的に低下するなかで，マクロ的視点よりも個々の地域の競争力が問われてきている。もう 1 つは，財政危機の下で福祉政策が修正を迫られるとともに，地域政策の切り口も狭義の経済中心から社会や文化，自然などに視野を拡げていくことが求められているのである。

7) マルクス主義の議論では，都市と農村との対立，農工間の不均等発展，農産物と工業製品との不等価交換などを通じて，地域間の収奪関係が問題にされ，格差は拡大していくという主張がなされてきた。なかでも，島　恭彦（1951）は，『現代地方財政論』の中で，戦後日本における都道府県間の経済指標の格差をもとに，生産諸力の地域的不均等や資金や所得の分布の地域的不均等を問題にし，地域的支配と従属の関係を指摘した。

8) 地域経済成長に関する理論を，マッカン（2008）は，①生産要素の空間的配分に焦点を当てる新古典派の考え方と，②地域間の所得フローに焦点を当て，域際収支バランスの観点から地域経済成長を論じるケインジアン・アプローチとに分けて説明をしている。さらに，ポスト・ケインジアンの地域経済成長論として，規模の経済による累積的な地域経済成長モデルを図示している。

9) ミュルダールをはじめ，ヌルクセやハーシュマンなどの開発経済論については，矢田俊文（1990）の整理を参照。

10) ペルーの「成長の極」理論をめぐる論点については，太田　勇（1973）や柳井雅人（1990）によってまとめられている。

11) 川上桃子（2012）は，「主導企業が生産活動に関するパラメータの設定とモニタリングを通じてサプライヤーとの取引関係を統御することを価値連鎖の『ガバナンス』と呼び，これを分析の中心に据える」（p.19）とし，インテルと日本のブランド企業，台湾受託生産企業からなる鼎状のアクター間関係を明らかにした。また，「現代の IT 機器産業における産業内分業のありようは，コア技術を封じ込めた中核部品のサプライヤーが握る強いパワーの理解抜きに把握することはできない」（p.22）として，「プラットフォーム・リーダーシップ」の議論を分析視角の中に導入している。

12）ワッツ（Watts, H.D., 1987）は，雇用変化に関わる構成要素を，新設，移転，現存工場での変化，閉鎖の4つに分け，現存工場の変化の中で立地調整問題を取り上げている。ワッツの研究成果は「企業の地理学」に属するが，企業論や企業文化などの新たな観点を考慮した新しい「立地調整論」の成果が求められている。

13）新しい産業集積や都市集積の議論の内容に関しては，松原　宏（2006）を参照。またMartin, R. and Sunley, P.（2011）は，クラスターの創発から成長，成熟化といった単純なライフサイクルモデルを超え，多様な軌跡から構成される八の字型のモデルを提示し，クラスターの進化について論じている。

14）地域の競争力については，『Regional Studies』38巻9号で特集が組まれているが，既存の議論の寄せ集めの感が強い。そのなかで，Gardiner, B. et.al.（2004）は，地域の競争力に関する「ピラミッドモデル」を示している。そこでは競争力の源泉として，研究・技術発展，中小企業の発展，直接投資活動，インフラと人的資本，制度と社会関係資本などをピラミッドの下部に配し，その上に労働生産性と就業率，域内総生産を競争力の指標として置き，目標として生活水準・生活の質を頂点に掲げている。

演習課題
①日本以外の国や地域を1つ選び，代表的な地域政策や産業立地政策を取り上げ，文献資料をもとに，政策の特徴や理論的背景，成果や課題をまとめてみよう。
②地域政策の具体的な事例をあげて，政策内容、特徴と問題点を調べるとともに，どのような類型に該当するか，考えてみよう。

入門文献
1　家中　茂ほか編（2019）:『新版　地域政策入門』ミネルヴァ書房.
2　増田　正ほか編（2011）:『地域政策学事典』勁草書房.
3　遠藤宏一（1999）:『現代地域政策論』大月書店.
4　川島哲郎・鴨沢　巖編（1988）:『現代世界の地域政策』大明堂.
5　池田善長（1977）:『地域開発の政策原理』大明堂.

　　1は, 地域政策に関わる64の事項について, わかりやすく解説した入門書。2は, 地域政策に関する幅広い用語の解説が充実している。3は, 戦後日本の国土・地域開発の特徴が具体的な地域での実証分析により明らかにされている。4は, 地域政策に関する川島説が収録されるとともに, 世界の主要国における地域政策の検討がなされている。5は, 地域開発に関する方法論的な議論が詳しくなされている。

第 15 章

地域経済政策の軌跡と展望

1 地域経済政策の枠組み

　前章では，地域経済政策の基礎的理論を取り上げ，地域間格差の是正から地域
の国際競争力強化へと地域問題が変化してきたことを背景に，理論も開発経済学
から産業集積理論へと転換してきている点を明らかにした。最後の章にあたる本
章では，日本における地域経済政策をとらえる枠組みを提示するとともに，これ
までの地域経済政策の歴史的変遷を整理し，地域経済政策の新局面と今後のあり
方を展望することにしたい。

　地域経済政策の枠組みにおいては，産業立地政策や国土政策，地方行財政政策
などの各種政策を策定し，実施する主体としての国や地方自治体の役割がまずは
重要となる（図 15-1）。しかしながら，ヒトやモノの地理的流動の広域化など，
地域経済循環の広域化と行政圏域との乖離は拡がってきており，さまざまな形で
広域行政が実施されてくるとともに，地方分権の進展により，中央政府と地方
政府との政府間関係も変化してきた[1]。地域経済政策の分野に関しても，地方行
財政や農林水産業や製造業といった地域産業，道路や港湾などの産業インフラと
いった従来からの領域にとどまらず，地域イノベーション政策や国際戦略特区な
ど，政策ターゲットも拡がりをみせている。

　また，民営化や NPM（ニューパブリックマネジメント）などの**公民連携**の導
入を通じて，政策の担い手も行政機関だけではなく，NPO や社会的企業，コミュ
ニティなど多様な主体へと拡がってきており，地域政策をめぐるガバナンスのあ
り方が問われるようになってきている[2]。

　こうした変化を踏まえながら，以下ではまず日本の国土政策と産業立地政策を
中心に取り上げ，地域経済政策の歴史的展開を振り返ることにしよう[3]。

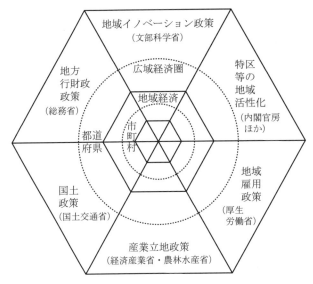

図 15-1　地域経済政策の枠組み（松原作成）

2　日本の地域経済政策の歴史的展開

2.1　全国総合開発計画の時代

　日本の国土政策は，1950 年の**国土総合開発法**の制定を始点とする。戦後の復興期は，戦前から形成されてきた四大工業地帯の復興が叫ばれ，石炭や鉄鋼，化学や繊維といった産業が，産業構造を牽引していくものと位置づけられていた。この復興の時期に国土総合開発法が制定され，**特定地域総合開発**が実施された。これは北上川，只見川などの大きな河川の上流域で多目的ダムをつくることを主な目的にしており，アメリカの TVA をみならったといわれている。ただし，日本の場合には，電力を四大工業地帯に供給することが中心となった。その後**エネルギー革命**が 1950 年代に起きるが，石炭や豊富な水力などの国内資源に依存していた化学工業や鉄鋼業が，市場立地に転換していくことになった。

　1950 年代後半から 60 年代前半にかけての高度成長期の前期には，三湾一内海（東京，伊勢，大阪の 3 湾と瀬戸内海）に鉄鋼や石油化学の巨大な工場設備が建設された。1962 年に策定された**第 1 次全国総合開発計画**では，既存の工業地帯

表 15-1　全国総合開発計画の歴史

	全国総合開発計画	新全国総合開発計画	第三次全国総合開発計画	第四次全国総合開発計画	21世紀の国土のグランドデザイン
閣議決定年	1962	1969	1977	1987	1998
背景	高度経済成長	高度経済成長	オイルショック	バブル期東京一極集中	少子・高齢化，グローバル化
基本目標	地域間の均衡ある発展	豊かな環境の創造	人間居住の総合的環境の整備	多極分散型国土の構築	多軸型国土構造形成
基本的課題	都市の過大化の防止	国土利用の再編成	居住環境の総合的整備	世界都市機能の再編成	国土の安全と暮らしの安心の確保
開発方式	拠点開発方式	大規模プロジェクト構想	定住構想	交流ネットワーク構想	参加と連携
関連した議論	所得倍増計画	日本列島改造論	田園都市構想	世界都市論	国土軸と地域連携軸

出典：『国土統計要覧』より松原作成。

の用地，用水不足に対応して，**拠点開発方式**で**新産業都市**（1962 年）や**工業整備特別地域**（1964 年）が整備されていった（表 15-1）。寡占企業間の競争が強く働き，日本的な市場戦略立地といってよいような形で，鉄鋼，石油化学メーカーが太平洋ベルトに巨大工場を立地させて行った。

　新産業都市の指定にあたっては，多くの地域が名乗りをあげ，21 カ所が指定されることになった[4]（図 15-2）。これに対し，工業整備特別地域は，全国 8 カ所が指定されたが，こちらは太平洋ベルトに絞り込まれていた。大分や鹿島が「優等生」とされ，製鉄所や石油化学プラントが臨海部の埋め立て地に立地し，港湾と道路の整備がなされた。これに対し，日本海側や大都市圏から離れた新産業都市では，工場立地が進まず，工業用地の遊休地化などの問題が生じた。

　1960 年代後半以降の高度経済成長後期には，依然として素材部門，鉄鋼や石油化学工業は，大型化を図り，電機，自動車といった機械工業が，国内市場に加え輸出市場の伸びを背景に，大きな伸びを示していた。太平洋ベルトの外延的拡大が志向され，とりわけ 60 年代後半から 70 年代にかけて，東京や大阪の大都市圏の外延部に機械工業が立地を展開した。機械工業の空間分業が進んで，完成品の拠点工場を大都市圏の外延部に置き，部品工場を地方都市に置いていくという

図 15-2　新産業都市・工業整備特別地域とテクノポリス
出典：『地域統計要覧』および通商産業省資料より松原作成。

形で，農村部に下請的な部分工程的な部品工場を展開させていった。

　1969 年に新全国総合開発計画（2 全総）が出されるが，そこでは**大規模工業基地**ということで，北海道の苫小牧東部，青森県むつ小川原，鹿児島県の志布志などに大規模な工業基地をつくることを計画した。こうした日本列島の縁辺部に大規模工業基地を建設する政策は，その後のオイルショックにより破綻することになった[5]。なお 2 全総では，新幹線や高速道路といった高速交通体系の整備が打ち出され，それが札幌，仙台，広島，福岡といった地方中枢都市の成長を促した

点に注目すべきである。

　その後 1977 年策定の第 3 次全国総合開発計画以降は，経済政策や産業政策の位置づけが弱くなり，新たに発足した国土庁を中心に，国土づくりやまちづくりの要素が強くなる（表 15-1）。3 全総では田園都市構想，定住構想が，1987 年策定の第 4 次全国総合開発計画では多極分散型国土の構築，交流ネットワーク構想が，さらに 1998 年策定の「21 世紀の国土のグランドデザイン」では多軸型国土構造の形成，地域連携軸が打ち出されるが，現実には過疎化が深刻化し，東京一極集中が進展し，理念と現実との乖離が著しくなっていった。

2.2　国土形成計画の特徴と課題

　1950 年以来日本の国土政策の柱をなしてきた全国総合開発計画は，21 世紀に入り，その役割を終えることになった。2005 年に「国土形成法」が成立し，地域の自立的発展を強調する**「国土形成計画」**が打ち出されるようになったのである。これは，全国計画と広域地方計画とに大きく分けられ，新たに登場した広域地方計画は，法律で定められた地方ブロック区分に従い，各地方ブロックに設けられた国の出先機関，経済団体，各県の担当者等からなる広域地方計画協議会での協議の上で，策定されることになっている。

　2008 年に全国計画が，東アジアとの円滑な交流・連携，災害に強いしなやかな国土の形成，新たな「公」を基軸とする地域づくりなどを柱に策定された。これを受けて 2009 年 8 月には，概ね 10 年を計画期間に各地方の広域地方計画が公表された。なお同時期に，これまで道路，治水，港湾など事業分野別に策定されてきた長期計画を統合した「社会資本整備重点計画法」（2003 年 4 月制定）に基づき，「地方ブロックの社会資本の重点整備方針」も策定された。

　広域地方計画における地域産業政策についてその内容をみてみると，東北圏では，農業・水産業の収益力向上，次世代自動車関連産業，滞在型観光圏，新エネルギー，非鉄金属等リサイクル，首都圏では，国際ビジネス，情報ベンチャー，量子ビーム，中部圏では，ものづくり産業の競争力強化，新エネルギー産業，農林水産業の持続的発展があげられている。また，近畿圏では次世代産業，環境エネルギー産業，中国圏ではものづくり産業の再構築・高度化，四国圏では林業と木材産業の一体的な再生，健康支援産業があげられ，九州圏ではカーアイランド，

シリコンアイランド，新エネルギー産業，フードアイランド，観光アイランドが
目指されている。

　各地方ブロックのポテンシャルに合わせた産業の選定がなされているものの，
ブロック間で重複する重点産業も目立ち，全体的な調整はみられない。なお，
2009 年 9 月の民主党による政権交代以降，広域地方計画のフォローアップ以上
の進展はみられなかったが，2011 年 3 月 11 日の東日本大震災，2012 年 12 月の
自由民主党と公明党の連立政権の成立によって，計画の大幅な見直しが今後なさ
れていくものと思われる[6]。

2.3　産業立地政策の転換

　わが国における産業立地政策の変遷を回顧すると，いくつかの転機を見いだす
ことができる（図 15-3）。1950 年代後半以降の戦後高度成長期においては，既存
の工業地帯における過密問題への対応が重要な政策課題とされた。1959 年には
「首都圏の既成市街地における工業等の制限に関する法律」，1964 年には「近畿
圏の既成都市区域における工場等の制限に関する法律」が制定され，制限区域内
の一定面積以上の工場（首都圏では 500 m^2 以上，近畿圏では 1,000 m^2 以上）お
よび大学等の新設・増設が制限された。1960 年には**太平洋ベルト地帯構想**が打
ち出され，鉄鋼や石油化学といった重化学工業の臨海コンビナートへの立地促進
のために，新産業都市や工業整備特別地域に代表される拠点開発方式による工業
拠点整備が進められた。

　1970 年代に入ると，工場の地方分散がより明確に打ち出されるようになる。
1972 年に工業再配置促進法が制定され，大都市およびその周辺の工業集積地域
を「移転促進地域」，工業の集積の程度が低く，人口増加率の低い地域を「誘導
地域」とし，「移転促進地域」から「誘導地域」への工場移転が促進された。オ
イルショック後の 1980 年代以降は技術立国路線に基づき，テクノポリスセンター
やリサーチパーク，ソフトパーク，オフィスアルカディアなどの産業基盤整備が
なされ，ハイテク工業，ソフトウェア，オフィス機能といった産業・機能の地方
分散政策が採られてきた。とりわけ，1983 年に施行された「高度技術工業集積
地域開発促進法（テクノポリス法）」は，ハイテク工業の誘致をめざす地方自治
体の活発な動きにより，全国 26 地域が指定された（図 15-2）。テクノポリス地

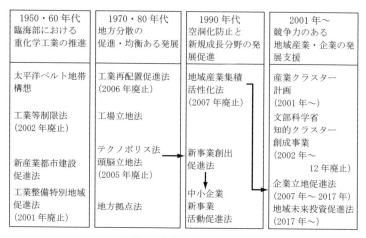

1950・60 年代 臨海部における 重化学工業の推進	1970・80 年代 地方分散の 促進・均衡ある発展	1990 年代 空洞化防止と 新規成長分野の発展促進	2001 年〜 競争力のある 地域産業・企業の発展支援
太平洋ベルト地帯構想	工業再配置促進法 (2006 年廃止)	地域産業集積活性化法 (2007 年廃止)	産業クラスター計画 (2001 年〜)
工業等制限法 (2002 年廃止)	工場立地法		文部科学省知的クラスター創成事業 (2002 年〜 12 年廃止)
新産業都市建設促進法	テクノポリス法 頭脳立地法 (2005 年廃止)	新事業創出促進法	企業立地促進法 (2007 年〜 2017 年)
工業整備特別地域促進法 (2001 年廃止)	地方拠点法	中小企業新事業活動促進法	地域未来投資促進法 (2017 年〜)

図 15-3 産業立地政策の変遷
出典：経済産業省資料をもとに松原作成。

域へのハイテク工業の立地は，十分に進まなかった地域が少なくないが，大学や試験研究機関などの集積が，1990 年代後半以降の地域イノベーション施策に受け継がれていくケースもみられた[7]。

　その後，1985 年の円高以降の海外立地の本格化と 1990 年代以降のバブル崩壊後の不況の下で，工業の地方分散は減退し，産業の空洞化が問題になった。1997年に策定された「特定産業集積の活性化に関する臨時措置法」（以下では「地域産業集積活性化法」と呼ぶ）では，産業空洞化の影響を受けている「基盤的技術産業集積（A 集積）」と「特定中小企業集積（B 集積）」を指定し，技術の高度化や新分野への進出を支援することにより，地域産業集積の活性化を促進しようとした。とりわけ A 集積では，金型製造や鋳鍛造などの基盤的技術の高度化事業が重視され，既存の産業集積地域 25 地域が指定されたが，その中には広域京浜地域や大阪府中央地域など大都市圏内の集積地域も含まれ，これまでの地方重視の政策転換の兆しがみられるようになった。

　21 世紀に入り，グローバル化，人口減少，財政危機といった経済社会の変化の下で，産業立地政策は転期を迎えている。2001 年には新産業都市建設促進法および工業整備特別地域整備法が，2002 年には工業等制限法が廃止され，2005年には中小企業新事業活動促進法にかつてのテクノポリス法や頭脳立地法を含ん

だ新事業創出促進法が統合された。2006 年には工業再配置促進法が廃止になり，工業の地方分散政策から地域経済の自立と国際競争力のある新産業の創造，産業集積を柱にした政策に重点が移されるようになった。

　2001 年の中央省庁の再編により，通商産業省から移行した経済産業省がまず打ち出した政策が，「**産業クラスター**」計画である[8]。これは，「地域の中堅中小企業・ベンチャー企業等が大学，研究機関等のシーズを活用して，IT，バイオ，ナノ，環境，ものづくり等の産業集積（産業クラスター）を形成し，国の競争力向上を図る」もので，「イノベーションを次々と創出できる環境を地域に整備すること」が計画の基本とされている。

　この計画が従来の産業立地政策と異なる点は，まず第 1 に政策主体・地域スケールにみられる。従来の都道府県を中心としたものから，産業クラスター計画においては，全国 9 地域の経済産業局が政策主体となり，各地方ブロック圏域が対象地域となっている。

　第 2 の違いは，支援手法に関わる諸点である。これまでの産業立地政策では，地域指定がなされるとともに，用地の整備や建物の建設，道路・港湾等のインフラの整備といったハード面での整備が重点的になされてきた。これに対し，産業クラスター計画においては，人的・ソフト面の支援に重点が移されてきている。具体的には，地域の特性を活かした技術開発，起業家育成，産学官のネットワーク形成などである。各地の経済産業局では，多種多様なセミナー，交流会，マッチングセッションなどが数多く開催され，新製品の共同開発に研究開発費が支出されている。

　第 3 に，産業クラスター計画が，産業立地政策そのものの転換を促している点を指摘したい。これまでの産業立地政策は，既存集積への立地規制と地方経済活性化のための分散政策を基調としていた。これに対し，グローバル競争下で国際競争力のある新たな産業を発見し，育成していこうとする点に今回の産業クラスター計画の特徴がある。ただし，そこでは産業の育成に重点が置かれているものの，産業の立地点はさして問題にされていない。実際，バイオやものづくりなどの産業では，9 地域の経済産業局間の調整はなく，複数の経済産業局で計画されている。また，各地方経済産業局内での立地計画も十分とはいえない。

　こうした特徴をもった産業クラスター計画であったが 2009 年以降国の予算は投ぜられなくなった。2009 年に誕生した民主党政権下での「事業仕分け」により，文部科学省の「知的クラスター創成事業」が廃止とされたことも関係していると考えられるが，「自律化期」を経た後，2013 年になり「クラスターの再定義」を踏まえて新たな方向性が検討されている[9]。

　もう 1 つの産業集積政策の柱となっているのは，2007 年にかつての「地域産業集積活性化法」の廃止にあわせて登場した「企業立地促進法」である。正式名称は，「企業立地の促進等による地域における産業集積の形成及び活性化に関する法律」で，個性ある産業集積の形成・高度化，迅速な企業立地の促進とともに，広域連携による拠点整備が重点項目に挙げられている。産業クラスター計画が新産業や新事業の創出を目指しているのに対し，この企業立地促進法では，既存産業集積の高度化に力点が置かれている。また，新しいスキームに基本計画の策定，地域産業活性化協議会の設置とともに，地方ブロック単位での関係省連絡会が設けられている。

　企業立地促進法の基本計画同意地域は，日本列島を覆い尽くす勢いで広がり，2012 年 4 月時点で 198 計画を数えるまでになった。そこには，地方分権の下での中央と地方との新たな関係がみられる。すなわち，新産業都市やテクノポリス地域などのように，指定地域の選定というプロセスがなく，要件を備えていれば，どこでも同意地域となりうるのである。

　実際に同意された計画の空間範囲をみると，①全県 1 地域（神奈川，山梨，富山，石川，鳥取，島根，岡山，広島，山口，徳島，香川，高知，福岡，大分，宮崎），②県内分割（青森，岩手，秋田，宮城，福島，茨城，長野，岐阜，愛知，三重，福井，愛媛，佐賀，長崎，鹿児島など）のケースが多くを占め，依然として県が主導する側面が強いことを示している。これに対し，栃木県日光市，京都府の京丹後市，大阪府の吹田市・茨木市，堺市・高石市などのように，府県内の限られた市のみが計画を出すケースもある。産業集積の国際競争力を課題にすると，県を越えた広域連携が必要になるように思うが，こうしたケースは三大都市圏地域にとどまっている。

　対象業種をみると，食料品，繊維，自動車などの産業，光電子，環境・エネルギー，ロボット，バイオ・サイエンス，医療などの関連産業，超精密ものづ

くり産業，高度部材産業，健康科学産業など，非常に多岐にわたっている。ただし，自動車関連やエネルギー，バイオなどの産業については，多くの地域が取り上げており，「地域の特性を活かした個性ある産業集積の形成」にはそぐわない重複状況が生じている。また，制度活用状況・体制整備・数値目標に関しては，人材養成等支援事業は多くの地域で活用されているが，その他の事業，体制，数値目標については，過大な地域もあれば，過小な地域もあり，地域差が大きくなっている。数値目標は概して大きめであり，2008 年秋以降の世界同時不況により，雇用情勢は深刻さを増しており，現実と計画のギャップが拡がってきている[10]。

3　地域産業政策の展開

　以上にみた国土政策と産業立地政策の展開を踏まえて，地域経済の現場においては地域産業政策を構築していくことが求められるが，まずはその定義と類型化をみておこう。

3.1　地域産業政策の定義と類型化

　清成忠男（1986，pp.1-5）は，地域産業政策を「地域レベルでの産業政策」とし，「政策主体が中央政府である場合と地方自治体である場合」とがあるとしている[11]。前者は，「マクロ的な観点から地域間の資源配分を変更したり，インフラストラクチャーを特定地域に傾斜的に用意したりする」のに対し，後者は，「地域内で産業間の資源配分を変更したり，特定産業のためにインフラを用意したりする」としている。

　また，地域産業政策の目的として「地域の産業の振興」，「地域の望ましい産業構造の実現」，「特定の産業の育成」，「選択的産業化」を挙げ，2 つのタイプがあるとする。1 つは，「産業のインフラに関わる政策」で，インフラはさらに「物的インフラ」と「制度的インフラ」，「個人的インフラ」とに分けられている。もう 1 つは「産業間の資源配分にかかわる政策」であるとされ，政策手段としては，「補助金や税制上の優遇措置」，「人材の優先的供給」などが挙げられている。

　さらに清成は，地域振興の方法として二通りが考えられるとして，国の財政や工場誘致などに依存する「外部依存の地域振興」と，地場産業振興などの「内

発的な地域振興」とに分けている（p.96）。以下では，この 2 つの類型について，新たな展開を中心に内容をみていこう。

3.2　企業誘致の新たな戦略

　これまで多くの地方自治体の地域産業政策の柱をなしてきたのは，工場誘致であった。地域により時期や業種に違いはみられるものの，多くの地方自治体では，工業団地を造成し，工場誘致条例を作り，補助金等の恩典をつけて，大都市圏から工場を誘致して，工業化を進めてきた。誘致された工場は，生産機能に特化しており，多くの場合，会社全体の意思決定を行う本社や研究開発の拠点は東京や大阪などの大都市圏に置かれたままである。しかも進出先の地域内では，たとえ隣同士でも分工場同士のつきあいはない。こうした地方の工業化は，「分工場経済」と呼ばれるもので，景気の良い時には，地方経済に雇用をもたらし，成長を促すものの，2008 年秋の世界同時不況などひとたび不況に陥ると，人員削減，工場閉鎖を起こしやすい脆弱性をもっている。意思決定機能が遠隔地にあるということも，閉鎖をしやすくしているとの指摘もある。

　このように工場閉鎖が相次ぐなかで，企業誘致戦略は次第に見直されつつある。1 つは，量の追求から質を問題にする時代への転換である。誘致工場の件数を競うのではなく，どのような内容の工場を誘致するのか，立地条件，雇用吸収力，環境面での影響など，業種の特性を考慮した選択が求められている。また，工場の閉鎖リスクを想定し，立地企業の業種を多業種に拡げていくという戦略も有効であろう。近年の企業立地動向を踏まえると，これまでの「ものづくり型」の産業が限界を示し，代わってバイオやナノテク，情報などの「サイエンス型」の産業が注目されつつある。その際，ものづくり型とは異なる知識が必要となり，大学や試験研究機関が工場誘致に果たす役割が大きくなってくる点に留意が必要である。

　「分工場経済」といっても，時間的経過とともに，工場の機能も単なる生産機能にとどまらず，開発や設計，試作などの機能が加わったり，海外の量産工場を支援する「母工場」的役割を果たすようになってきている。工場を誘致したら終わりということではなく，既存工場の「現在地での変化」を把握することも重要となろう。立地企業同士のつながりを仲介したり，開発や設計を担当できる人材

育成を進めるなど，自治体側からの働きかけで，「分工場経済の進化」を促す対応も求められよう[12]。

3.3　内発的発展と農商工連携

　内発的発展を重視した地域産業政策は，大分県の平松守彦元知事が提唱した一村一品運動，地域産業おこし，地場産業振興など，多岐にわたる。しかしながら，地域産業の現実は厳しく，海外からの安価な製品との競争で立ちゆかなくなったり，経営者の高齢化により廃業を余儀なくされたりするケースが多い。そうした中で，近年注目されている動きが地域資源の活用と「農商工連携」である。

　「中小企業地域資源活用プログラム」の創設により，経済産業省は地域資源を活用した新事業を強力に支援し，2007 年から 5 年間で 1,000 件の新事業創出を目指す目標を掲げている。地域資源を活用した中小企業の取り組みは，①産地技術型，②農林水産型，③観光型の 3 つに分けられ，2008 年の中小企業庁「中小企業地域資源活用プログラムの実施状況」によると, 47 都道府県で農林水産物 3,328, 鉱工業品 2,421, 観光資源 5,173, 合計 1 万 922 が基本構想において地域資源として特定されている。このうち具体的な事業計画が認定されたものについて，商品づくり支援，販路開拓支援などの支援事業が実施されている。

　これに対し，省庁間の連携で進められているのが，「農商工連携」である。2008 年には「農商工等連携促進法」が制定されるとともに，「企業立地促進法」が改正され，「農商工連携」が加えられた。

　地域の農林水産業と食品製造業や食品卸売・小売業，飲食店業等の関連産業が連携し，地域一体となった「農商工連携」を進めることによって，地域固有の特産品等を活用した新たな商品・サービスを生み出すことで，はじめて大きな付加価値が生まれ，雇用にもつながることが期待できる。さらに，飲食店業や旅館業・ホテル業等と連携し，地元産の農林水産品を活かした加工品や料理メニュー等を取り入れることで，観光消費を喚起することも重要である（経済産業省，2009）。

　すでに全国各地で多数の「農商工等連携事業計画」が認定され，それぞれ多彩な内容となっている。ただし，全体としては農林漁業者と工業者との連携が多く，今後は農商工へと連携相手を拡げること，事業規模を拡大し，地域経済への影響力を高めていくことが課題となっている。

4 地域政策論の課題

　以上，地域産業政策の新たな展開をみてきたが，地域経済の存立構造およびそれに関わる変動要因をまとめたものが図 15-4 である。ここでは，地域経済を構成する産業や機能を，従来から言われてきた域外市場部門と域内市場部門の 2 つに財政投入部門を加えて，大きく 3 つに分けている。これは産業・機能を成り立たせているマネーフローに着目したもので，域外市場部門は，域外に製品を出荷し，域外から所得を稼いでくる部門，域外から人を呼び込み，所得を落としてもらう部門であり，製造業や農林水産業，観光業，広域的な商業・サービス業などが該当する。域内市場部門は，域外市場部門からの所得をもとに，地域住民の域内消費によって成り立っている産業であり，小売業や消費者サービス業などから成る。これらに対し，財政投入部門は，市場メカニズムとは異なる公的な所得再分配，補助金や公共工事などの財政出動により主として成立している産業で，建設業や医療，福祉サービス業などがあてはまる。

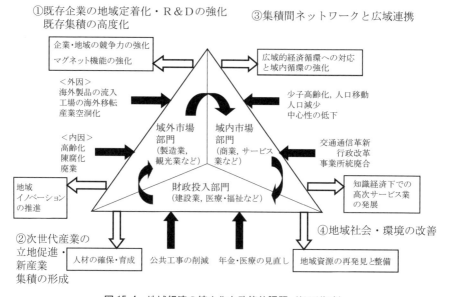

図 15-4　地域経済の縮小化と政策的課題（松原作成）

　図では，これら3つの産業部門について，それぞれに関わる変動要因を示している。域外市場部門については，企業の海外移転や海外からの安価な製品等の流入により，産業の空洞化が懸念されてきた。こうした外因とともに，内因とでも呼ぶべき要因にも注目する必要がある。中小・零細企業の廃業が増えているように，経営者の高齢化や労働力不足が進むとともに，事業の革新を推し進める力が脆弱になっている。

　域内市場部門に関しても，変動要因を2つの側面に分けることができよう。1つは，少子・高齢化や人口移動に伴う人口減少による消費市場の縮小である。これには，周辺町村での過疎化の進行により，中心都市の中心性が低下するケースと，中心都市内部での人口減少と郊外化の進行により，中心市街地の空洞化が生じるケース，両者とも起きているケースがある。もう1つは，事業所の統廃合に伴う中心性の低下であり，これも交通通信体系の改善による民営事業所の統廃合と，行政改革や合併による公的な事業所の統廃合とに要因を分けることができる。

　財政投入部門の場合には，「三位一体改革」の下での地方交付税の削減，公共工事の削減があり，その一方で年金や介護保険といった公的制度に基づくマネーフローの重要性が増してきている。

　こうした変動要因により，地域経済は全体として縮小傾向にあるが，図15-4では，地域経済の自立と競争力を強化するための戦略と4つの政策的課題を示している。第1は，企業・地域の競争力の強化やマグネット機能の強化により，既存企業の地域定着化とR＆Dの強化を図ることである。第2は，地域イノベーションの推進と人材の確保・定着を通じて，次世代産業の立地促進と新産業集積の形成を図ることである。第3は，広域的経済循環への対応と域内循環の強化によって，また知識経済下での高次サービス業の発展を通じて，集積間ネットワークと広域連携を進めることである。第4は，地域資源の再発見と整備によって，地域社会・環境の改善を図ることである。

　本書では，地域経済循環の視点を中心に，地域経済の特徴と問題点について，理論・実態・政策を学んできた。これまで学んできたことを現実の地域経済の分析に活かし，競争力と雇用力のある中核的工場の配置状況や歴史的に形成されてきた各種の産業集積地域の状況，地方中枢都市，中核都市，地域中心都市といった階層的な都市の配列と相互の関係を，広域的な視野から確認し，そうした上で，

国際競争力のある拠点の重点整備と，地域資源を活かした地域に密着した産業集積地域の整備をあわせて進めていくことが重要であろう。

（松原　宏）

注

1) 広域行政への動きとしては，市町村合併とともに，複数の市町村による一部事務組合，都道府県と市町村にまたがる広域連合などの取り組みが知られている。2008 年には総務省が「定住自立圏構想」を発表し，核となる都市と周辺市町村を圏域とした総合的なマネジメントの必要性を提起した。2010 年に発足した関西広域連合では，医療，防災，観光，産業振興，環境保全などの分野での府県域を越えた取り組みがなされている。また，九州地方知事会や九州地域戦略会議などでは，道州制に向けた活発な動きがみられる。

2) 行政だけではなく，住民，NPO，企業など多様なセクターの参加と協働を重視する「新しい公共」の考え方は，後述する国土形成計画や各種の地域づくりに取り入れられている。佐藤正志（2012）は，鳥取県旧鹿野町を事例に市町村合併下での非営利組織によるまちづくり事業の継承を明らかにしている。なお，NPM については大住荘四郎（1999），ローカル・ガバナンスについては山本　隆（2009）など，行政学関係の著書が多く出されてきている。

　　中央政府においても，2014 年 9 月に「まち・ひと・しごと創生本部」が発足するなど，省庁の枠を越えた地域活性化策が打ち出されてきている。創生本部の施策は，地方創生交付金，地域経済分析システム（RESAS），本社機能および政府関係機関の移転，連携中枢都市圏など，多岐にわたっている。

3) 日本の国土計画や産業立地政策の歴史については，本間義人（1992），藤井信幸（2004），川上征雄（2008），武田晴人（2011），根岸裕孝（2018），松原　宏編（2018），松原　宏・鎌倉夏来（2020）などを参照。日本の地域政策の性格規定に関しては，島　恭彦（1963），川島哲郎（1969），伊藤喜栄（1975），村田喜代治（1975），山﨑　朗（1998），岡田知弘ほか（2007）などが参考になる。

4) 新産業都市の指定をめぐる地域間の競争については，佐藤　竺（1965）が詳しい。新産業都市建設による地域産業の変貌については，黒川俊雄（1988）などを参照。

5) 大規模工業基地とその後の変化については，苫小牧東部に関しては増田壽男・今松英悦・小田　清編（2006）が，むつ小川原に関しては舩橋晴俊ほか編（1998），秋元健治（2003）などが，詳しい検討を行っている。

6) 国土交通省のウェブサイトでは，2014 年 7 月に「国土のグランドデザイン 2050」が公表された。そこでは，2050 年を見据えて「対流促進型国土の形成」が打ち出され，「コンパクト＋ネットワーク」をキーワードとし，リニア中央新幹線による「スーパーメガリー

ジョン」の形成など，10 項目にわたる基本戦略が提示された。これを踏まえて，2015 年
8 月には「第二次国土形成計画（全国計画）」，2016 年 3 月には新たな「広域地方計画」
が策定された。

　そこでは，「小さな拠点」と高次地方都市連合，スーパー・メガリージョンと新たなナ
レッジ・リンクの形成，田舎暮らしの促進による地方への人の流れの創出など，12 項目
からなる基本戦略が打ち出されている。また，実物空間と知識・情報空間が融合した「対
流促進型国土」を目指すべき国土の姿として描いている。

　こうした「国土のグランドデザイン 2050」を踏まえて，2015 年 8 月には，「第二次国
土形成計画」（全国計画）が閣議決定された。そこでは，国土の基本構想として，イノベー
ションの創出を促す「対流促進型国土」の形成を図ることとし，その実現のための国土
構造として，「コンパクト＋ネットワーク」の形成を進めるとしている。その後 2016 年
3 月には，2 回目の広域地方計画が地方ブロックごとに打ち出されるが，「対流」の用語
が多用されている点は共通しているが，個々別々で，相互の関係性はみられない。

7) テクノポリス政策の評価については，伊東維年（1995），松原　宏（2017）などを参照。
山口県の宇部市を母都市とした 4 市 4 町は，1984 年にテクノポリス地域に指定された。
1987 年に東京理科大学山口短期大学が開学し，その後県メカトロ技術センターや超高温
材料研究センターが設置され，県産業技術センターも山口市から宇部市に移転した。外
枦保大介（2013）は，「宇部地域におけるテクノポリスは，工場の誘致による工業振興と
いう点では目標に達しなかったが，学術・研究機関の充実化が図られ，今日の産学官連
携の基盤形成に寄与している」（p.180）と述べている。

8) 日本のクラスター政策については，石倉洋子ほか（2003），松原　宏編（2013）を参照。

9) 2013 年 10 月，11 月に開催された経済産業省産業構造審議会工場立地法検討小委員会で，
「クラスターの再定義」に関する報告と今後の方向性に関する議論がなされた。なお文部
科学省では，「知的クラスター創成事業」の廃止後，2011 年から新しいプロジェクトと
して「地域イノベーション戦略推進地域」を経済産業省，農林水産省とともに支援して
きている。そこでは「国際競争力強化地域」，「研究機能・産業集積高度化地域」といっ
た 2 種類の地域が指定されている。さらに，新たなプログラムとして「センター・オブ・
イノベーション」，「スーパークラスタープログラム」を 2013 年から打ち出している。

10) 2015 年末からの「新たな産業立地政策に関する研究会」等での議論を経て，2017 年 7
月末には「地域未来投資促進法」が施行されることになった。従来の政策と異なる点と
しては，集積業種・区域の選定がなくなり，製造業だけではなく，幅広い業種の企業に
よる地域経済牽引事業が対象になった点が挙げられる。「地域未来投資促進法」では，そ
の前身の「企業立地促進法」と同様に，都道府県や市町村が基本計画を作成し，国が同
意する仕組みになっており，2021 年 3 月末時点で同意された基本計画は 250 を数える。
促進する分野ごとの内訳は，成長ものづくりが 197 件，観光・スポーツ・文化・まちづ

くりが 139 件，農林水産・地域商社が 97 件，第 4 次産業革命が 88 件となっていた。この法律の下，地域未来牽引企業をはじめとした民間事業者等による地域経済牽引事業は 2,764 計画にのぼり，総額約 4 兆円の設備投資を促進するとされている。

11）地方自治体による政策だけが，地域産業政策ではない。清成の指摘するマクロ経済の把握においても，経済構造や産業構造自体が地域性を帯びていることをおさえておくことが重要であろう。地域の経済構造は，地域の自然・文化・社会等の諸条件，産業や企業の立地，人口移動などにより歴史的に形成されるものである。それをトータルに捉えたものが地域的分業体系であり，そうしたマクロな地理的構造との関係のなかで，地域格差を捉え，地域産業政策を構築していくことが必要である。

12）戦略的企業立地政策をはじめ，今後の自治体の地域産業振興のあり方については，松原（2014b）を参照。

演習課題
①日本の国土政策，産業立地政策の歴史の中で，関心のある政策を取り上げ，政策　形成，地域指定，成果と課題について，まとめてみよう。
②関心のある地域を 1 つ取り上げ，地域経済の特徴や問題点を整理するとともに，具体的な政策提言をまとめてみよう。

入門文献
1　本間義人（1999）:『国土計画を考える』中央公論新社.
2　川上征雄（2008）:『国土計画の変遷』鹿島出版会.
3　下河辺　淳（1994）:『戦後国土計画への証言』日本経済評論社.
4　矢田俊文（1999）:『21 世紀の国土構造と国土政策』大明堂.
5　大西　隆編（2010）:『広域計画と地域の持続可能性』学芸出版社.

　　1 は，日本の全国総合開発計画の流れがわかりやすく解説されている。2 は，国土計画の概論と国土形成計画までの政策の変遷がコンパクトにまとめられている。3 は，国土計画の策定に実際に関わった人物の貴重な証言をまとめたもの。4 は，国土政策の政策形成過程を含めて，21 世紀の日本の国土構造と国土政策について論じたものである。5 は，海外の事例も含め，日本の広域計画をめぐる多様な動きが紹介されている。

文献一覧

青木伸好（1985）：『地域の概念』大明堂.

青木英一（2000）：電気機械メーカーの事業所配置と地域的生産連関－ソニーグループを事例として，『人文地理』52：447-466.

青野壽彦ほか（2008）：『地域産業構造の転換と地域経済－首都周辺山梨県郡内地域の織物・機械工業』古今書院.

秋元健治（2003）：『むつ小川原開発の経済分析－「巨大開発」と核燃サイクル事業』創風社.

阿部和俊（1991）：『日本の都市体系研究』地人書房.

安東誠一（1986）：『地方の経済学－「発展なき成長」を超えて』日本経済新聞社.

飯國芳明（2011）：食料・農業・農村基本法の成立，（所収　小池恒男・新山陽子・秋津元輝編『キーワードで読みとく現代農業と食料・環境』昭和堂：86-87）.

石井寛治（1972）：地域経済の変化，（所収　佐伯尚美・小宮隆太郎編『日本の土地問題』東京大学出版会：347-364）.

石井寛治（1986）：国内市場の形成と展開，（所収　山口和雄・石井寛治編『近代日本の商品流通』東京大学出版会：1-74）.

石倉三雄（1999）：『地場産業と地域振興－集中型社会から分散型社会への転換』ミネルヴァ書房.

石倉洋子ほか（2003）：『日本の産業クラスター戦略』有斐閣.

石丸哲史（1988）：福岡市における都心周辺地域の土地利用変化，『人文地理』40：99-117.

板倉勝高（1966）：『日本工業地域の形成』大明堂.

板倉勝高編（1978）：『地場産業の町』古今書院.

板倉勝高・井出策夫・竹内淳彦（1970）：『東京の地場産業』大明堂.

板倉勝高・北村嘉行編（1980）：『地場産業の地域』大明堂.

伊東維年（1995）：『検証・日本のテクノポリス』日本評論社.

伊藤正昭（2003）：『新版 地域産業論－産業の地域化を求めて－』学文社.

伊藤喜栄（1975）：日本資本主義と地域開発，（所収　大内秀明・鎌倉孝夫・新田俊三編『講座現代資本主義 第5巻・戦後日本の基本構造（下）』日本評論社：145-214）.

伊豫谷登士翁（1993）：『変貌する世界都市』有斐閣.

上野和彦（1987）：『地場産業の展望』大明堂.

上野和彦（2007）：『地場産業産地の革新』古今書院.

内波聖弥（2013）：グローバル競争下における造船業の立地調整と産業集積－愛媛県今治市

を中心として－，『経済地理学年報』59：269-290.

江波戸　昭（1992）:『地域構造の史的分析』大明堂.

大住荘四郎（1999）:『ニュー・パブリック・マネジメント－理念・ビジョン・戦略』日本評論社.

太田　勇・高橋伸夫・山本　茂（1970a）:日本の工業化段階と工業都市形成（上），『経済地理学年報』16（1）：1-29.

太田　勇・高橋伸夫・山本　茂（1970b）:日本の工業化段階と工業都市形成（下），『経済地理学年報』16（2）：1-23.

太田　勇（1973）:英語文献を中心としてみた成長の極理論，『地理学評論』46：684-693.

大塚久雄（1969）:資本主義発展の起点における市場構造－経済史からみた『地域』の問題，（所収　『大塚久雄著作集』第5巻，岩波書店：24-45）.

大塚昌利（1994）:高度経済成長期における鈴鹿自動車産業地域の成立，『立正大学文学部論叢』100：243-261.

大野　晃（2005）:『山村環境社会学序説』農山漁村文化協会.

岡田知弘（2005）:『地域づくりの経済学入門－地域内再投資力論』自治体研究社.

岡田知弘・川瀬光義・鈴木　誠・富樫幸一（2016）:『国際化時代の地域経済学　第4版』有斐閣.

岡橋秀典（1988）:新過疎時代の山村問題，『地理科学』43：169-176.

岡橋秀典（1997）:『周辺地域の存立構造』大明堂.

岡橋秀典（2004）:21世紀の日本の山村空間－その可能性と課題－，『地学雑誌』113/2：235-250.

岡橋秀典（2020）:『現代農村の地理学』古今書院.

岡橋秀典・北村修二（1992）:農村の産業経済，（所収　石井素介編『総観地理学講座14　産業経済地理－日本－』朝倉書店：185-234）.

小川佳子（1992）:日産系部品メーカーの立地展開と生産構造，『人文地理』47：313-334.

小田切徳美（2009）:『農山村再生－「限界集落」問題を超えて』岩波書店.

小田切徳美（2021）:『農村政策の変貌　その軌跡と新たな展望』農文協.

小田切徳美編（2013）:『農山村再生に挑む－理論から実践へ』岩波書店.

小原久治（1996）『地域経済を支える地場産業・産地の振興策』高文堂出版社.

遠城明雄（2012）:都市開発と再開発，（所収　野澤秀樹ほか編『日本の地誌10　九州』朝倉書店：161-165）.

梶田　真（1998）:奥地山村における地元建設業者の存立基盤：島根県羽須美村を事例として，『経済地理学年報』44：345-354.

鹿嶋　洋（2016）:『産業地域の形成・再編と大企業－日本電気機械工業の立地変動と産業集積』原書房.

加藤和暢（1994）:地域構造論の発展のために－『経済循環』視点の再検討，『経済地理学年報』40：319-328.

加藤和暢（2018）:『経済地理学再考－経済循環の「空間的組織化」論による統合』ミネルヴァ書房.

加藤幸治（2011）:『サービス経済化時代の地域構造』日本経済評論社.

神奈川県（2004）: 神奈川県産業集積促進方策－かながわらしい産業集積促進方策, http://www.pref.kanagawa.jp/osirase/sangyo/invest_k/ housaku.pdf.

神奈川県高等学校教科研究会社会科地理部会編（1996）:『新・神奈川県の地理』.

金沢夏樹編（2005）:『農業経営の新展開とネットワーク』農林統計協会.

金本良嗣・徳岡一幸（2002）: 日本の都市圏設定基準,『応用地域学研究』7：1-15.

鎌倉夏来・松原　宏（2012）: 多国籍企業によるグローバル知識結合と研究開発機能の地理的集積,『経済地理学年報』58：118-137.

加茂利男（1988）:『世界都市』の政治学・試論,『法律学雑誌』34/3・4：386-410.

川勝平太（1991）:『日本文明と近代西洋－「鎖国」再考』日本放送出版協会.

川上桃子（2012）:『圧縮された産業発展－台湾ノートパソコン企業の成長メカニズム』名古屋大学出版会.

川上征男（2008）:『国土計画の変遷－効率と衡平の計画思想』鹿島出版会.

川島哲郎（1955）: 経済地域について,『経済学雑誌』（大阪市立大学）32-3/4：1-35.

川島哲郎（1963）: 日本工業の地域的構成,『経済学雑誌』48/4：19-59.

川島哲郎（1969）: 高度成長下の地域開発政策,（所収　狭間源三ほか編『講座日本資本主義発達史論　Ⅴ』日本評論社：313-321）.

川島哲郎（1978）: 地域間の平等と均衡について,『経済学雑誌』79：1-18.

川島哲郎（1988）: 現代世界の地域政策－地域政策とは何か－,（所収　川島哲郎・鴨澤巖編『現代世界の地域政策』大明堂：1-22）.

川島哲郎（1992）: 地域格差, 地域経済,（所収　大阪市立大学経済研究所編『経済学辞典』岩波書店：866-867）.

川島哲郎・鴨澤　巖編（1988）:『現代世界の地域政策』大明堂.

木内信蔵（1951）:『都市地理学研究』古今書院.

木内信蔵（1968）:『地域概論』東京大学出版会.

北村嘉行（1980）: 地場産業の地域,（所収　板倉勝高・北村嘉行編『地場産業の地域』大明堂：210-217）.

城戸淳二（2003）:『有機 EL のすべて』日本実業出版社.

城戸淳二（2013）:『有機 EL に賭けろ－世界的権威が明かす日本企業がサムスンに勝つ方法』ダイヤモンド社.

木村琢郎（1983）: 地域経済の構成要素と階層性－綾部市工業を例として,『経済地理学年報』29：47-166.

九州経済調査協会（1954）: 九州における資金循環構造論（Ⅰ）,『研究報告』37：1-30.

九州経済調査協会（1990）:『福岡一極集中と九州経済（1990 年版九州経済白書）』.

九州経済調査協会（2006）:『「都心崩壊」その実態と再生の芽（2006 年版九州経済白書）』.

清成忠男（1986）:『地域産業政策』東京大学出版会.

国松久弥（1969）:『都市経済地理学』古今書院 : 69-106.

倉沢　進（1968）:『日本の都市社会』福村出版.

黒川俊雄（1988）:『地域産業構造の変貌と労働市場の再編－新産業都市いわきの研究』法律文化社.

黒澤隆文（2002）:『近代スイス経済の形成－地域主権と高ライン地域の産業革命』京都大学学術出版会.

桑嶋健一（2005）: 機能性化学の製品開発・顧客システム（4）－富士写真フイルム『ワイドビュー・フィルム』,『東京大学 COE ものづくり経営研究センター MMRC Discussion Paper』42 : 1-21.

経済産業省（2004）:『通商白書 2004』ぎょうせい.

経済産業省（2009）:『農商工連携研究会報告書』.

経済産業省経済産業政策局（2005）:『人口減少下における地域経営について－2030 年の地域経済のシミュレーション』.

経済産業省地域経済産業グループ（2004）:『都市型産業対策推進調査報告書』.

経済地理学会編（2018）:『キーワードで読む経済地理学』原書房.

広報部・社内広報ブロック（本田技研工業）編（1999）:『「語り継ぎたいこと」チャレンジ 50 年　総集編「大いなる夢の実現」』本田技研工業株式会社.

古賀正則（1976）: 問題地域と地域の不均等,『経済学雑誌』（大阪市立大学）75 : 1-19.

後藤和子（2013）:『クリエイティブ産業の経済学』有斐閣.

後藤拓也（2013）:『アグリビジネスの地理学』古今書院.

近藤章夫（2007）:『企業戦略と空間的分業－エレクトロニクス企業の地理学』古今書院.

近藤哲生（1987）: 戦前日本資本主義における工業の地域的編成－統計的分析,『経済科学』（名古屋大学）34/4 : 89-116.

紺野　登（1998）:『知識資産の経営』日本経済新聞社.

斉藤晴造（1976）:『過疎の実証分析－東日本と西日本の比較研究』法政大学出版局.

坂巻　清（1986）: 工業化以前の都市経済,（所収　米川伸一編『概説イギリス経済史』有斐閣 : 51-80）.

作野広和（2006）: 中山間地域における地域問題と集落の対応,『経済地理学年報』52 : 264-282.

作野広和（2010）: 人口減少社会における中山間地域－中国地方の集落の実態を中心に－,『人文地理』62 : 192-196.

佐々木雅幸（1990）: 地域問題と地域政策,（所収　宮本憲一ほか編『地域経済学』有斐閣 : 113-140）.

佐藤　竺（1965）:『日本の地域開発』未来社.

佐藤可士和（2014）:『今治タオル奇跡の復活－起死回生のブランド戦略』，四国タオル工業
　　組合，朝日新聞出版.

佐藤　誠（1990）:『リゾート列島』岩波書店.

佐藤正志（2012）: 市町村合併下での非営利組織によるまちづくり事業の継承－鳥取県旧鹿
　　野町の事例，『経済地理学年報』58 : 198-218.

佐藤正広（1986）: 明治期前期地域経済の構造－1890年富山県の場合－，『経済研究』（一
　　橋大学）37 : 43-55.

澤田　清（1978）: 福岡市博多駅周辺地区の都市開発，『日本大学文理学部自然科学研究所
　　研究紀要』13 : 13-25.

シーエムシー出版（2007）:『2007年液晶ディスプレイ構成材料の市場』.

島　恭彦（1951）:『現代地方財政論』有斐閣.

島　恭彦（1963）: 地域開発の現代的意義－投資戦略としての地域開発，『思想』471 : 22-
　　33.

島崎　稔（1978）: 戦後日本の都市と農村，（所収　島崎　稔編『現代日本の都市と農村』
　　大月書店 : 1-53）.

下平尾　勲（1985）:『現代地場産業論』新評論.

末吉健治（1999）:『企業内地域間分業と農村工業化』大明堂.

末吉健治（2002）: 米沢市における企業間ネットワークの展開，『福島地理論集』45 : 12-29.

鈴鹿市教育委員会編（1989）:『鈴鹿市史　第三巻』鈴鹿市役所.

鈴鹿市役所（1962）:『20年のあゆみ』鈴鹿市役所.

須山　聡（2004）:『在来工業地域論－輪島と井波の存続戦略』古今書院.

関　満博（1984）:『地域経済と地場産業－青梅機業の発達構造分析』新評論.

関　満博（1997）:『空洞化を超えて－技術と地域の再構築－』日本経済新聞社.

関口尚志（1972）: 土地改革と地域開発－比較史的一考察，（所収　佐伯尚美・小宮隆太郎
　　編『日本の土地問題』東京大学出版会 : 307-341）.

外枦保大介（2007）: 延岡市における企業城下町的体質の変容－地方自治体の産業政策の転
　　機を事例として，『経済地理学年報』53 : 265-281.

外枦保大介（2013）: 企業城下町における地域イノベーション，（所収　松原　宏編『日本
　　のクラスター政策と地域イノベーション』東京大学出版会 : 173-194）.

外枦保大介（2018）:『進化する企業城下町－進化経済地理学からのアプローチ』古今書院.

第五次嬬恋村総合計画策定委員会（2010）:『第五次嬬恋村総合計画』嬬恋村役場.

高野史男（1980）:『都市形成の地理的基盤』大明堂.

高柳長直（2010a）: 生産をめぐる状況変化と産地の対応，（所収　経済地理学会編『経済地
　　理学の成果と課題　第Ⅶ集』日本経済評論社 : 39-49）.

高柳長直（2010b）: はしがき（所収　高柳長直ほか編『グローバル化に対抗する農林水産業』
　　農林統計出版 : i-ii）.

竹内啓一 （1998）：『地域問題の形成と展開－南イタリア研究－』大明堂.

竹内正巳 （1966）：『地域経済の構造と政策』法律文化社.

竹内祐介 （2009）：穀物需給をめぐる日本帝国内分業の再編成と植民地朝鮮－鉄道輸送による地域内流通の検討を中心に，『社会経済史学』74：447-467.

武田晴人 （2011）：『立地・環境・保安政策－1980-2000』（通商産業政策史編纂委員会編『通商産業政策史』シリーズ）経済産業調査会.

谷本雅之 （1998）：『日本における在来的経済発展と織物業』名古屋大学出版会.

田林　明 （2007）：日本農業の構造変容と地域農業の担い手，『経済地理学年報』53：3-25.

田林　明 （2008）：農業生産の動向（所収　竹内淳彦編『日本経済地理読本〔第8版〕』東洋経済新報社：26-40）.

玉垣良典 （1971）：『日本資本主義構造分析序説』日本評論社.

田村大樹 （2000）：『空間的情報流と地域構造』大明堂.

田村　均 （2004）：『ファッションの社会経済史－在来織物業の技術革新と流行市場』日本経済評論社.

中小企業総合研究機構 （2003）：『産業集積の新たな胎動』同文館.

塚本僚平 （2013）：地場産業の産地維持とブランド化－愛媛県今治タオル産地を事例として－，『経済地理学年報』59：291-309.

筒井一伸編 （2021）：『田園回帰がひらく新しい都市農山村関係』ナカニシヤ出版.

嬬恋村 （2013）：『嬬恋村景観計画（素案）』.

津谷好人・稲本志良 （2011）：農業経営におけるイノベーションの重要性と特質，（所収　八木宏典編『イノベーションと農業経営の発展』農林統計協会：1-18）.

友澤和夫 （1990）：山口県防府市における自動車組立工場の立地と関連工場の展開，『東北地理』42：168-170.

友澤和夫 （1999）：『工業空間の形成と構造』大明堂.

豊田哲也 （2013）：『地域格差の経済地理学』の新展開に向けて，『経済地理学年報』59：1-3.

鳥巣京一 （2005）：戦後博多の歩みと戦災復興，『都市問題』96/8：87-97.

中川秀一 （2012）：グローバル化と地域森林管理，（所収　中藤康俊・松原　宏編『現代日本の資源問題』古今書院：47-73）.

中澤高志 （2008）：『職業キャリアの空間的軌跡－研究開発技術者と情報技術者のライフコース』大学教育出版.

中澤高志 （2012）：雇用・労働の経済地理学，（所収　松原　宏編『産業立地と地域経済』放送大学教育振興会：94-113）.

長沼佐枝・荒井良雄 （2012）：福岡市シーサイドももち地区のウォーターフロント開発とその変質，『地学雑誌』121：1030-1042.

中村剛治郎 （1990）：地域経済，（所収　宮本憲一ほか編『地域経済学』有斐閣：31-112）.

中村剛治郎編（2008）：『基本ケースで学ぶ地域経済学』有斐閣.

中村隆英（1985）：『明治大正期の経済』東京大学出版会.

中村良平（2014）：『まちづくり構造改革－地域経済構造をデザインする』日本加除出版.

成田孝三（1992）：世界都市の概念，（所収　関西空港調査会編『世界都市・関西の構図』
　　　白地社：12-31）.

西岡久雄（1968）：『経済立地の話』日経文庫.

西日本新聞社（2008）：『九州データ・ブック 2008』.

西野寿章（2010）：21 世紀初頭における日本の山村の現状とその類型，『高崎経済大学論集』
　　　54/4：41-57.

西野寿章（2020）：『日本地域電化史論：住民が電気を灯した歴史に学ぶ』日本経済評論社.

日本アプライドリサーチ研究所（2009）：『平成 20 年度地域経済産業活性化対策調査（産業
　　　団地の地域経済波及効果に係る調査）報告書（平成 20 年度経済産業省委託事業）』.

日本政策投資銀行九州支店（2011）：『JR 博多シティ開業後のインパクト－博多と天神：千
　　　人調査から見えた行動変化とそれぞれの魅力－』.

日本政策投資銀行東北支店（2003）：『米沢電気機械クラスターの現状と有機エレクトロニ
　　　クスバレーの可能性』.

日本不動産鑑定協会九州会福岡県部会（1987）：『福岡市都心の地価高騰について』.

根岸裕孝（2018）：『戦後日本の産業立地政策』九州大学出版会.

農林水産省（2013）：『平成 24 年度食料・農業・農村白書』.

野澤一博（2011）：『イノベーションの地域経済論』ナカニシヤ出版.

野澤秀樹（1978）：福岡市ＣＢＤの構造と変動，『史淵』（九州大学）115：185-216.

野中郁次郎・紺野　登（1999）：『知識経営のすすめ』ちくま新書.

野中郁次郎・竹内弘高（1996）：『知識創造企業』（梅本勝博訳）東洋経済新報社.

野原敏雄・森滝健一郎編（1975）：『戦後日本資本主義の地域構造』汐文社.

芳賀博文（2010）：双子都市から二極都心へ－博多と福岡の共存的発展史，『都市地理学』5：
　　　57-65.

橋本玲子（1972）：府県別工業統計の歴史的考察 -1- 1920 年代を中心に，『農業経済研究』
　　　44/3：105-118.

橋本玲子（1973）：府県別工業統計の歴史的考察 -2- 戦時国独資下の府県工業，『農業経済
　　　研究』45/1：34-47.

長谷部　弘（1994）：『市場経済の形成と地域』刀水書房.

初澤敏生（2013）：地場産業，（所収　人文地理学会編『人文地理学事典』丸善出版：478-
　　　479）.

林　直樹・齋藤　晋（2010）：『撤退の農村計画』学芸出版社.

日野正輝（1996）：『都市発展と支店立地』古今書院.

福岡市総務局（1979）：『福岡の歴史－市制九十周年記念』.

福嶋　路（1999）：米沢市電機・機械産業における企業間ネットワークのダイナミズム，『組織科学』32/4：13-23.

藤井信幸（2004）：『地域開発の来歴－太平洋岸ベルト地帯構想の成立』日本経済評論社.

藤井佳子（1992）：広島県を中心とする自動車1次部品メーカーの立地展開と存立構造，『人文地理』44：607-619.

藤川昇悟（2001）：地域的集積におけるリンケージと分工場，『経済地理学年報』47：83-100.

富士写真フイルム株式会社（1960）：『創業25年の歩み』.

富士写真フイルム株式会社（1984）：『富士フイルム50年のあゆみ』.

藤田　隆（1982）：福岡市における市街地整備と高層ビル，（所収　石田　寛教授退官記念事業会編『地域－その文化と自然』福武書店：231-244）.

藤田佳久（1981）：『日本の山村』地人書房.

藤田佳久（1986）：環境保全と「新過疎地代」への対応，（所収　平和経済計画会議・経済白書編集委員会編『1986年度国民の経済白書』）.

富士フイルム株式会社（2007）：富士フイルム先進研究所スタート，『富士フイルム研究報告』52：1-2.

藤本雅之（2006）：今治綿織物業者『興業舎』の明治から昭和の社業変遷の一面，『愛媛県総合科学博物館研究報告』11：35-46.

二神　弘（1971）：広域中心都市の成立と発展－福岡を例として－，（所収　木内信蔵・田辺健一編『広域中心都市－道州制の基礎』古今書院：69-96）.

舩橋晴俊ほか編（1998）：『巨大地域開発の構想と帰結－むつ小川原開発と核燃料サイクル施設』東京大学出版会.

古川智史（2013）：東京における広告産業の組織再編と地理的集積の変容，『地理学評論』86：135-157.

古川智史（2014）：『日本の広告産業におけるグローバル・ローカル環境への適応と創造性に関する地理学的研究』東京大学大学院総合文化研究科博士論文.

古谷　豊・柳井雅也・中川秀一（2014）：木質バイオマス事業の展開と地域への適用－オーストリア・ギッシング市と岡山県真庭市の事例－，（所収　東北大学大学院経済学研究科地域産業復興調査研究プロジェクト編『東日本大震災復興研究Ⅲ　震災復興政策の検証と新産業創出への提言』河北新報出版センター：315-335）.

堀田忠夫（1974）：『産地間競争と主産地形成』明文書房.

保母武彦（2013）：『日本の農山村をどう再生するか』岩波書店.

本田恭子（2007）：産地形成，（所収　日本農業経営学会農業経営学術用語辞典編纂委員会編『農業経営学術用語辞典』農林統計協会：85）.

本田技研工業株式会社（1975）：『ホンダの歩み』本田技研工業株式会社.

本間義人（1992）：『国土計画の思想－全国総合開発計画の30年』日本経済評論社.

増田壽男・今松英悦・小田　清編（2006）：『なぜ巨大開発は破綻したか－苫小牧東部開発の検証』日本経済評論社.

増田寛也ほか（2013）：戦慄のシミュレーション 2040 年　地方消滅－「極点社会」が到来する，『中央公論』128/12：18-31.

町村敬志（1994）：『「世界都市」東京の構造転換』東京大学出版会.

松橋公治（1982）：両毛地区自動車関連下請工業の存立構造－日産系二次下請企業層を中心に，『経済地理学年報』28：137-156.

松橋公治（1988）：円高下における成長産業の再編成と地方工業－成長産業をめぐる地域経済の動向，『経済地理学年報』34：209-228.

松橋公治（1990）：電機・電子工業の地方分散と企業内地域間分業の展開，（所収　西岡久雄・松橋公治編『産業空間のダイナミズム－構造再編期の産業立地・地域システム』大明堂：95-114）.

松橋公治（2002）：米沢市における電機・電子工業をめぐる社会的環境ネットワーク－業界ぐるみの地域的「学習」組織の展開，『駿台史學』115：57-96.

松原　宏（1985）：供給先行で活発化する貸ビル業，『九州経済統計月報』39/11：36-44.

松原　宏（1990）：三大都市圏経済分析試論，『西南学院大学経済学論集』25/2：57-93.

松原　宏（1991）：地域循環と西南経済圏，（所収　矢田俊文・今村昭夫編『西南経済圏分析』ミネルヴァ書房：258-270）.

松原　宏（1995a）：資本の国際移動と世界都市東京，『経済地理学年報』41：293-307.

松原　宏（1995b）：西南日本の地域活性化戦略，（所収　経済地理学会西南支部編『西南日本の経済地域』ミネルヴァ書房：325-335）.

松原　宏（2006）：『経済地理学－立地・地域・都市の理論』東京大学出版会.

松原　宏（2007a）：地域基盤産業の転換と地域イノベーション，『産業立地』46/5：8-13.

松原　宏（2007b）：知識の空間的流動と地域的イノベーションシステム，『東京大学人文地理学研究』18：22-43.

松原　宏（2010）：日本における地域経済循環と広域経済圏，『経済学論纂』（中央大学）50：21-44.

松原　宏（2012）：日本企業の立地調整と産業立地政策の課題，『JOYO ARC』513：6-11.

松原　宏（2013）：中心地理論の基礎と応用，（所収　松原　宏編『現代の立地論』古今書院：38-53）.

松原　宏（2014a）：地域的分業の新局面と集積間ネットワーク，（所収　山川充夫編『日本経済と地域構造』原書房：49-66）.

松原　宏（2014b）：自治体の地域産業振興の現状と課題，『自治体法務研究』37：6-9.

松原　宏（2017）：「日本のテクノポリス政策の今日的意義」（所収　伊東維年編『グローカル時代の地域研究』日本経済評論社：314-327）.

松原　宏（2021）：「地域産業政策のあり方と地域の未来」『人口問題研究』77/2：101-111.

松原　宏編（2003）:『先進国経済の地域構造』東京大学出版会.

松原　宏編（2013）:『日本のクラスター政策と地域イノベーション』東京大学出版会.

松原　宏編（2018）:『産業集積地域の構造変化と立地政策』東京大学出版会.

松原　宏・鎌倉夏来（2020）:『工場の経済地理学　改訂新版』原書房.

松本貴典編（2004）:『生産と流通の近代像－100年前の日本』日本評論社.

丸山浩明（1990）:浅間火山北麓における耕境の拡大と農家の垂直的環境利用,『地理学評論』63A:74-99.

水野鏡治・杉村一夫編（1955）:『社史』本田技研工業株式会社.

三井逸友（1988）:補論『地域労働市場』把握と階層性,（所収　黒川俊雄編『地域産業構造の変貌と労働市場の再編－新産業都市いわきの研究』法律文化社:343-375）.

宮川泰夫（1977）:単一企業都市豊田の工業配置－独占資本の地域的運動形態,『経済地理学年報』23/3:17-43.

宮口侗廸（1998）:『地域を活かす－過疎から多自然居住へ』大明堂.

宮口侗廸（2020）:『過疎に打ち克つ－先進的な少数社会をめざして』原書房.

宮地忠幸（2006）:市場環境の変化に対する野菜主産地の対応とその課題－群馬県嬬恋村を事例として－,『日本大学文理学部自然科学研究所研究紀要』41:51-63.

宮本憲一・横田　茂・中村剛治郎編（1990）:『地域経済学』有斐閣.

宮本又郎・上村雅洋（1988）:徳川経済の循環構造,（所収　速水　融・宮本又郎編『日本経済史Ⅰ経済社会の成立』岩波書店:271-324）.

村上克美（2009）:今治タオルのグローバル化と自立化－世界一産地の復活は可能か－,『松山大学論集』21/2.

村田喜代治（1975）:『地域開発と社会的費用』東洋経済新報社.

藻谷浩介・NHK広島取材班（2013）:『里山資本主義－日本経済は「安心の原理」で動く』角川書店.

森川　洋（2004）:『人文地理学の発展』古今書院.

森記念財団編（1994）:『港区の1980年代－揺れ動いた街』.

諸泉俊介（1995）:台頭する新企業都市（3）諫早市,『九州経済調査協会月報』1995年9月号:37-41.

門間敏幸編（2009）:『日本の新しい農業経営の展望－ネットワーク型農業経営組織の評価－』農林統計出版.

門間敏幸（2011）:産地形成と地域主体,（所収　小池恒男・新山陽子・秋津元輝編『キーワードで読みとく現代農業と食料・環境』昭和堂:146-147）.

矢田俊文（1973）:経済地理学について,『経済志林』41-3/4:375-410.

矢田俊文（1975）:所得・資金の地域的集中と再配分,（所収　野原敏雄・森滝健一郎編『戦後日本資本主義の地域構造』汐文社:212-216）.

矢田俊文（1982）：『産業配置と地域構造』大明堂.

矢田俊文（1986）：産業構造の展開と経済の地域構造，（所収　川島哲郎編『経済地理学』朝倉書店：23-29）.

矢田俊文（1990）：開発経済論と国土政策，（所収　矢田俊文編『地域構造の理論』ミネルヴァ書房：193-204）.

矢田俊文（1991a）：『一極集中の三層構造』を考える，『九州経済調査月報』45/4：1.

矢田俊文（1991b）：西南経済圏の展望，（所収　矢田俊文・今村昭夫編『西南経済圏分析』ミネルヴァ書房：271-285）.

矢田俊文（1999）：『21世紀の国土構造と国土政策』大明堂.

柳井雅人（1990）：集積論と『極』の形成，（所収　矢田俊文編『地域構造の理論』ミネルヴァ書房：110-119）.

矢部直人（2003）：不動産証券投資をめぐるグローバルマネーフローと東京における不動産開発，『経済地理学年報』54：292-309.

山形日本電気（1984）：『山形日本電気二十年史』.

山川充夫・柳井雅也編（1993）：『企業空間とネットワーク』大明堂.

山口不二雄（1982）：電気機械工場の地方分散と地域的生産体系－宮城県・熊本県の実態調査事例の分析を中心に，『経済地理学年報』28：38-59.

山口光男（2006）：富士フイルムの熊本進出－企業の立地戦略①，『産業立地』45/5：16-20.

山﨑　朗（1998）：『日本の国土計画と地域開発』東洋経済新報社.

山崎　充（1977）：『日本の地場産業』ダイヤモンド社.

山下佑介（2012）：『限界集落の真実－過疎の村は消えるか？』ちくま新書.

山田浩之・徳岡一幸編（2018）：『地域経済学入門　第3版』有斐閣.

山田盛太郎（1932）：『日本資本主義分析』岩波書店.

山中篤太郎編（1944）：『日本産業構造の研究』有斐閣.

山本　隆（2009）：『ローカル・ガバナンス－福祉政策と協治の戦略』ミネルヴァ書房.

湯澤規子（2009）：『在来産業と家族の地域史－ライフヒストリーからみた小規模家族経営と結城紬生産』古今書院.

米沢商工会議所（1998）：『米沢商工会議所五十年史』.

和田明子（1963）：紡績業地域の形成，『人文地理』15：29-49.

渡辺　尚（1996）：現代ヨーロッパの企業行動と地域経済の精神，（所収　渡辺　尚ほか編『現代ヨーロッパ経営史』有斐閣：1-66）.

渡辺良雄（1971）：大都市と広域中心性の実状，（所収　木内信蔵・田辺健一編『広域中心都市－道州制の基礎』古今書院：25-68）.

Asheim, B., Coenen, L. and Vang, J. (2007): "Face-to-face, Buzz, and Knowledge Bases: Sociospatial Implications for Learning, Innovation, and Innovation Policy", *Environment and Planning C*,

25: 655-670.

Barro, R.J. and Sala-i-Martin, X. (1995): *Economic Growth*, New York: McGraw-Hill. バロー・サ ラ - イ - マーティン著，大住圭介訳（2006）:『内生的経済成長論』（第2版）九州大学 出版会.

Bathelt, H., Malmberg, A. and Maskell, P. (2004): "Clusters and Knowledge: Local Buzz, Global Pipelines and the Process of Knowledge Creation", *Progress in Human Geography*, 28: 31-56.

Borts, G.H. and Stein, J.L. (1964): *Economic Growth in a Free Market*, New York: Columbia Univ. Press. ボーツ・スタイン著，中川久成・坂下　昇訳（1965）:『地域経済の成長理論』 勁草書房.

Boschma, R., Coenen, L., Frenken, K., and Truffer, B. (2017): Towards a Theory of Regional Diversification: Combining Insights from Evolutionary Economic Geography and Transition Studies, *Regional Studies* 51, 31-45.

Capello, R. (2000): "The City Network Paradigm: Measuaring Urban Network Externalities", *Urban Studies*, 37: 1925-1945.

Castree, N., Coe, N.M., Ward, K. and Samers, M. (2004): *Spaces of Work: Global Capitalism and the Geographies of Labour*, London: Sage Publications.

Florida, R. (2008): *Who's Your City?*, New York: Basic Books. フロリダ著，井口典夫訳（2009）: 『クリエイティブ都市論−創造性は居心地のよい場所を求める』ダイヤモンド社.

Friedmann, J. (1986): "The World City Hypothesis", *Development and Change*, 17: 69-83.

Gardiner, B., Martin, R. and Tyler, P. (2004): "Competitiveness, Productivity and Economic Growth across the European Regions", *Regional Studies*, 38: 1045-1067.

Gertler, M.S. (2008): "Buzz without Being There: Communities of Practice in Context" In Amin, A. and Roberts, J. eds. *Community, Economic Creativity, and Organization*, Oxford: Oxford Univ. Press: 203-226.

Glaeser, E.L.*et.al.* (1992): "Growth in Cities", *Journal of Political Economy*, 100: 1126-1152.

Greenhut, M.L. (1956): *Plant Location in Theory and Practice*, University of North Carolina Press. グリーンハット著，西岡久雄監訳（1972）『工場立地（上・下）』大明堂.

Hall, P.A. and Soskice, D. eds. (2001): *Varieties of Capitalism: The Institutional Foundations of Comparative Advantage*, Oxford: Oxford Univ. Press. ホール・ソスキス著，遠山弘徳ほか 訳（2007）:『資本主義の多様性−比較優位の制度的基礎』ナカニシヤ出版.

Harvey, D. (1982): *The Limits to Capital*, Oxford: Basil Blackwell. ハーヴェイ著, 松石勝彦・水 岡不二雄ほか訳（1989/90）:『空間編成の経済理論（上）（下）』大明堂.

Henderson, V. *et.al.* (1995): "Industrial Development in Cities", *Journal of Political Economy*, 103: 1067-1085.

Hirschman, A.O. (1958): *The Strategy of Economic Development*, New Haven: Yale Univ. Press. ハーシュマン著，麻田四郎訳（1961）:『経済発展の戦略』厳松堂出版.

King, A.D. (1990): *Global Cities*, London: Routledge.

Knox, P.L. and Agnew, J. (1998): *The Geography of the World Economy, Third ed.*, London: Arnold.

Krugman, P. (1991): *Geography and Trade*, Cambridge, Mass: The MIT Press. クルーグマン著, 北村行伸・高橋　亘・姉尾美起訳（1994）:『脱「国境」の経済学』東洋経済新報社.

Lösch, A. (1940): *Die raumliche Ordnung der Wirtschaft*, Jena: G. Fischer. レッシュ著, 篠原泰三訳（1991）:『経済立地論 新訳版』大明堂.

Martin, R. and Sunley, P. (2011): "Conceptualising Cluster Evolution: Beyond the Life-Cycle Model?", *Papers in Evolutionary Economic Geography*, 11/12: 1-46.

Massey, D. (1984): *Spatial Divisions of Labour*, London: Methuen. マッシィ著, 富樫幸一・松橋公治訳（2000）『空間的分業』古今書院.

Massey, D. (2005): *For Space*, London: Sage. マッシー著, 森　正人・伊澤高志訳（2014）:『空間のために』月曜社.

McCann, P. (2001): *Urban and Regional Economics*, Oxford: Oxford University Press. マッカン著, 黒田達朗・徳永澄憲・中村良平訳（2008）:『都市・地域の経済学』日本評論社.

Myrdal, G. (1957): *Economic Theory and Underdeveloped Regions*, London: Duckworth. ミュルダール著, 小原敬士訳（1959）:『経済理論と低開発地域』東洋経済新報社.

Nurkse, R. (1953): *Problems of Capital Formation in Underdeveloped Countries*, Oxford: B. Blackwell. ヌルクセ著, 土屋六郎訳（1966）:『後進諸国の資本形成』巖松堂出版.

OECD (2002): *International Mobility of the Highly Skilled*, Paris: OECD Publications.

Paasi, A. (1991): "Deconstructing Regions: Notes on the Scales of Spatial Life", *Environment and Planning A*, 23: 239-256.

Peck, J. (1996): *Work-Place: The Social Regulation of Labor Markets*, New York: Guilford.

Peck, J. and Theodore, N. (2007): "Variegated Capitalism", *Progress in Human Geography*, 31(6): 731-772.

Perroux, F. (1955): *Note on the Concept of Growth Poles*. (translated by Gates, L. and Mcdermott. A.M., Mckee, D.L.ed. *Regional Economics*, New York: The Free Press, 1970)

Phelps, N.A. (1993): "Contemporary Industrial Restructuring and Linkage Change in an Older Industrial Region: Examples from the Northeast of England", *Environment and Planning A*, 25: 863-882.

Pike, A. (1998): "Making Performance Plants from Branch Plants? In Situ Restructuring in the Automobile Industry in the United Kingdom", *Environment and Planning A*, 30: 881-900.

Polanyi, K. (1957): *The Great Transformation: The Political and Economic Origins of Our Time*, Boston: Beacon Press. ポラニー著, 吉沢英成ほか訳（1975）:『大転換－市場社会の形成と崩壊』東洋経済新報社.

Potter, J. (1995): "Branch Plant Economies and Flexible Specialisation: Evidence from Devon and Cornwall", *Tijdschrift voor Economische en Sociale Geografie*, 86: 162-176.

Pred, A. (1977): *City-systems in Advanced Economies: Past Growth, Present Processes and Future Development Options*, London : Hutchinson.

Sassen, S. (1988): *The Mobility of Labor and Capital: A Survey in International Investment and Labor Flow*, Cambridge, U.K: Cambridge Univ. Press. サッセン著, 森田桐郎ほか訳(1992) : 『労働と資本の国際移動－世界都市と移民労働者』岩波書店.

Sassen, S. (1991): *The Global City: New York, London, Tokyo*, Princeton: Princeton Univ. Press. サッセン著, 伊豫谷登士翁監訳, 大井由紀・高橋華生子訳（2008）:『グローバル・シティ』筑摩書房.

Saxenian, A. (2006): *The New Argonauts: Regional Advantage in a Global Economy*, Cambridge, MA: Harvard Univ. Press. サクセニアン著, 酒井泰介ほか訳（2008）:『最新・経済地理学 : グローバル経済と地域の優位性』日経 BP 社.

Scott, A.J. ed. (2001): *Global City-Regions*, Oxford: Oxford Univ. Press. スコット編著, 坂本秀和訳（2004）:『グローバル・シティ・リージョンズ』ダイヤモンド社.

Simmie, J. ed. (2001): *Innovative Cities*, London: Spon Press.

Smith, H.L. (2013): "The Health Technologies Sector in Oxfordshire: Evolution or Optimism in Regional Development?" In Cooke, P. ed. *Re-framing Regional Development: Evolution, Innovation, and Transition*, London: Routledge: 125-145.

Storper, M. and Venables, A.J. (2004): "Buzz: Face-to-Face Contact and the Urban Economy", *Journal of Economic Geography*, 4: 351-370.

Taylor, P.J. (2004): *World City Network: A Global Urban Analysis*, London, Routledge.

Taylor, P.J. (2013): "General Introduction" In Taylor, P.J. *et.al.* eds. *Global Cities*, Vol. I, London: Routledge: 1-20.

United Nations (2011): *World Urbanization Prospects*.

Wallerstein, I. (1979): *The Capitalist World-Economy*, Cambridge: Cambridge Univ. Press. ウォラシュティン著, 藤瀬浩司ほか訳（1987）:『資本主義世界経済 I・II』名古屋大学出版会.

Watts, H. D. ' 1981): *The Branch Plant Economy: A Study of External Control*, London: Longman.

Watts, H.D. (1987): *Industrial Geography*, London: Longman. ワッツ著, 松原 宏・勝部雅子訳（1995）:『工業立地と雇用変化』古今書院.

Williamson, J.G. (1965): "Regional Inequality and the Process of National Development", *Economic Development and Cultural Change*, 7/4: 3-84.

Yamamoto, D. (2006): *Beyond Convergence: Regional Income Disparities in the United States and Japan, 1955-2001*. PhD dissertation. The Univ. of Minnesota.

Yamamoto, K. (1992): "Branch Plants in a Peripheral Region of Japan and Their Contributability to Regional Economic Development", *Journal of International Economic Studies (Hosei University)*, 6: 48-75.

索　引

編著者および執筆者紹介（50音順）

［編著者］

松原 宏（まつばら ひろし）［はしがき，第 1 章，第 2 章，第 3 章，第 4 章，第 5 章，第 14 章，第 15 章］

東京大学大学院総合文化研究科教授．1956 年神奈川県生まれ．東京大学大学院理学系研究科地理学専門課程博士課程修了．理学博士．専門は経済地理学．

主著:『不動産資本と都市開発』ミネルヴァ書房,『経済地理学』東京大学出版会,（編著）『立地論入門』古今書院,『先進国経済の地域構造』東京大学出版会,『立地調整の経済地理学』原書房,『産業立地と地域経済』放送大学教育振興会,『現代の立地論』古今書院,『日本のクラスター政策と地域イノベーション』東京大学出版会,『知識と文化の経済地理学』古今書院,（共編著）『現代経済地理学』ミネルヴァ書房,『現代日本の資源問題』古今書院.

［執筆者］

飯村 亜紀子（いいむら あきこ）［第 7 章共著］

国立研究開発法人 新エネルギー・産業技術開発機構技術戦略研究センター次長．1971 年神奈川県生まれ．東京工業大学大学院理工学研究科博士後期課程修了．工学博士．専門は機械物理工学．

伊藤 健司（いとう けんじ）［第 9 章］

名城大学経済学部教授．1970 年岐阜県生まれ．名古屋大学大学院環境学研究科博士課程（後期課程）満期退学．専門は経済地理学・都市地理学．

主著:（分担執筆）『小商圏時代の流通システム』古今書院,『現代の立地論』古今書院.

岩本 晃一（いわもと こういち）［第 7 章共著］

独立行政法人経済産業研究所リサーチアソシエイト．1958 年香川県生まれ．京都大学,京都大学大学院工学研究科電気工学第二専攻修了．修士（工学）.

主著『AI と日本の雇用』日本経済新聞出版社,『インダストリー 4.0』『洋上風力発電』日刊工業新聞出版社,（共著）『人工知能の経済学』『AI は社会を豊かにするのか』ミネルヴァ書房.

近藤 章夫（こんどう あきお）［第 10 章］

法政大学経済学部教授．1973 年三重県生まれ．東京大学大学院総合文化研究科博士課程修了．博士（学術）.専門は経済地理学・産業集積論.

主著:『立地戦略と空間的分業－エレクトロニクス企業の地理学－』古今書院,（分担執筆）『立地調整の経済地理学』原書房,『現代の立地論』古今書院.

外枦保 大介（そとへぼ だいすけ）［第 8 章，第 11 章］

　大分大学経済学部准教授．1981 年宮崎県生まれ．東京大学大学院総合文化研究科博士課程修了．博士（学術）．専門は経済地理学．

　主著：『進化する企業城下町－進化経済地理学からのアプローチ－』，（分担執筆）『立地調整の経済地理学』原書房，『現代の立地論』古今書院，『日本のクラスター政策と地域イノベーション』東京大学出版会．

中川 秀一（なかがわ しゅういち）［第 13 章］

　明治大学商学部教授．1966 年愛知県生まれ．名古屋大学大学院文学研究科博士課程（後期課程）単位取得満期退学．専門は林業地理学・山村地域論．

　主著：(共編著)『グローバル化に対抗する農林水産業』農林統計出版，(共監訳)『ルーラル：農村とは何か』農林統計出版，（分担執筆）『田園回帰がひらく新しい都市農山村関係』ナカニシヤ出版，『内発的農村発展論』農林統計出版，『現代日本の資源問題』古今書院

宮地 忠幸（みやち ただゆき）［第 12 章］

　日本大学経済学部准教授．1971 年東京都生まれ．日本大学大学院理工学研究科博士後期課程修了．博士（理学）．専門は経済地理学．

　主著：(共編著)『グローバル化に対抗する農林水産業』農林統計出版．（分担執筆）『日本経済地理読本　第 9 版』東洋経済新報社．『内発的農村発展論―理論と実践―』農林統計出版など．

山本 俊一郎（やまもと しゅんいちろう）［第 6 章］

　大阪経済大学経済学部教授．1974 年香川県生まれ．東北大学理学研究科博士課程修了．博士（理学）．専門は経済地理学・地場産業．

　主著：『大都市産地の地域優位性』ナカニシヤ出版，(分担執筆)『伝統産業産地の行方』東京学芸大学出版会，『新 地域政策のすすめ』法律文化社．

書　名	地域経済論入門　改訂版
コード	ISBN978-4-7722-5343-7 C3030
発行日	2022 年 3 月 31 日　初版第 1 刷発行
編著者	松原　宏
	Copyright ©2014 MATSUBARA Hiroshi
発行者	株式会社古今書院　橋本寿資
印刷所	三美印刷株式会社
製本所	三美印刷株式会社
発行所	株式会社古今書院
	〒 113-0021　東京都文京区本駒込 5-16-3
電　話	03-5834-2874
Ｆ Ａ Ｘ	03-5834-2875
振　替	00100-8-35340
ホームページ	http://www.kokon.co.jp/
	検印省略・Printed in Japan